AF371088

TRAITÉ

DE L'ADMINISTRATION

DES BOIS

DE L'ORDRE DE MALTE,

DÉPENDANS de ses Grands - Prieurés , Bailliages
& Commanderies dans le Royaume de France.

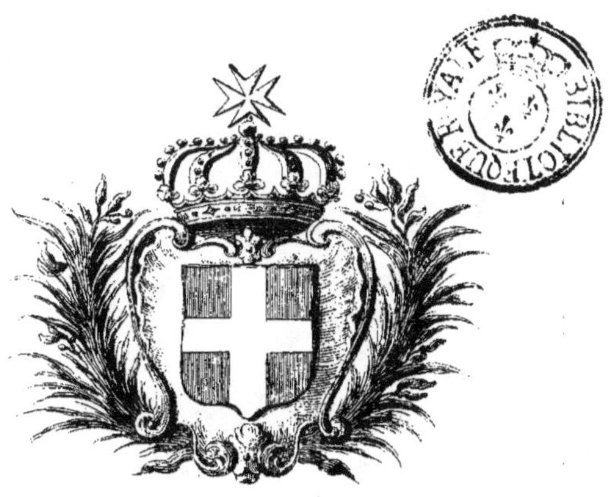

A PARIS,

Chez Le Breton, Imprimeur ordinaire du ROI, & de l'Ordre,
rue de la Harpe.

M. DCC. LVII.

AVEC APPROBATION ET PERMISSION.

A SON ALTESSE

SERENISSIME ET EMINENTISSIME

MONSEIGNEUR

DOM EMANUEL PINTO,

PAR la grace de Dieu, Grand-Maître des Ordres Militaires de S. Jean & du S. Sépulchre de Jérusalem, Prince Souverain des Isles de Rhodes, de Malte, du Goze, & du Cuming, Comte de Tripoly, &c.

MONSEIGNEUR,

L'ACCUEIL favorable que VOTRE ALTESSE SÉRÉNISSIME ET EMINENTISSIME a daigné

a ij

faire au *Mémoire* qui lui a été préfenté, pour ré-
former l'adminiftration des *Bois* dépendans des
Commanderies des fix Grands-Prieurés de France,
m'excite à lui offrir un fecond *Ouvrage*, qui renfermant effentiellement les principes que VOTRE
ALTESSE SÉRÉNISSIME ET EMINENTISSIME
a adoptés dans le premier, indique des moyens
faciles pour remplir l'exécution de la *Loi* * portée par VOTRE ALTESSE SÉRÉNISSIME ET ÉMI-
NENTISSIME & *Sacré Confeil*.

* Bulle du 5
Juillet 1751.

　　La poftérité apprendra, MONSEIGNEUR,
que dans le tumulte des *Armes*, obligé de vous
livrer aux foins, à l'application qu'exigent des
Armemens extraordinaires, à des *Projets de Cam-
pagnes*, à des *Inftructions* pour vos *Généraux*,
vous n'avez pas perdu de vûe l'objet intéreffant
d'améliorer les *Finances de la Religion* ; & faifant
marcher d'un pas égal les *arrangemens Civils*, les
Politiques, & les *Militaires*, vous avez eu la
double fatisfaction d'extirper les abus introduits
par le malheur des tems, & de faire triompher
votre *Ordre* de l'ennemi du nom *Chrétien*, par
des *Victoires* éclatantes.

　　Il étoit réfervé à la haute fageffe de VOTRE
ALTESSE SÉRÉNISSIME ET EMINENTISSIME,
& à fes profondes lumieres, de concilier des oc-
cupations fi compliquées & fi contraires ; mais

qui confiderées dans le point de vérité, font infé-
parables pour gouverner méthodiquement & avec
fuccès : ce n'eft pas affez d'avoir des Efcadres nom-
breufes, des Commandans expérimentés, une
Milice valeureufe; il faut encore des Finances pour
entreprendre & pour foutenir les projets ; l'union
de ces moyens eft le principe de la durée, de la
gloire, & des triomphes d'un Etat.

On ne dira pas que VOTRE ALTESSE SÉRÉ-
NISSIME ET EMINENTISSIME, pour mettre le
Vénérable commun Tréfor dans l'opulence, ait
eu recours à des moyens onéreux aux Particuliers.
Votre Ordre fera pénétré d'une éternelle reconnoiffance, des foins paternels que vous avez pris,
d'apprendre aux Commandeurs à opérer le bien
de la Religion, en procurant leur avantage per-
fonnel.

L'encouragement que VOTRE ALTESSE SÉRÉ-
NISSIME ET EMINENTISSIME donne au Com-
merce de fes Sujets, eft encore une fource de richeffes,
laquelle fans influer directement fur le Commun
Tréfor, ne lui eft cependant pas étrangere.

Puiffe le Ciel conferver les jours précieux de
VOTRE ALTESSE SÉRÉNISSIME ET EMINENTIS-
SIME, & perpétuer un regne de bonté, d'humanité, & de générofité, dont l'exemple eft deftiné
à fervir de modele.

Je n'oſerois eſpérer, *MONSEIGNEUR*, que l'Ouvrage que j'ai l'honneur de préſenter à *Votre Alteſſe Sérénissime et Eminentis-sime* fût digne de ſon approbation, ſi je n'étois enhardi par celles de M. l'Ambaſſadeur, des Mi-niſtres, & du Conſeil de Votre Ordre à Paris; je me fais un devoir de publier qu'il eſt princi-palement le fruit du zèle dont Son Excellence eſt animée pour la gloire de l'Ordre, & que je n'ai fait que puiſer dans ſes prudentes & ſages reflé-xions.

Je ſuis avec un très-profond reſpect,

MONSEIGNEUR,

De Votre Alteſſe Sérénissime et Emi-nentissime,

Le très-humble & très-obéiſſant Serviteur,

PRÉFACE.

LA matiere des Bois eſt devenue très-inté-
reſſante ; la grande conſommation qui s'en
fait depuis quarante ans , a obligé le Gouvernement d'y donner beaucoup d'attention.

Avant cette époque , on avoit , pour ainſi
dire , négligé l'exécution de l'Ordonnance de
1669 ; elle n'avoit guere ſervi qu'à la levée de
certaines taxes pour les beſoins de l'Etat: c'étoit
preſque la ſeule utilité qu'on en avoit tiré pour
le bien du Royaume.

Mais la Paix d'Utrecht ayant permis de s'oc-
cuper de l'exécution de cette Loi , il fut publié

en 1715 une Déclaration, qui rendit à l'Ordonnance de 1669 toute son activité ; en conséquence, on envoya dans les Provinces des Commissaires réformateurs ; on augmenta les Siéges de Maîtrises : les connoissances qu'on acquit en peu de tems mirent les choses dans la position où elles font présentement.

Jusqu'à cette époque, les Gens de main-morte usoient par tolérance de leurs Bois à leur volonté ; les besoins particuliers des Corps & Communautés, pour contribuer à ceux de l'Etat pendant soixante années de guerre, avoient occasionné une dévastation considérable.

De tous les main-mortables aucun n'avoit ses Bois en meilleur état que l'étoient ceux des Commanderies de Malte : les Statuts & Ordonnances de cet Ordre avoient continuellement veillé à leur conservation.

Cependant le titre **XXIV.** de l'Ordonnance de 1669 avoit confondu les Bois des Commanderies avec ceux des autres main-mortables ; l'Ordre fit des représentations, elles étoient trop justes pour n'avoir pas un succès favorable.

Il fut rendu en 1718 & en 1728 des Lettres Patentes en forme de Réglement, par lesquelles l'ancienne administration des Bois de l'Ordre fondée sur le Stat. 60. tit. *des Prohibitions & Peines,*

&

& fur le Décret du Grand-Maître & facré Confeil de l'an 1648 , fut entierement rétablie ; il
ne refta de commun entre l'Ordre & les autres
main-mortables, que l'obligation de faire appofer un quart de réferve , & régler les coupes des
taillis à l'âge de vingt-cinq ans.

Dans ces circonftances , il étoit de la fageffe du
Grand-Maître & Sacré Confeil de diriger les opérations néceffaires pour effectuer ces établiffemens
dans les Bois des Commanderies ; & en même
tems pour établir fur cet objet dans l'intérieur de
l'Ordre des regles invariables d'adminiftration.

C'eft dans cette vûe que Son Alteffe Séréniffime
& Eminentiffime & facré Confeil ont fait un Réglement, par lequel en combinant les difpofitions
des Ordonnances de 1669, de 1718 & de 1728,
ils en affurent l'entiere & prompte exécution par
le moyen efficace de la peine *d'incapacité.*

Cette peine eft fans contredit la plus redou-
table, & celle qui peut le plus aifément obliger
les Commandeurs de fe conformer à ce Réglement
ment : non-feulement les contrevenans feroient
dans le cas *d'être privés des Commanderies ,* mais
encore *de ne plus en obtenir ;* telle eft la rigueur
du Statut 60. titre *des Prohibitions & Peines.*

On ne peut pas dire que cette peine foit com-
minatoire ; l'intérêt général de l'Ordre , l'intérêt

particulier des Chevaliers la maintient dans toute
fa vigueur. On fçait de quelle maniere on par-
vient aux Commanderies ; on fçait auffi qu'un
Commandeur après avoir fait des améliorifſe-
mens, peut laiffer la Commanderie dont il a l'adminiftration pour en obtenir une meilleure ; s'il
n'étoit *capax*, il ne trouveroit pas dans l'Ordre
en général, ni dans fes membres en particulier,
la complaifance de diffimuler fon *incapacité*.

Afin que Meffieurs les Commandeurs puiffent
éviter d'encourir par ignorance le defagrément
& le préjudice réfultans de la peine d'*incapacité*,
l'Ordre a trouvé à propos de les inftruire par ce
Traité, de la maniere dont ils doivent fe conduire dans l'adminiftration des Bois des Commanderies.

Ce Traité eft fubdivifé en trois Parties.

On trouvera dans la premiere les anciennes
& nouvelles Ordonnances des Rois de France,
de Pologne, Duc de Lorraine & de Bar, & les
anciennes conftitutions de l'Ordre. Comme le
Grand-Prieuré de France s'étend dans les Pays-
Bas Autrichiens, & Principauté de Liege, on a
auffi rapporté dans cette premiere Partie les Loix
qui régiffent ces Souverainetés fur le fait des Bois.

Dans la feconde Partie (laquelle commence
par les Bulles du 5 Juillet 1751, & du 17 Juillet

1756), on trouvera fur chaque difpofition de ces Bulles des obfervations qui indiquent les moyens de les exécuter, de maniere qu'en opérant le bien de l'Ordre, les Commandeurs auront encore l'avantage particulier d'augmenter le produit des taillis qui leur appartiennent comme fruits. On trouvera auffi quelle Jurifdiction les Officiers de Juftice des Commanderies peuvent exercer dans les Bois en qualité de Juges-Gruyers.

La troifieme Partie contient le Modele des Actes qui doivent être faits en exécution de ce Réglement, tant par les Commandeurs, les Vifiteurs des amélioriffemens, & de la Vifite Prieurale, que par les Commiffaires des Bois.

On peut affurer que ce Traité a été fait avec toute l'attention poffible ; l'Auteur y a employé les connoiffances qu'il a acquifes fur la matiere générale des Bois du Royaume, par la longue & pénible étude de tout ce qui a été publié ; ces connoiffances étoient néceffaires pour diriger les opérations qui ont précédé & fuivi l'Arrêt du 5 Juin 1745.

Les perfonnes les plus éclairées dans cette partie ont été confultées ; feu M. Gueau de Réverfeaux, célebre Avocat au Parlement, & du Confeil de l'Ordre à Paris, avoit bien voulu revoir, augmenter & corriger cet Ouvrage.

b ij

Quoique l'examen & l'approbation d'un Jurifconfulte de ce mérite dût faire efpérer que ce
Traité feroit reçû favorablement du Public & des
Commandeurs , pour l'inftruction defquels il a
été fait ; l'Auteur a encore pris la précaution d'engager M. de la Pierre , premier Commis de l'Intendant des Finances chargé du département
des Bois , de l'examiner avec toute l'attention
dont il eft capable : il a eu cette complaifance :
il y a fait des corrections très - importantes ; &
l'Auteur fe fait un devoir de publier avec autant
de vérité que de juftice , que fi cet Ouvrage a
quelque fuccès, il eft dû aux lumieres de M. de
la Pierre.

ADDITION.

La perte que le Confeil de l'Ordre établi à
Paris , avoit faite de M. de Réverfeaux , ne pouvoit être mieux réparée que par le choix de M.
de la Monnoye , qui partageoit avec le défunt
les lauriers du Barreau, ainfi que l'eftime , la confiance , & l'affection publique ; l'Auteur a encore
eu recours à cet aimable Jurifconfulte , dont la
politeffe & la douceur font autant admirées que
fon éloquence & fes profondes lumieres ; il a
examiné cet Ouvrage avec une fcrupuleufe attention, & a bien voulu l'honorer de fon fuf-
frage.

Enfin M. Gallyot, Cenſeur Royal, également connu par ſes talens dans la Jurifprudence & dans les Lettres, a paru s'intéreſſer au ſuccès de ce Traité ; l'Auteur s'empreſſe de lui témoigner publiquement les ſentimens de reconnoiſſance dont il eſt pénétré, des bontés qu'il lui a fait éprouver en cette occaſion.

TABLE.

PREMIERE PARTIE.

SECONDE PARTIE.

TABLE.

TROISIEME PARTIE.

Modeles des Actes.

TRAITÉ

TRAITÉ

DE L'ADMINISTRATION
DES BOIS
DE L'ORDRE DE MALTE,

Dépendans de ses Grands-Prieurés, Bailliages & Commanderies dans le Royaume de France.

Epuis que l'augmentation du luxe a multiplié les besoins de la vie civile, on a senti la nécessité d'établir dans ce Royaume des Loix fixes pour l'administration des Bois : il y avoit été pourvû par les Ordonnances de 1573 & 1577 ; mais les troubles dont la France fut agitée, n'ayant pas permis de les faire observer, ces Loix ne furent suivies d'aucun effet.

On avoit à craindre une dévastation totale des bois & forêts, & par conséquent une disette de ceux nécessaires pour le chauffage, la construction des bâtimens, & l'entretien de la Marine de ce Royaume.

A

Ces confidérations importantes engagerent Louis-le-Grand à raffembler & modifier les difpofitions de ces anciennes Ordonnances. Par le Réglement qu'il fit au mois d'Août 1669 , l'adminiftration des bois de Sa Majefté , de ceux des Particuliers , & fpécialement de ceux des Gens de main-morte, a été foûmife à des regles qui font le principe & la bafe de tout ce qu'on a fait depuis fur cette matiere.

Quoique l'Ordre de Malte eût pourvû à la confer-vation des bois dépendans de fes Commanderies , Meffieurs les Commandeurs furent confondus avec les Bé-néficiers , & foûmis aux difpofitions de l'Ordonnance de 1669 : je les rapporte en entier, afin d'en faire con-noître précifément l'étendue & la force.

TITRE XXIV.
Des Bois appartenans aux Eccléfiaftiques & Gens de main-morte.

ARTICLE PREMIER.

Tous les Prélats , Abbés , Prieurs , Officiers & Com-munautés Eccléfiaftiques , tant féculiers que réguliers , Œconomes , Adminiftrateurs, Recteurs , & Principaux des Colléges , Hôpitaux , & Maladeries , *Commandeurs & Procureurs de l'Ordre de Saint Jean de Jerufalem,* feront tenus de faire arpenter , figurer & borner leurs bois dans fix mois , à compter du jour de la publication des préfentes ; & d'en mettre quinze jours après aux Greffes des Maîtrifes les procès-verbaux , avec les plans & figures , fur lefquels feront marquées les bornes felon

leur jufte affiette & diftance ; finon, les fix mois paffés,
il y fera pourvû à la diligence de nos Procureurs en
chacune Maîtrife, aux frais des défaillans, qui feront
contraints au payement par faifie de leur temporel, fuivant la taxe que nous voulons en être faite par les
Grands-Maîtres.

A R T. I I.

Voulons que conformément à l'Ordonnance de l'année 1573, confirmée par celle de 1577, la quatrieme
partie au-moins des bois dépendans des Evêchés, Ab-
bayes, Bénéfices, Commanderies & Communautés
eccléfiaftiques, foit toûjours en nature de futaye ; &
s'il ne fe trouvoit aucune futaye en toute l'étendue de
leurs bois, ou que celle qui y eft à-préfent fût au-deffous
de la quatrieme partie de la totalité, ce qui manquera
fera pris dans leurs taillis, jufqu'à la concurrence de la
quatrieme partie, pour être réfervée & croître en futaye, dont le choix & triage fera fait par les Grands-
Maîtres aux endroits les plus propres, & où le fonds
pourra mieux en porter, qui fera féparé du refte des
taillis par bornes & limites, & réputé de pareille nature
& qualité ; fans qu'il foit permis d'en ufer, ou couper
aucuns arbres que par les formes prefcrites pour la futaye.

A R T. I I I.

Après les réferves diftraites & féparées, le furplus
de nos bois taillis fera réglé en coupes ordinaires de dix
ans au moins, avec charge expreffe de laiffer feize baliveaux de l'âge du bois en chacun arpent, outre tous les
anciens & modernes, qui feront pareillement réputés

futayes ; & comme tels réſervés dans toutes les coupes ordinaires ; ſans qu'en aucun cas on y puiſſe toucher qu'en vertu de nos Lettres Patentes dûement vérifiées , ainſi qu'il ſera dit ci-après.

Art. I V.

Les Eccléſiaſtiques, Communautés, Commanderies, Œconomes, Recteurs & Adminiſtrateurs, ne pourront couper aucuns arbres de futaye, ou baliveau ſur taillis , ni toucher au quart mis en réſerve , ou rien entreprendre au-delà des coupes ordinaires & réglées , ſinon en vertu de Lettres Patentes bien & dûement regiſtrées , à peine d'amende arbitraire envers nous , & de reſtitution du quadruple de la valeur des bois coupés ou vendus ; lequel , s'il excede 500 livres , ſera employé en fonds pour le Bénéfice , Collége , Commanderie , Maladerie , ou autre Communauté , & le revenu appliqué à l'Hôpital des lieux pendant la vie ou la poſſeſſion des Bénéficiers , Commandeurs , Recteurs ou Adminiſtrateurs contrevenans : & ſi la reſtitution étoit moindre de 500 liv. elle appartiendra entierement à l'Hôpital.

Art. V.

Nos Lettres ne ſeront octroyées pour ventes de futayes , ou baliveaux , qu'en cas d'incendies, ruines, démolitions , pertes & accidens extraordinaires arrivés par forfait, guerres, ou cas fortuit , & non par le fait ou faute des Bénéficiers & Adminiſtrateurs, qui pour y parvenir feront leurs remontrances au Grand-Maître , lequel informera des cauſes & de la néceſſité , viſitera les lieux en préſence de notre Procureur en la Maîtriſe , fera priſer par Experts les réparations néceſſaires , &

enverra au Confeil , ès mains du Contrôleur général de nos finances , fon procès-verbal , qui contiendra au vrai la valeur , l'état & qualité des bois qu'on demandera permiffion de couper ; enfemble le nombre & la qualité de ce qui en reftera au Bénéfice ou à la Communauté , & fon avis , lequel fera joint , avec le procès-verbal , aux Lettres fous le contre-fcel.

Art. VI.

L'exécution de nos Lettres pour coupes extraordinaires ès bois des Eccléfiaftiques & Communautés , ne pourra être faite que par le Grand-Maître , qui procédera aux affiettes , martelages , adjudications & récolemens , avec les mêmes formalités obfervées pour nos bois ; taxera les frais & droits de nos Officiers , & autres par lui employés , felon leur travail , dont ils feront payés fur le prix de l'adjudication.

Art. VII.

Enjoignons aux Eccléfiaftiques & Communautés de charger expreffément leurs Fermiers , Œconomes , Receveurs , Marchands & Adjudicataires , de faire en leurs bois les mêmes réferves prefcrites pour l'ufance des nôtres ; & voulons qu'elles foient obfervées par les Receveurs , Fermiers , Marchands , au nombre & en la forme ordonnée , quoiqu'ils n'y fuffent pas obligés par leurs baux , marchés & adjudications ; à peine d'amende arbitraire à notre profit , confifcation du prix des bois abattus , avec reftitution , dommages & intérêts au profit du Bénéfice ou Communauté , dont fera fait fonds , & le revenu affecté à l'Hôpital plus prochain des lieux , pendant la vie du Bénéficier.

ART. VIII.

L'Adjudicataire des bois ainsi vendus consignera le prix ès mains d'un notable Bourgeois *, commis par le Grand-Maître, sous la nomination des Ecclésiastiques, Commandeurs, Œconomes, Receveurs & Administrateurs, pour être payé à l'Entrepreneur, lequel ne sera déchargé des réparations qu'après avoir fait recevoir ses ouvrages par l'avis de gens à ce connoissans.

* Depuis cette Ordonnance, le Roi a créé des Offices de Receveurs généraux des Domaines & Bois, entre les mains desquels le prix des bois est déposé pour le délivrer à qui de droit.

ART. IX.

Sera tenu l'Adjudicataire d'observer en l'exploitation tout ce qui est prescrit pour celle de nos bois par la présente Ordonnance, & de faire procéder au récolement aussi-tôt que le terme de vuidange sera expiré ; à peine d'amende arbitraire, & de demeurer chargé des délits qui se commettront dans la vente & dans les réponses, sans recours ni modération.

ART. X.

Tous les Contrats, Lettres, Procès-verbaux & autres Actes concernant les visites, estimations, devis, permissions, assiettes, martelages, adjudications, récolemens & réceptions d'ouvrages, seront mis & enregistrés, tant au Greffe du Grand-Maître qu'en celui de la Maîtrise, pour y avoir recours quand besoin sera.

ART. XI.

Les mêmes amendes, peines & condamnations ordonnées par ces présentes pour nos Eaux & Forêts, auront lieu pour les Eaux & Forêts des Ecclésiastiques, Communautés & Gens de main-morte, même pour la chasse & la pêche ; à l'effet de quoi pourront les Parties se pourvoir pardevant nos Grands-Maîtres & Officiers des Maîtrifes ; fans qu'aucune perfonne convenue , de telle qualité qu'elle foit , foit fondée ni reçûe à en décliner la Jurifdiction.

A r t. X I I.

Pourront nos Officiers vifiter quand bon leur femblera , fans aucuns frais ni droits, les Eaux , Bois & Forêts des Eccléfiaftiques-Commandeurs, Hôpitaux & Communautés ; & s'ils y trouvent des malverfations , abus ou contraventions à l'Ordonnance , ils en feront leurs procès - verbaux , fur lefquels fera pourvû par le Grand-Maître en connoiffance de caufe.

On voit que l'Ordonnance de 1669 avoit compris nommément l'Ordre. Meffieurs les Commandeurs ne pouvoient donc en aucune maniere ufer de leurs bois, que préalablement ils n'euffent fait conftater par les Offi‗iers des Maîtrifes la néceffité de faire des réparations.

Par fucceffion de tems cette gêne auroit occafionné la ruine des Commanderies. Les Commandeurs qui fe feroient trouvés dans le cas de demander des bois pour les employer aux réparations, auroient fans doute préféré de n'en pas faire ; ou s'ils avoient été engagés par leur zele à remplir leurs devoirs à cet égard, ils auroient donné la préférence au parti d'acheter des bois, fur celui de fournir aux dépenfes qu'il eût fallu faire pour parvenir à la coupe de ceux dépendans des Commanderies.

En effet , fi on confidere les frais auxquels l'exécution de cette loi foûmettoit Meffieurs les Commandeurs, on ne fera pas furpris qu'ils euffent pris le parti d'acheter des bois , & d'abandonner l'ufage des leurs : pour le faire

fentir démonftrativement, je vais faire l'analyfe des formalités qu'il eût fallu remplir.

1°. Sur la demande formée par le Commandeur, tendante à obtenir des bois pour les employer aux réparations de fa Commanderie, les Officiers de la Maîtrife du
reffort fe feroient tranfportés fur les lieux pour conftater
la néceffité de faire ces réparations, & fi elles étoient
arrivées par la faute ou négligence du Commandeur, ou
furvenues par vétufté, & autres cas prévûs par l'art. V.
de ce Réglement.

2°. Sur cette procédure préparatoire le Commandeur auroit dû fe pourvoir au Confeil pour obtenir la
permiffion de couper.

3°. En conféquence de l'Arrêt de permiffion, les Officiers de la Maîtrife fe feroient encore tranfportés fur
les lieux ; premierement pour marquer les bois propres
à être employés aux réparations ; fecondement pour
paffer à un Entrepreneur le bail au rabais de ces réparations.

4°. Si les bois marqués n'avoient pû être employés
en nature aux réparations, & qu'il eût été queftion de
les vendre pour du prix en provenant acheter d'autres
bois propres à cet ufage, les Officiers de la Maîtrife auroient encore procédé à cette vente, & ordonné que le
prix feroit porté ès mains du Receveur général des Domaines & Bois, conformément à l'art. VIII. pour être
par lui délivré à qui de droit fur les Ordonnances des
Grands-Maîtres.

5°. Les réparations étant faites, les mêmes Officiers
fe feroient de nouveau tranfportés fur les lieux, pour la
réception des ouvrages.   6°.

6°. Enfin ces Officiers auroient encore procédé au récolement des bois coupés & vendus.

Ces formalités peuvent être utiles par rapport aux bois des Ecclésiastiques; mais il n'est personne au fait de l'administration des biens de l'Ordre de Malte, qui ne jugeât qu'elles ne pouvoient pas avoir lieu à l'égard des Commanderies, sans en opérer l'entiere & prochaine ruine.

Aussi les Ministres de l'Ordre firent-ils les plus puissans efforts pour obtenir une exception à cette loi. Ils représenterent que les biens de l'Ordre ne font point divisés en titres de Bénéfice, comme ceux de l'Eglise; qu'ils appartiennent entierement à l'Ordre (*a*): mais comme il ne sçauroit les faire valoir en commun, à cause de la distance des lieux & de la différence des Nations où ils sont situés, il les a divisés en Commanderies, dont il a confié l'administration pour un tems à ceux de ses Religieux bien méritans; à la charge, 1°. de payer annuellement au vénérable commun Trésor des sommes considérables (*b*), proportionnément aux revenus des Commanderies, pour subvenir aux dépenses d'entretien de l'Hôpital, des fortifications de la Place & de l'Isle de Malte, au soldoyement de la Milice, & aux frais des armemens continuels qui s'y font pour le service de la Chrétienté; 2°. de faire faire les réparations (*c*) pour maintenir ces biens en bon état; 3°. d'améliorer (*d*) ces mêmes biens.

Que les Statuts de l'Ordre, enregistrés dans les Tribunaux du Royaume, ont établi des regles invariables pour l'administration de toutes les especes de biens qui composent les Commanderies. Qu'un Commandeur ne

B

Représentations de l'Ordre, tendantes à être excepté de l'exécution de l'Ordonnance de 1669.

(*a*) Stat. 1. tit. *du Trésor.*

(*b*) Stat. 2. & 3. tit. *du Trésor.*

(*c*) Stat. 5. & 7. tit. *des Visites*; & le commencem. du Stat. 60. tit. *des Proh. & Pein.*

(*d*) Stat. 16. 17. 18. & 20. tit. *des Commanderies.* Ordination 21. 22. & 23. du même tit. Stat. 9. & 10. *des Visites.*

peut profiter que des fruits ; qu'il ne peut aliéner aucuns fonds, ni couper aucuns arbres de futaye qui tiennent lieu de fonds (*e*), fans encourir des peines très-graves. Le Statut 60, titre *des Prohibitions & des Peines*, prouve l'attention fuivie & particuliere que l'Ordre a toûjours eue de veiller à la confervation de fes bois futayes : en voici les difpofitions.

(*e*) Stat. 5. 6. 10. & 12. *des Contrats & Alién.* ord. 9. du même titre. Ordonnance de 1669, tit. 27. *de la Police,* &c.

Qui Prioratus, Caftelaniam Empoftæ, Commendas, domos, aut alia bona fuæ adminiftrationi commiffa, culpa fua aut negligentia deteriora fecerit ; ftatim ubi de dicta deterioratione conftiterit, Prioratus, Caftelania Empoftæ, Commendis, Officiis, & omni adminiftratione in perpetuùm privetur, tanquam adminiftrator inutilis, & bonorum noftrorum diffipator, fine fpe alias confequendi. Eadem pœna punietur, qui fylvas veteres, quas nemora alta vocant, ceciderint, præterquam pro reparatione Commendæ, & ædificiorum quorum curam habet,	Qui par fa faute ou fa nonchalance aura fait décheoir des Prieurés, Châtellenie d'Empofte, Commanderies, maifons & autres biens, defquels on lui aura donné l'adminiftration, nous voulons qu'au même tems qu'on aura connoiffance de fon mauvais ménage, comme mauvais adminiftrateur & prodigue de nos biens, *il foit privé à perpétuité* defdits Prieuré, Châtellenie d'Empofte, Commanderies, Offices, & de toute adminiftration, fans efpérance d'en avoir jamais aucune. De la même peine nous voulons encore être puni quiconque coupera les arbres des

& pro moderato usu domûs in qua ipse habitat; qui usus intelligitur de lignis siccis & fructum non ferentibus. Cœduas tamen sylvas quæ renascuntur & repullulant, & statis annis cædi solent, uti poterunt more regionis & loci in quo sitæ sunt.

vieilles forêts, qu'on appelle communément *bois de haute futaye*, si ce n'est pour les réparations de la Commanderie, & des bâtimens dont l'administrateur sera tenu d'avoir le soin, ensemble pour l'usage de la maison où il fera sa demeure, lequel usage le doit entendre du bois sec & infructueux. Mais quant aux bois taillis qui renaissent, ou qu'on a coutume de couper après un certain nombre d'années, nous n'empêchons point qu'ils ne soient coupes & qu'on ne s'en serve, selon la Coutume des pays où ils seront.

Qu'on ne peut pas dire que les Commandeurs puissent éluder l'exécution de ce qui a été statué pour regle de leur administration, puisque les mêmes Statuts ordonnent aux Grands-Prieurs de faire tous les cinq ans la visite (*f*) exacte des Commanderies dépendantes de leurs Prieurés, & de prescrire ce qu'ils jugeront convenable pour remédier promptement à ce qui ne se trouveroit pas en bon & suffisant état; ce qui doit être exécuté sans retardement (*g*) par les Commandeurs. Or cette visite étant faite dans les bois, ainsi que dans les autres espèces de biens des Commanderies; il ne seroit pas possible aux Commandeurs qui auroient commis des dégradations, de les cacher; & dèslors ils seroient dans

(*f*) Stat. 1. tit. *des Visites.*

(*g*) Stat. 5. & 7. du même titre.

le cas des peines portées par le Statut ci-deſſus, deſquelles il n'eſt jamais fait de grace. On ne doit pas préſumer
qu'une Nobleſſe généreuſe , toujours attentive & occu-
pée à remplir ſes devoirs à tous égards, s'expoſe à encourir des peines auſſi rigoureuſes que deshonorantes.

Que les précautions que l'Ordre a priſes pour la conſervation de ſes bois, & l'exécution qui s'en eſt enſuivie,
ont procuré au vénérable commun Tréſor l'avantage de
trouver dans la vente de ces mêmes bois des reſſources
conſidérables (*h*) qu'il a employées utilement au ſervice
de la Chrétienté , ce qui a été pour lui un nouveau motif de veiller de plus en plus à leur amélioration ; & c'eſt
dans cette vûe que le Grand-Maître Laſcaris de Caſtelar & ſacré Conſeil rendirent un decret en forme de
Réglement en l'année 1648 , dont voici la teneur.

(*h*) L'Ordre avoit obtenu en 1561, en 1646 & en 1650, la permiſſion de couper des bois pour ſubvenir à ſes beſoins preſſans. Après ces repréſentat. il obtint en 1672 une pareille permiſſion, & l'a encore obtenue en 1706 & en 1745.

Frater Joannes-Paulus Laſcaris de Caſtelar, Dei gratia ſacræ domûs Hoſpitalis ſancti Joannis Hyeroſolimitani , & militaris Ordinis ſancti Sepulchri Dominici , Magiſter humilis, pauperumque Jeſu-Chriſti Cuſtos. Univerſis & ſingulis præſentes noſtras Litteras viſuris, lecturis & audituris, Salutem. Notum facientes & in verbo veritatis atteſtamus, qua-

Frere Jean-Paul Laſcaris de Caſtelar , par la grace de Dieu humble Maitre de la maiſon de l'Hôpital de ſaint Jean de Jéruſalem, & de l'Ordre militaire du ſaint Sépulcre du Seigneur, Gardien des pauvres de J. C. A tous ceux qui nos préſentes Lettres verront, liront & oüiront, Salut. Sçavoir faiſons, & en té-moignage de la vérité at-teſtons que le Decret ci-

liter infra scriptum Decre-
tum extractum fuit ex li-
bro Conciliorum nostræ
Cancellariæ, in qua similia
notari & regiftrari folent,
quod quidem in hanc pu-
blicam formam extrahi &
redigi juffimus, ut ubiquè,
tàm in Judicio quàm ex-
tra, eidem plena & indubi-
tata fides adhibeatur tenor,
cujus eft qui sequitur.

Die 27 menfis Januarii,
1648 ab Incarnatione.
Inteza la relatione delli ve-
nerendi Priore titulare di
fan Stephano ; Fra Flami-
nio Balbiani, Baglivo di
Lora ; Fra Dom Thomafo
de Hozes, e Tezoriere ge-
nerale ; Fra Francefco de
Courcelles-Rouvray, Com-
miffari deputati fopra il
taglio delle bofchi di Fran-
cia ; il eminentiffimo & re-
verendiffimo Signor Gran-
Maeftro, ed il reverendo
Configlio, con la fcrutino
delle palle, fenza neffuno
difcrepenza hann'ordinato

après a été extrait du livre
de notre Conseil, confervé
en notre Chancellerie,
dans laquelle l'ufage eft
d'enregiftrer de femblables
actes ; lequel nous avons
ordonné être rédigé dans
cette forme publique, pour
y être ajouté foi, tant en
Jugement que dehors : du-
quel Decret la teneur fuit.

La 27 du mois de Jan-
vier 1648. Entendu la relation des vénérables Prieur
titulaire de faint Etienne ;
Frere Flaminius Balbiani,
Bailli de Lora ; Frere Dom
Thomas de Hofes, Tréfo-
rier général ; Frere François de Courcelles - Rou-
vray, Commiffaires dépu-
tés fur la coupe des bois de
France ; l'éminentiffime &
révérendiffime Seigneur
Grand-Maître, & le véné-
rable Confeil avec le fcru-
tin & ballottes, ont unanimement ordonné & com-
mandé pour la plus grande

e commandato per maggior aumento e conservazione de detti boschi.

1. Che li venerendi Priori e Commendatori di tutti i sei Priorati delle tre venerende lingue di Francia, non possono in nessun modo tagliar arbori per fabricar caze, se non in caso che lestrema necessità non patisca dilazione, prima d'esser giudicato necessario d'a Commissarii deputati dal Capitolo o Assemblea provinciale, con specificar il numero di arbori, che saranno di bisogno, sotto le pene contenutte nello Statuto 60. de Prohib. & Pœn. e che non possono sotto le medesime pene, venderli, ne meno donarli, alli Officiali per regato, ne alli maestri o travagliatori à conto de la loro mercede, ne manifattura delle fabriche, ne in altra qualsivoglia maniera, afine di abrogare e levarvia l'abusi

augmentation & conservation desdits bois.

1. Que les vénérables Prieurs & les Commandeurs des six Prieurés des trois vénérables Langues de France, ne puissent en aucune maniere couper des arbres pour les réparations des maisons, sinon dans le cas que l'extrème nécessité ne permette pas de retardement, & que préalablement les réparations ayent été jugées nécessaires par des Commissaires députés par le Chapitre ou Assemblée provinciale, lesquels spécifieront le nombre d'arbres qui seront nécessaires, sous les peines contenues dans le Statut 60. *des Prohib. & Peines;* & que les Prieurs & Commandeurs, sous les mêmes peines, ne puissent vendre lesd. arbres, moins encore les donner en présent aux Officiers, ni aux

in questa materia intro-
dotti per il passato.

2. *Item. Che le sudetti*
venerendi Priori e Com-
mendatori debbono osserva-
re circa la legna d'abbrug-
giare il tenor da sud°. Stat.
60. de Prohib. & Pœn. *e*
che sotto le pene in esso con-
tenute, non possono vende-
re il legno in un luogo, per
comprar con il prezzo di
esso in un altro per riscal-
darsi.

3. *Item. Che li alberi*
moderni & balivaux siano
riservati, e ben conservati,
accio all'auvenire li boschi
siano ripopulati, e forniti
d'arbori di preggio; e che
per il medesimo effetto,
nelli taillys ch'ogn'anno
d'alli venerendi Priori e
Commendalori, si vendono
(d'ache proviene per se
d'ella loro entrata), si debbe
lasciar per ogn'arpent la

Maîtres & ouvriers, en payement de la main-d'œuvre, ni des autres matériaux des réparations, ni en toute autre maniere, afin d'abroger les abus introduits sur cette matiere par le passé.

2. *Item.* Que les susdits vénérables Prieurs & lesd. Commandeurs doivent observer par rapport au bois à brûler, la teneur du susd. Statut 60. *des Prohib. & Pein.* & que sous les peines contenues en icelui, ils ne puissent vendre le bois dans un lieu, pour acheter avec le prix d'autre bois en un autre lieu pour se chauffer.

3. *Item.* Que les arbres modernes & baliveaux soient réservés & bien conservés, afin qu'à l'avenir les bois soient repeuplés & fournis d'arbres de prix; & que pour le même effet dans les taillis que les vénérables Prieurs & Commandeurs vendent tous les ans, il soit laissé par chaque arpent la quantité de neuf modernes, conformément

quantita di nuove moderni conforme all'uſo del paeſe, riſervando ſempre le più belli rampolli di quercie, e dove non viſono, di legno bianco, ſenza che poſſono tocare, ne vendere, quelli delle precedente tagli, ne diramarli, ne eſteterli, perche coſi ſi guaſtano, e non poſſono ingroſſare, con loquale la Religione all'auvenire potra aver buon legname, ed avendo cura ſara d'altra conſiderazione che al preſente.

4. Item. Che in alcune commende nei boſchi dellequali ſono uſagi e dritti di grurie, ed' in particolare nella Commenda di Valeur del Priorato di Champagna, della quale al preſente e Commendatore il venerendo Baglio di Souvre, ſi procuri aggiuſtar li pretenzione di detti uſagi, e dritti di grurie per tranſaƈtione o ſentenza, perche coſi le Commende valeranno d'avantaggio ed
i boſchi

à l'uſage du pays, en reſervant toûjours les plus belles plantes de chênes; & où il ne s'en trouvera pas, de bois-blanc, ſans qu'on puiſſe vendre ni toucher ceux des précédentes coupes, en couper les branches ni la tête, parce que cela les fait gâter & les empêche de croître; au moyen dequoi la Religion pourra avoir à l'avenir des bons bois; & en ayant beſoin, ils ſeront d'autre conſidération qu'à-préſent.

4. *Item.* Que dans les Commanderies dans les bois deſquelles il a été établi des uſages & des droits de Grurie, & en particulier dans la Commanderie de Valeur du Prieuré de Champagne, de laquelle le vénérable Bailli de Souvré eſt à-préſent Commandeur, on tâche d'ajuſter les prétentions des uſages ou des droits de Grurie, par tranſaƈtion ou par ſenten-
ce,

i boſchi all'auvenire, faran-
no meglio conſervati, e che
ſopra dicio ſua Eminenʒa ſi
dègni ſcrivere al detto vene-
rendo Baglio.

5. Item. *Che li Commiſ-*
ſari che d'hora inanʒi viſite-
ranno i meglioramenti, che
d'a venerendi Priori, Ba-
glivi, e Commendatori, ſi
faranno nelle loro Commen-
de, debbono perſonnal ed oc-
culamente, viſitar tutti i boſ-
chi, che ad eſſe ſpetteranno,
e riconoſcere ſi haveranno
contrevenutto in tagliar al-
cuni arbori alla diſpoſitione
dî detto Stat. 60. de Proh.
e Pœn. e far conſtar del
tutto nel proceſſò, che ſopra
di cio, ſi formera, accioche
ſi poſſa provedere di giuſti-
tia, e far oppoʒitione ai con-
treventori, tanto nell' optio-
ne daltre Commende, quanto
nell' eletione, o promotione
ad alcune dignità.

ce, parce que par ce moyen
les Commanderies vau-
dront davantage, & les
bois feront à l'avenir mieux
conſervés, & que ſur cela
ſon Eminence daigne écri-
re au vénérable Bailli.

5. *Item.* Que les Com-
miſſaires qui feront doré-
navant députés pour viſi-
ter les amélioriſſemens que
les vénérables Prieurs,
Baillis, & les Comman-
deurs, feront dans leurs
Commanderies, doivent
viſiter perſonnellement &
oculairement tous les bois
dépendans deſdites Com-
manderies, & reconnoître
ſi leſdits Prieurs, Baillis ou
Commandeurs n'ont point
coupé des arbres en con-
travention, & contre la
diſpoſition du Statut 60.
des Proh. & Peines : leſdits
Commiſſaires conſtateront
par un procès-verbal ce
qu'ils trouveront, afin
qu'on puiſſe ſe pourvoir
en Juſtice, & faire des op-

C

poſitions contre les contrevenans, tant dans l'option d'autre Commanderie, que dans l'élection ou promotion à quelque dignité.

Et qui ita ſe habet veritas, factaque fidele cum originali collatione concordare comperimus; ideo in hujus rei teſtimonium Bulla noſtra magiſtralis in cera nigra præſentibus eſt impreſſa. Datum Melitæ in Conventu noſtro, die 25 menſis Februarii, 1648 ab Incarnatione.	Et comme ce que deſſus a été véritablement & fidelement tiré de l'original, collation en ayant été faite, nous avons en témoignage de ce fait appoſer à ces préſentes notre ſceau magiſtral en cire noire. Donné à Malte en notre Couvent le 25 Février, l'an de l'Incarnation 1648.
Regiſtrata in Cancellaria.	Regiſtrée en Chancellerie.
(*L. S.*)	(*L. S.*)
Fr. Lucas Bomes, Coadjutor Vicecancellarius.	Fr. Lucas Bomes, Coadjuteur du Vicechancelier.

Que l'Ordre avoit lieu de croire qu'une preuve auſſi authentique des ſoins qu'il n'a ceſſé de donner à l'adminiſtration de ſes bois, auroit opéré en ſa faveur une exception à l'Ordonnance de 1669, puiſque cette Loi ne contient aucune diſpoſition que l'Ordre n'eût faite antérieurement par ſes Statuts & par le Decret de 1648; qu'il ne ſçauroit réſulter aucun bien pour le Royaume, d'aſſujettir les bois de l'Ordre à la juriſdiction des Officiers du Roi, dès que ledit Ordre a pourvu lui-même efficacement à leur conſervation; mais qu'il réſulte un mal réel de cette jurisdiction attribuée auxd. Officiers du Roi sur les bois de l'Ordre, parce que la dépendance, & la gêne qu'elle occasionne, renverse & anéantit une administration œconomique dont l'Ordre s'est bien trouvé depuis près de cinq siecles, & soumet les Commandeurs à des dépenses exorbitantes & inutiles, capables de les ruiner sans ressource & sans nécessité ; ce qui diminue d'autant le revenu de la Religion.

Que l'apposition d'un quart de reserve & le Réglement des coupes auroient pu être faits sans difficulté, contradiction ni frais par les Officiers de l'Ordre, sans l'intervention de ceux des Eaux & Forêts, si Sa Majesté eût bien voulu leur faire connoître ses intentions à cet égard ; ce qui auroit été d'autant moins sujet à inconvénient, qu'on a vû par les sages dispositions du Decret de 1648, que l'objet de l'Ordre étoit le même que celui du Conseil du Roi.

Que la Jurisdiction de l'Ordre, à laquelle tous ses Religieux sont soumis, peut se trouver tous les jours en contradiction avec celle attribuée aux Officiers des Eaux & Forêts ; ce qui causera des troubles & des contestations continuelles dans l'intérieur & dans l'extérieur de l'Ordre.

Que les Commandeurs, accoûtumés & autorisés à se servir des bois des Commanderies, en observant ce qui est prescrit par le Réglement de 1648, pour faire les réparations auxquelles ils sont tenus, & à obtenir ces bois sans frais, se trouvant obligés d'en faire de considérables pour en avoir par le canal des Officiers du Roi, préféreront de ne pas faire des réparations, d'où il s'enfuivra la ruine entiere des bâtimens des Commanderies, & conféquemment la perte & la diffipation des biens qui en dépendent.

Qu'enfin nulle raifon n'avoit pû faire confondre les bois de l'Ordre avec ceux des Eccléfiaftiques, puifque les principes d'adminiftration font totalement différens.

Que par ces confidérations l'Ordre efpéroit que le Roi voudroit bien permettre qu'il continuât à adminif-trer fes bois & forêts, comme il l'avoit fait par le paffé, conformément à fes Statuts, & au Decret de 1648.

Ces repréfentations ne firent pas fur l'efprit du Minif-tre *, auteur de l'Ordonn. de 1669, l'impreffion qu'on avoit lieu d'attendre ; il ne fut pas poffible de le déter-miner à accorder à l'Ordre une exception à cette Loi. Mais par Arrêt du 6 Juillet 1671, l'Ordre obtint une furféance pour deux ans ; & depuis les Commandeurs n'ayant pas été recherchés, ils ont continué d'ufer de leurs bois comme par le paffé.

Les Miniftres de l'Ordre n'ont laiffé échapper aucune occafion favorable pour renouveller fes repréfentations, tendantes à obtenir une exception abfolue de l'Ordonnance de 1669. Cette grace a été conftamment refufée.

Enfin M. le Bailli de Mefmes ayant été nommé Ambaffadeur en 1715, reprit la négociation que fes prédéceffeurs avoient fuivie fans fuccès. Il employa ce zèle ardent que chacun lui connoiffoit pour le bien de l'Ordre, & il parvint à obtenir en 1718 les Lettres-patentes ci-après.

* M. Colbert.

On refufe à l'Ordre l'exception qu'il demandoit. On lui accorde une furféance.

M. le Bailli de Mefmes obtient cette exception pour dix ans.

« LOUIS, par la grace de Dieu, Roi de France
» & de Navarre : A nos amés & féaux les Gens
» tenans notre Cour de Parlement de Paris, SALUT.
» Notre très-cher & bien amé Henri Perrot, Chevalier
» de l'Ordre de Saint Jean de Jérusalem, Commandeur
» de Villers-au-Liege, Receveur & Procureur général
» de l'Ordre au Grand-Prieuré de France, nous a fait
» remontrer que par Arrêt de notre Conseil d'Etat du
» 12 Juillet de la présente année 1718, nous aurions,
» pour les causes y portées, permis aux Commandeurs &
» autres Bénéficiers de l'Ordre de Malte, de faire couper
» les bois nécessaires, pour les employer en nature aux
» réparations des bâtimens dépendans de leurs Com-
» manderies & Bénéfices, après que la coupe en aura
» été jugée nécessaire par le Chapitre provincial de l'Or-
» dre ; & en conséquence des procès-verbaux de visite
» & de marque des Commissaires à ce députés par ledit
» Chapitre, en obtenant par eux la permission de nous,
» qui leur sera accordée par un simple Arrêt de notre
» Conseil, sans qu'ils soient tenus d'obtenir sur icelui
» nos Lettres-patentes, ni de se retirer pardevant les
» Grands-Maîtres, pour l'exécution des Arrêts qui leur
» seront accordés ; à la charge par eux de remettre aux
» Greffes des Maîtrises dans les ressorts desquelles les
» bois qu'ils auront coupés se trouveront situés, une
» copie des procès-verbaux de la marque desdits bois,
» & les pieces justificatives de l'emploi, trois mois après
» leurs dates : Les dispensons du surplus des formalités
» portées par les articles 4 & 5 du titre des Bois des Ec-
» clésiastiques & Gens de main-morte, de l'Ordonnance

Lettres-patentes
expédiées en con-
séquence en 1718.

» des Eaux & Forêts, du mois d'Août 1669, auxquels
» nous avons dérogé pour ce regard feulement, & pour
» le tems & efpace de dix ans, à compter du jour de la
» date dudit Arrêt ; lequel tems paffé, ils feront tenus
» de fe conformer dans la coupe & exploitation de leurs
» bois, à l'Ordonnance du mois d'Août 1669, & fous
» les peines y portées. Et pour l'exécution de cet Arrêt,
» ordonner que toutes Lettres néceffaires foient expé-
» diées, lefquelles l'Expofant nous a très-humblement
» fait fupplier de lui accorder.

„ A ces Causes, voulant favorablement traiter
» l'Expofant, après avoir fait voir en notre Confeil le-
» dit Arrêt dudit jour 12 Juillet de la préfente année,
» ci-attaché fous le contre-fcel de notre Chancellerie ;
» de l'avis de notre très-cher & très-amé oncle le Duc
» d'Orleans, Petit-Fils de France, Régent : de notre
» très-cher & très-amé coufin le Duc de Bourbon ; de
» notre très-cher & très-amé coufin le Prince de Conti,
» Princes de notre Sang ; de notre très-cher & très-amé
» oncle le Duc du Maine ; de notre très-cher & très-
» amé oncle le Comte de Touloufe, Princes légitimés,
» & autres Pairs de France, grands & notables perfon-
» nages de notre Royaume ; & de notre grace fpéciale,
» pleine puiffance & autorité royale, nous avons par
» ces Préfentes fignées de notre main, *permis & permet-*
tons aux Commandeurs & autres Bénéficiers de l'Ordre de
Malte, de faire couper les bois néceffaires, pour les em-
ployer en nature aux réparations des bâtimens dépendans
de leurs Commanderies & Bénéfices, après que la coupe en
aura été jugée néceffaire par le Chapitre provincial de l'Or-

dre, & en conséquence des procès-verbaux de visite & de marque des Commissaires à ce députés par ledit Chapitre, en obtenant par eux la permission de nous, qui leur sera accordée par un simple Arrêt de notre Conseil, sans qu'ils soient tenus d'obtenir sur icelui des Lettres-patentes, ni de se retirer pardevers les Grands-Maîtres, pour l'exécution des Arrêts qui leur seront accordés; à la charge par eux de remettre aux Greffes des Maîtrises dans le ressort desquelles les bois qu'ils auront coupés se trouveront situés, une copie des procès-verbaux de la marque des bois, & les pieces justificatives de l'emploi, trois mois après leurs dates : Les dispensons du surplus des formalités apportées par les articles 4 & 5 du titre des Bois des Ecclésiastiques & Gens de main-morte, de l'Ordonnance des Eaux & Forêts, du même mois d'Août 1669, auxquels nous avons dérogé pour ce regard seulement; & ce pour le tems & espace de dix ans, à compter du jour de la date dudit Arrêt; lequel tems passé, ils seront tenus de se conformer dans la coupe & exploitation de leurs bois, à lad. Ordonnance de 1669, & sous les peines y portées. » Si vous mandons que ces » Présentes vous ayez à faire regiſtrer, & du contenu » en icelles faire joüir & user led. Exposant pleinement » & paisiblement : Car tel eſt notre plaisir. Donné » à Paris le . . . Juillet, l'an de grace 1718, & de » notre Regne le troisieme. *Signé* Louis. *Et plus* » *bas*, Par le Roi, Phelyppeaux. Et scellé du grand » Sceau ».

Les Miniſtres de l'Ordre employerent utilement le délai de *dix ans* pour obtenir un Réglement définitif. Il étoit réservé à M. le Bailli de Meſmes de terminer cette importante affaire ; ses démarches eurent le succès defiré, & à l'expiration des dix ans il fut rendu le Réglement ci-après.

« SUR ce qui a été repréfenté au Roi, en fon Con-
» feil, que la plus grande partie des Grands-Prieurs,
» Baillis, Commandeurs & Bénéficiers de l'Ordre de
» Saint Jean de Jérufalem, qui ont des bois dans leurs
» Prieurés, Bailliages, Commanderies & Bénéfices,
» n'ont point encore fait mettre le quart de ces bois en
» réferve, conformément à l'Ordonnance des Eaux &
» Forêts, du mois d'Août 1669, ni fait regler les cou-
» pes ordinaires & annuelles des taillis reftans : que dans
» plufieurs endroits où la réferve a été établie, on coupe
» les taillis fous la réferve, comme les autres taillis, &
» que l'on ne fait point garder les bois ; ce qui autorife
» les habitans voifins & les vagabonds de les dégrader &
» piller impunément : que d'ailleurs fous prétexte que,
» fuivant les Statuts dudit Ordre, les Grands-Prieurs,
» Baillis, Commandeurs & Bénéficiers font en droit de
» demander à l'Ordre, des bois pour employer aux ré-
» parations des bâtimens de leurs Commanderies, &
» d'obtenir, conformément aux Lettres-patentes de
» 1718, la permiffion de couper la quantité d'arbres
» qui leur font néceffaires, & qui ont été marqués du
» marteau de l'Ordre par les Commiffaires que l'Ordre
» nomme à cet effet, on coupe ces arbres par jardinage
» dans les réferves, les futayes & les baliveaux fur tail-
» lis ; ce qui ruine & dégrade totalement les bois & les
» forêts de l'Ordre, & ce qui donne lieu aux Procu-
» reurs du Roi des Maîtrifes d'intenter des procès contre

les

» les Prieurs, Baillis, Commandeurs & Bénéficiers, &
» leurs Fermiers, & de faire prononcer contr'eux des
» amendes & des reſtitutions qui tombent ſouvent ſur
» le commun Tréſor de l'Ordre, attendu que lorſqu'on
» veut mettre des condamnations à exécution, il ſe
» trouve en joüiſſance deſdites Commanderies pendant
» le vacant & mortuaire. Et Sa Majeſté deſirant con-
» ſerver les bois de l'Ordre comme les autres bois du
» Royaume, & donner en même tems à l'Ordre de
» Malte des marques d'une attention particuliere, qu'il
» mérite tous les jours par les ſervices qu'il rend à la
» Religion, elle a réſolu d'y pourvoir. Vû les Statuts
» dudit Ordre de Malte, les Lettres-patentes de 1718,
» & pluſieurs Arrêts accordés à aucuns dudit Ordre,
» portant permiſſion de couper des bois pour employer
» aux réparations des bâtimens de l'Ordre : Oüi le Rap-
» port du Sieur le Pelletier, Conſeiller d'Etat ordinaire,
» & au Conſeil royal, Contrôleur général des Finan-
» ces, Sa Majesté en son Conseil a ordonné &
» ordonne ce qui ſuit » :

Article Premier.

Les Grands-Prieurs, Baillis, Commandeurs & Bénéficiers de l'Ordre de Saint Jean de Jéruſalem, feront
dans ſix mois, ſi fait n'a été, arpenter, figurer & borner les bois des Prieurés, Bailliages, Commanderies &
Bénéfices, par un Arpenteur juré de la Maîtriſe dans le
reſſort de laquelle les bois feront ſitués, qui en fera le
plan & en dreſſera procès-verbal, dans lequel il ſera
fait mention de la continence de chaque piece, & de la
qualité des bois qui y croiſſent.   D

Cet article eſt conforme à l'art. 1. titre xxjv. de l'Ordonnance de 1669.

Art. II.

L'Arpenteur délivrera deux expéditions de ces plans, dont l'une fera remife au Greffe des Maîtrifes des Eaux & Forêts dans le reffort defquelles les bois font fitués, & l'autre entre les mains du Commandeur.

Art. III.

Faute par les Prieurs, Baillis, Commandeurs & Bénéficiers de l'Ordre, d'avoir fait faire & d'avoir remis ces plans & procès-verbaux aux Greffes des Maîtrifes, dans fix mois à compter de la date du préfent Arrêt, les Officiers des Maîtrifes dans le reffort defquelles les bois font fitués, le feront faire aux frais des Titulaires.

Art. IV.

La quatrieme partie des bois fera mife en réferve pour croître en futaye, & cette réferve fera appofée par le Grand-Maître du département, ou par les Officiers de la Maîtrife qu'il pourra commettre, dans le meilleur fonds, & le plus propre à porter futaye; fans qu'il foit permis d'entreprendre aucune coupe dans lad. réferve, foit de taillis ou baliveaux, fous les peines portées par l'Ordonnance des Eaux & Forêts, du mois d'Août 1669.

Art. V.

Après la réferve appofée, les trois quarts reftans des bois feront réglés & divifés en vingt-cinq coupes par lefdits Officiers; & feront lefdites coupes marquées par premiere & derniere fur les deux expéditions des plans, pour s'y conformer.

les taillis effence de chêne & autres bois durs, lefquels font de peu de valeur à l'âge de dix ans.

Art. VI.

Lors de ces coupes, il ſera laiſſé vingt-cinq baliveaux de l'âge des taillis par chacun arpent, nature de chênes, s'il y en a ; ſinon ils ſeront pris des meilleurs bois durs qui s'y trouveront.

Le Decret de 1648, article 3. avoit preſcrit de laiſſer neuf bali-veaux modernes de chêne, &c. L'art. 3. du titre xxjv. de l'Ordon-nance de 1669 a ordonné de laiſſer ſeize baliveaux ; le tout par chaque arpent. Ce nombre a été ſagement augmenté à vingt-cinq par l'article ci-contre.

Art. VII.

On y laiſſera auſſi tous les baliveaux, tant anciens que modernes, de la nature de chênes ; & en cas qu'il ne s'y en trouve point, on y réſervera dix baliveaux par arpent, des plus beaux, au-deſſous de quarante ans ; & quatre de ceux au-deſſus, s'il y en a.

Le même art. 3. du Decret de 1648, outre le précepte de laiſ-ſer neuf baliveaux de l'âge du taillis, défend expreſſé-ment de couper les baliveaux des précédentes cou-pes ; ce qui eſt encore conforme à l'art. 3. du titre xxjv. de l'Ordon. de 1669.

Art. VIII.

Le ſurplus des baliveaux des hêtres, des charmes & autres bois, ſera abattu avec les taillis, pour indemniſer les Commandeurs du reculement des coupes ordinaires.

Art. IX.

Les Commandeurs feront faire annuellement par leurs Officiers, un mois après le terme de la vuidange expiré, le récolement des bois qui auront été exploités, & en remettront, dans un pareil délai, le procès-verbal au Greffe de la Maîtriſe ; ſinon il y ſera procédé à leurs frais par les Officiers de la Maîtriſe, à la requête du Pro-cureur du Roi.

Cet article eſt conforme à l'art. 1. du tit. xvj. des Récolemens, & à l'article 9. du tit. xxjv. de l'Ordon. de 1669.

Art. X.

Les Commandeurs établiront un ou pluſieurs Gardes pour la conſervation de leurs bois, & les feront rece-voir devant les Officiers des Maîtriſes, conformément à l'Ordonnance de 1669 ; & faute par eux de le faire,

On voit par le préambule de ce Réglement de 1728, qu'une des raiſons principa-les du Conſeil de pourvoir à la conil y fera pourvû par le Grand-Maître du département, lequel pourra décerner fes Ordonnances contre les Commandeurs & leurs Fermiers, pour le payement des gages defdits Gardes.

On peut faire ici une jufte application de tout ce qui eft preferit par les Stat. de l'Ordre, pour la confervation, augmentation & bonne adminiftration des biens des Commanderies, pour faire fentir que tout concourt à obliger Meffieurs les Commandeurs de faire garder foigneufement les bois, pour éviter les dégradations.

ART. X I.

Les Grands-Prieurs, Baillis, Commandeurs & Bénéficiers qui joüiffent des Prieurés, Bailliages, Commanderies & Bénéfices appartenans à l'Ordre de Malte, dans les bâtimens defquels il fera néceffaire de faire des réparations, s'adrefferont, fuivant l'ufage obfervé jufqu'à-préfent, au Chapitre provincial du Grand-Prieuré dans l'étendue duquel les bâtimens font fitués; & y demanderont qu'il leur foit donné les bois néceffaires, à condition de les employer en nature.

ART. X I I.

Le Chapitre nommera un ou deux Commiffaires du nombre des Officiers & Commandeurs de l'Ordre, auxquels le Receveur du Grand-Prieuré remettra le marteau de l'Ordre.

ART. X I I I.

Ces Commiffaires fe tranfporteront fur les lieux avec le Commandeur; ils y nommeront un Charpentier ou un Expert, auquel ils feront prêter ferment, & avec lequel ils vifiteront exactement les bâtimens de la Commanderie fujets à réparation, en drefferont procès-verbal, dans lequel ils feront mention des réparations qu'il y faut faire, & du nombre d'arbres qui doivent être employés en nature pour faire ces réparations.

parations, dans la même forme que Sa Majesté veut que celles des Eccléfiastiques foient conftatées par les Officiers des Eaux & Forêts, conformément à l'art. 5. du tit. xxjv. de l'Ordonnance de 1669.

ART. XIV.

Ils fe tranfporteront enfuite & fans délai dans les bois de la Commanderie, pour y marquer les bois dont on aura befoin; fans que, fous quelque prétexte que ce foit, il en puiffe être marqué ou abattu une plus grande quantité que celle jugée néceffaire par le devis; & à condition que les bois de corde provenans des brancha-ges & defcentes des arbres, feront vendus par lefdits fieurs Commiffaires, & le prix employé auxdites répa-rations.

ART. XV.

Ils marqueront d'abord les arbres épars, ceux qui fe trouveront dans les haies, chemins & lifieres des bois; & enfuite les baliveaux qui fe trouveront dans les taillis qui doivent être coupés dans l'année.

ART. XVI.

S'ils ne trouvent pas la quantité d'arbres néceffaires, ou qui foient de la qualité prefcrite par le procès-verbal de vifite, ils fe tranfporteront dans les taillis des deux dernieres coupes, enfuite dans ceux qui fe doivent cou-per l'année fuivante, & y marqueront du marteau de l'Ordre les arbres qu'ils trouveront à-propos, confor-mément à ce qui eft marqué dans l'article XIV.

ART. XVII.

Ils feront mention dans leur procès-verbal, du nom-bre de ceux qu'ils auront marqués dans les haies, dans les chemins & lifieres des bois; dans la coupe qui doit

miffaires de l'Or-dre conftatent la néceffité des ré-

Les difpofitions de l'article 14. ci-contre, & celles des art. 15. 16. 17. 18. 19. 20. 21. 22. 23. 24. 25. & 26. font pareillement conféquentes à l'article 1 du De-cret de 1648, & aux Lettres-pat. de 1718. On ob-fervera cependant que fuivant ledit art. 1. du Decret de 1648, un Com-mandeur qui au-roit abattu un plus grand nombre d'arbres que celui marqué pour les réparations, fe-roit fujet aux pei-nes portées par le Stat. 60. titre *des Proh. & Pein.*

être faite dans l'année, dans celle des deux années précédentes, & dans celle de l'année ſuivante : comme auſſi de la groſſeur & longueur des arbres.

Art. XVIII.

S'il ne s'y en trouve pas ſuffiſamment, ils feront mention dans leur procès-verbal, du nombre & de la qualité des arbres qu'ils n'auront pas trouvés, enſemble de leur deſtination ; & en même tems ils déclareront les endroits où l'on pourroit prendre le ſurplus ſans endommager les taillis ni la futaye.

Art. XIX.

Sur le procès-verbal ſigné d'eux, & de l'Expert par eux nommé, ſera préſenté une Requête au Roi, ſur laquelle il ſera expédié au Commandeur un Arrêt portant permiſſion de couper les arbres marqués par les Commiſſaires, du marteau de l'Ordre ; & à l'égard de ce qui en manquera, il y ſera pourvû, ſoit en permettant de le prendre, en cas d'abſolue néceſſité, dans les endroits déſignés par le procès-verbal des Commiſſaires ; ſoit en les accordant au Commandeur dans les taillis qui ſeront coupés dans la ſuite, au fur & à meſure que ces taillis ſe couperont.

Art. XX.

L'Arrêt du Conſeil qui permettra la coupe de ces bois, ſera expédié aux mêmes clauſes & conditions qui ont été accordées depuis, & en exécution des Lettres-patentes de 1718, leſquelles ſeront exécutées ſelon leur forme & teneur, en tout ce qui n'y eſt point dérogé par le préſent Arrêt.

ART. XXI.

Si l'on eft obligé de prendre pour les réparations des Commanderies, quelques arbres dans les futayes, ils feront pris, en obfervant les formalités ci-deffus expliquées, dans les extrémités ; enforte que la futaye n'en fouffre point de préjudice.

Cet article contient une précaution bien fage pour la confervation des futayes. Il n'eft pas poffible de couper des arbres dans l'intérieur des futayes, fans caufer beaucoup de dommage aux arbres voifins de ceux coupés. On évite cet inconvénient en ne coupant que les arbres qui font dans les lifieres ou dans les routes, de maniere que leur chûte ni leur tranfport ne puiffent rien endommager.

ART. XXII.

S'il ne fe trouve point dans les bois de la Commanderie des arbres de la qualité requife, & défignée par les procès-verbaux des Commiffaires de l'Ordre ; ou s'il n'y a aucuns bois dépendans de la Commanderie, en ce cas les Commiffaires, fuivant l'ufage obfervé dans l'Ordre, en pourront marquer dans les bois des Commanderies voifines, en obfervant les formalités prefcrites.

Les bois pris dans une Commanderie voifine, doivent être payés au Tréfor ; cela a été ainfi décidé par la vénérable Chambre. Voyez ci-apr. ch. des Réparations des Commanderies dont il ne dépend point de Bois.

ART. XXIII.

Les Commandeurs auxquels ces permiffions feront accordées, remettront dans trois mois, à compter du jour de leur date, au Greffe de la Maîtrife dans le reffort de laquelle les bois coupés feront fitués, une copie de l'Arrêt qu'ils auront obtenu, fignée du Greffier ou de l'Officier de la Commanderie ; fans que les Officiers des Maîtrifes puiffent exiger pour raifon de ce aucuns droits.

Par l'art. 12. du tit. xxiv. des bois des Eccléfiaftiq. & Gens de main-morte, de l'Ordonn. de 1669, il eft difpofé que *les Officiers des Eaux & Forêts pourront vifiter quand bon leur femblera les bois & forêts des Eccléfiaftiq. Commanderies,* &c. Et par l'art. 27. ci-après, *le Jugement des contraventions au Réglement de 1728 eft attribué aux Maîtrifes.* Ainfi, quoique par ce Réglement l'Ordre ait droit d'ufer par lui-même de fes bois, il refte aux Officiers du Roi la police de ces mêmes bois ; & c'eft pour mettre ces Officiers en état de l'exercer, que le Confeil a ordonné par l'article ci-contre & par l'article 26, qu'il fera remis en leur Greffe une copie de l'Arrêt de permiffion, & une autre copie du procès-verbal de récolement des bois coupés, afin que ces Officiers foient en état d'examiner fi ledit Arrêt de permiffion a été exécuté fans abus ; ce qui tend à rendre Meffieurs les Commiffaires très-attentifs à remplir avec circonfpection la commiffion de marquer des bois.

ART. XXIV.

Il en fera remis une autre copie, & copie du procès-verbal de la marque des bois, dans le même délai, dans les Archives du Grand-Prieuré, pour y avoir recours en cas de befoin.

ART. XXV.

L'exploitation des bois marqués du marteau de l'Ordre, fe fera dans l'année que la permiffion aura été accordée ; après lequel tems ladite permiffion demeurera nulle.

ART. XXVI.

La délivrance & le récolement des bois deftinés aux réparations, feront faits par les Officiers de la Commanderie ; & leurs procès-verbaux feront remis au Greffe des Maîtrifes, trois mois après la date de celui de récolement.

ART. XXVII.

Par les art. 1. 2. & 3. du titre xjv. *des Appellations*, de l'Ordonnance de 1669, les appels des Sentences des Maîtrifes doivent être relevés immédiatement ès Siéges des Tables de Marbre, pour y être pourfuivis & jugés dans trois mois ; finon les Sentences doivent être exécutées nonobftant l'appel.

Les contraventions au préfent Arrêt feront jugées aux Siéges des Maîtrifes, jufqu'à Sentence définitive inclufivement, fauf l'appel en la maniere accoûtumée & prefcrite par l'Ordonnance des Eaux & Forêts, du mois d'Août 1669. Et pour l'exécution du préfent Arrêt feront toutes Lettres néceffaires expédiées. FAIT au Confeil d'Etat du Roi, tenu à Fontainebleau le douzieme jour d'Octobre 1728. Collationné. *Signé* EYNARD.

Par l'article 5. du même titre, les appellations des Jugemens des Tables de Marbre & des Grands-Maitres des Eaux & Forêts, doivent être relevées aux Cours de Parlement.

Il a été expédié des Lettres-patentes fur cet Arrêt le 14 Août 1736, adreffantes au Grand-Confeil, qui eft

le

le Tribunal d'attribution de l'Ordre ; elles y ont été enregiſtrées le 5 Septembre de la même année, & depuis ce tems il eſt exécuté ſans contradiction.

On voit que de toutes les diſpoſitions de l'Arrêt de 1728, il n'y a que l'appoſition du quart en réſerve, le réglement des coupes des taillis à vingt-cinq ans, & la réſerve de 25 baliveaux par arpent, qui n'euſſent pas été prévûs par les Statuts de l'Ordre & par le Decret de 1648 ; mais ces nouveaux établiſſemens, pour n'avoir pas été ordonnés directement par l'Ordre, ne lui ſont pas moins utiles.

Premierement, ils aſſurent à l'Ordre la conſervation du quart de tous ſes bois qui doit être mis en réſerve pour croître en futaye ; ce qui fait un avantage d'autant plus conſidérable, que ce ſeul objet peut à l'avenir être d'une plus grande reſſource au vénérable commun Tréſor, que le total des bois ne l'a été par le paſſé.

En ſecond lieu, le réglement des coupes & la réſerve de vingt-cinq baliveaux par arpent, ayant pour objet la multiplication des futayes, l'Ordre ne trouvera pas moins d'avantages dans la coupe des arbres qui croîtront dans les autres trois quarts, lorſque ſes beſoins preſſans le mettront dans la néceſſité d'avoir recours à cet expédient.

Pour démontrer ces avantages d'une maniere convaincante, & en même tems faire connoître combien les Ordonnances du Royaume ſont favorables à l'Ordre, il eſt néceſſaire de faire voir quelle étoit l'ancienne adminiſtration des bois des Gens de main-morte.

E

Avant l'Ordonnance de 1669, les bois du Royaume n'avoient point de valeur; les exploitations étoient faites fans obferver aucune regle. Ces bois n'étant pas gardés, les riverains alloient couper impunément ceux dont ils avoient befoin pour leur chauffage, leurs bâtimens, outils aratoires, & même pour en faire commerce, fans craindre d'être recherchés. Enfin *le mal étoit fi invétéré, que le remede paroiffoit prefqu'impoffible* *.

*Quoique le Statut 60. titre *des Prohib.* & le Decret de 1648, euffent établi une regle d'adminiftration par rapport aux bois de l'Ordre, elle ne fut pas obfervée avec une entiere exactitude par tous les membres; ce qui occafionna dans les bois des Commanderies quelques defordres, lefquels vraifemblablement engagerent le Légiflateur à foumettre les Commandeurs à l'exécution de la Loi générale de 1669, en les y comprenant nommément.

Depuis cette époque, le luxe, cet artifan fécond à rendre les hommes induftrieux pour fe procurer les douceurs de la vie, eft augmenté au point, que tel qui n'avoit au commencement de ce fiecle qu'un feu chez lui, où toute fa famille fe chauffoit, en a dix aujourd'hui. Tel dont le pere fe contentoit d'une maifon propre & honnête, & des feuls ornemens qu'on pouvoit faire avec le plâtre & la brique, a de vaftes appartemens lambriffés, parquetés, *&c.* Enfin fi on veut réflechir à l'état préfent des chofes, on conviendra que les bois qu'on employe aujourd'hui à la conftruction des bâtimens, eft, par rapport à ce qu'on faifoit autrefois, ce que le nombre 12 eft à 1.

Il seroit inutile de dire que ce luxe est renfermé dans les bornes de la Capitale & des grandes villes, puisqu'il s'est introduit par-tout. Les Provinces les plus éloignées se modelent sur ce qu'on fait à Paris, si même elles ne renchérissent.

L'établissement du Commerce n'a pas moins contribué à l'augmentation du prix des bois. Avant le ministere de M. Colbert, l'Etranger ne connoissoit que le courage des François. La Nation animée par le Gouvernement, fit bientôt connoître son industrie par toute la Terre : dèslors on vit établir des Manufactures de toute espece dans le Royaume ; les Mers furent couvertes de puissantes armées navales pour protéger le Commerce, & d'un nombre prodigieux de vaisseaux marchands pour le faire ; ce qui a consommé & consomme encore une énorme quantité de bois.

Ce simple exposé fait connoître la sagesse des Loix qui tendent à conserver & à multiplier l'espece des bois dans le Royaume ; & comme il y a lieu de croire que son commerce ni son luxe ne diminueront pas, il paroît aussi vraisemblable que les bois deviendront tous les jours plus précieux.

Il étoit donc digne de la haute prudence du Grand-Maître & sacré Conseil, de prendre les plus justes mesures pour détruire dans leur principe tous les abus qui peuvent s'être glissés dans l'administration des bois de l'Ordre, & pour faire exécuter le Réglement de 1728 dans tous les bois des Commanderies situées sous la domination du Roi, parce qu'indépendamment de la nécessité où l'on est d'obéir aux ordres de Sa Majesté, il est certain que les bois de l'Ordre n'auront de valeur que quand ils auront été mis en regle.

L'Ordre a déja senti les avantages qui résultent de cette exécution, dans la derniere coupe que le Roi lui a permis de faire * : les bois qui avoient été mis en re- gle, ont produit des sommes considérables ; au lieu que des Forêts d'une vaste étendue, & d'un débit facile, l'ont à peine indemnisé des frais indispensables qu'il a été obligé de faire.

En 1745.

Avantages qui résultent pour MM. les Commandeurs, de la regle des Bois.

Mais ces avantages ne sont pas bornés à l'Ordre seul ; j'estime qu'il en résultera de considérables pour Messieurs les Commandeurs : je vais tâcher de mettre cette vérité dans la plus grande évidence, afin de les guérir de la ré- pugnance que quelques-uns ont témoignée jusqu'à pré- sent, à faire mettre les bois de leurs Commanderies dans la regle prescrite.

L'apposition du quart en réserve, & le réglement des coupes, semblent causer du préjudice aux Comman- deurs actuels, en ce que ces opérations diminuent le nombre d'arpens de taillis qu'ils faisoient exploiter cha- que année ; mais si d'un côté ils sont lézés par le recu- lement des coupes, & par la réduction de ces coupes à un moindre nombre d'arpens ; ils sont bien indemnisés par la coupe des baliveaux, hêtres, charmes, &c. qui leur sont accordés par l'art. 8 du réglement de 1728.

Tous ceux de Messieurs les Commandeurs qui ont fait régler leurs bois, ont reconnu que cette indemnité étoit plus qu'équivalente du préjudice qu'ils souffrent par le reculement & la réduction des coupes ; plusieurs même d'entr'eux ont avoué qu'ils y avoient eu du bénéfice, malgré les frais qu'ils avoient payés aux Officiers des Maîtrifes.

Il eft donc conftant que Meffieurs les Commandeurs dont les bois ne font pas dans la regle prefcrite, ne fouffriront aucun préjudice actuel de l'appofition du quart en réferve, du reculement & de la réduction des coupes.

Quand les bois taillis feront parvenus à l'âge de 25 ans, Meffieurs les Commandeurs, ou leurs Succeffeurs, retireront un revenu plus confidérable du petit nombre d'arpens qu'ils feront couper annuellement, qu'ils ne le faifoient du plus grand nombre.

PAR EXEMPLE:

Suppofé que dans une Commanderie de laquelle il dépend cent arpens de bois, on fit l'exploitation entiere de cette continence dans dix ans, à raifon de dix arpens par an; après l'appofition du quart de réferve, qui fera de vingt-cinq arpens, il ne reftera que foixante-quinze arpens de bois taillis, defquels les coupes étant réglées à 25 ans, la coupe annuelle fera de trois arpens.

Un arpent de l'âge de 25 ans, eft à l'égard d'un arpent de l'âge de dix ans ce que le nombre 4 eft à 1; enforte que les trois arpens produiront au moins deux douziemes de plus que les dix arpens qu'on coupoit ci-devant: cette vérité eft autorifée par tant d'expériences, qu'elle ne peut être révoquée en doute, puifqu'il eft certain que le taillis effence de bois dur *, languit pendant les 8 ou 9 premieres années, & ne commence à profiter qu'après avoir acquis certaine grof-

* L'ufage eft de ne pas régler à 25 ans les taillis qui ne font pas effence de bois dur,

parce qu'on a l'expérience que le bois-blanc dépérit après un certain nombre d'années. *Voyez ci-apr. Observations.*

feur : on a obfervé qu'un taillis de cette effence qui n'offre à l'âge de 9 ou dix ans que de menues brouffailles à fagots, quadruple fi même il ne quintuple en groffeur dans les quinze autres années.

D'ailleurs le réglement des coupes & la garde des bois rendant le bois plus rare, il en doit néceffairement réfulter une augmentation de prix.

Il paroît donc démontré évidemment que l'appofition du quart en réferve, & le réglement des coupes, utile & avantageux à la Religion en général, ne l'eft pas moins à Meffieurs les Commandeurs en particulier.

Inconvéniens qui peuvent réfulter dans la regle générale.

Mais, dira-t-on, la regle générale qu'on vient d'établir ne fçauroit être jufte, puifque les bois qui ne font pas à portée de la Capitale, & des principales Villes valent peu, au lieu que ceux qui font fitués avantageufement produifent des fommes confidérables ; cependant ces bois d'une valeur fi différente font foumis aux mêmes frais des Maîtrifes : d'où il réfulte que les opérations de ces Officiers qui produiroient des avantages aux Commandeurs, dont ces bois font dans une heureufe fituation, feront à charge aux autres Commandeurs.

On répond qu'il peut réfulter quelque inconvénient des opérations des Officiers des Maîtrifes dans les bois dont la fituation n'eft pas avantageufe ; & quoique ces opérations doivent néceffairement produire l'augmentation du prix des bois en les rendant plus rares, il eft poffible que cette augmentation ne réponde pas à l'objet des dépenfes qu'on eft obligé de faire ; cet inconvénient ne peut avoir lieu que dans un petit nombre de Commanderies, & pour un objet très-médiocre.

S'il étoit loifible à l'Ordre de faire une exception en faveur de Meffieurs les Commandeurs, dont les bois fe trouvent dans une fituation peu avantageufe, il ne manqueroit pas de faire des arrangemens propres à leur épargner des dépenfes : mais la loi étant expreffe pour tous les bois du royaume en général, l'Ordre ne peut pas faire de difpofition particuliere qui les difpenfe de fe conformer à la regle générale ; on ne peut donc remédier à cet inconvénient, qu'en aidant Meffieurs les Commandeurs qui fe trouveront dans un cas défavorable par des fecours ou par des arrangemens que la Religion ne refufe jamais à fes enfans.

Des Loix concernant les Bois des Pays-Bas
& Principauté de Liege.

IL dépend du Grand-Prieuré de France pluſieurs Commanderies répandues dans les Pays-Bas & Principauté de Liege. Après avoir rapporté les Loix qui régiſſent la France ſur la matiere des bois, j'ai crû devoir raſſembler celles rendues par les Souverains des Pays-Bas, & de Liege, afin d'inſtruire Meſſieurs les Commandeurs des moyens que les Loix municipales de ces Etats propoſent pour veiller ſoigneuſement à la conſervation des bois.

Objet des Loix des Pays-Bas, rendues ſur le fait des Bois.

La Conſtitution de ces Pays étant libre, les Propriétaires quelconques des bois les adminiſtrent de telle maniere que bon leur ſemble : auſſi les diſpoſitions des Loix n'y ont en vûe que d'empêcher les délits & dégradations des riverains, des mal-veillans, des bergers, & toute autre malverſation préjudiciable aux propriétaires.

Ces Loix ne font point de diſtinction des Bois appartenans aux Gens de main-morte.

On ne trouvera dans ces Loix aucune diſtinction des bois appartenans aux Gens de main-morte, d'avec ceux dépendans du ſouverain Domaine, ou qui ſont dans les mains de la Nobleſſe & des Particuliers : les mêmes diſpoſitions ſont pour tous les Sujets généralement, & veillent à leur commun avantage.

Loix des Pays-Bas.

Je vais commencer par rapporter le dernier Placard rendu par l'Impératrice Reine ſur la matiere des bois.

On

On aura lieu d'admirer la précifion, la clarté de la Loi, ainfi que l'attention de cette augufte Princeffe pour la confervation de cette partie précieufe des biens de fes Provinces Belgiques.

MARIE-THERESE, par la grace de Dieu, Impératrice des Romains, Reine d'Allemagne, de Hongrie, de Boheme, de Dalmatie, de Croatie, d'Efclavonie, &c. Archiducheffe d'Autriche; Ducheffe de Bourgogne, de Lhotier, de Brabant, de Limbourg, de Luxembourg, de Gueldres, de Milan, de Stirie, de Carinthie, de Carniole, de Mantoue, de Parme & Plaifance, de Wirtemberg, de la haute & baffe Siléfie, &c. Princeffe de Suabe & de Tranfilvanie; Marquife du faint Empire Romain, de Burgovie, de Moravie, de la haute & baffe Luface; Comteffe de Hasbourg, de Flandres, d'Artois, de Tirol, de Haynaut, de Namur, de Ferrette, de Kibourg, de Gorice & de Gordifca; Landgrave d'Alface; Dame de la Marche d'Efclavonie, du Port Naon, de Salins & de Malines; Ducheffe de Lorraine & de Bar; Grande-Ducheffe de Tofcane. Etant informée des grands dégâts & vols fréquens qui fe commettent ès bois & plantages appartenans à nos Prélats, Maifons religieufes, Vaffaux, Sujets & autres perfonnages en ce Duché de Brabant, nonobftant les défenfes rigoureufes faites par plufieurs Placards fur ce émanés; Nous, pour y pourvoir d'une maniere efficace pour le bien public, avons jugé néceffaire & trouvé convenable, par avis de notre Confeil ordonné en Brabant, & la délibération de notre très-cher & très-

Placard de S. M. l'Impératrice & Reine, pour l'adminiftration des Bois de fes Provinces des Pays-Bas, du 3 Févr. 1753.

F

aimé beau-frere & coufin Charles-Alexandre, Duc de Lorraine & de Bar, notre Lieutenant, Gouverneur & Capitaine général des Pays-Bas, d'ordonner & de ftatuer de nouveau, comme nous ordonnons & ftatuons par cette :

ARTICLE PREMIER.

Défenfes de faire pâturer dans les Bois, à peine d'amende.

Que perfonne, de quelle condition ou qualité qu'il foit, n'ait à s'avancer fans l'aveu & confentement du Propiétaire defdits bois & plantages, d'y herder, ou chaffer fes bêtes, comme chevaux, poulains, vaches, bœufs, veaux, porcs, brebis ou autres, à peine d'encourir pour chaque cheval, poulain, vache ou bœuf, une amende de trois florins ; pour chaque veau ou porc un florin, & pour chaque mouton ou brebis dix fols : lefquelles amendes pourront auffi être reprifes fur les Propriétaires defdites bêtes trouvées ès bois & plantages, quand même il ne confteroit pas qu'eux-mêmes, ou quelque autre par leur ordre y auroit herdé ou chaffé ces mêmes bêtes.

II.

Défenfes de faire ouvrir les foffés & de rompre les haies pour introduire les beftiaux dans les Bois.

Si quelqu'un s'avance de remplir les foffés, d'ouvrir & de rompre les hayes, les bords, ou autres clôtures defdits bois & plantages, pour y faire pâturer ou chaffer fes bêtes, il encourra le double defdites amendes, felon la diftinction ci-deffus reprife, outre une amende de fix florins pour le feul fufdit fait.

III.

Les délinquans de nuit feront condamnés en une double amende.

Que de même le double des amendes & de toutes les fuivantes, fera payé pour les forfaits commis pendant la nuit.

IV.

Que perſonne, qui que ce ſoit, ne pourra ſans le conſentement comme deſſus, couper ou faire couper eſdits bois & plantages, l'herbe, les épines, ronces, hayes, buiſſons, ou quelqu'autre crû, avec des faucilles, couteaux, ou autres inſtrumens, à peine de trois florins pour la premiere fois, de ſix florins pour la ſeconde, & de douze florins pour la troiſiéme fois; le tout outre la forfaiture deſdits inſtrumens & du ſac, panier, ou autre apprêt ſervant à emporter les choſes ſuſdites.

Défenſes de couper les bois, l'herbe, les épines, ronces, haies & buiſſons, ſans le conſentement des propriétaires.

V.

Que pareillement perſonne ne s'avancera de couper ou de hacher dans leſdits bois & plantages, ſans le conſentement du Propriétaire, quelque bois que ce ſoit, ou de l'emporter haché ou coupé, à peine de dix florins d'amende (outre la confiſcation des inſtrumens qu'on aura employés à cet uſage) pour la premiere fois: de vingt florins avec attachement au Carcan, l'eſpace d'une heure, le bois pendu au cou, pour la ſeconde fois; & d'être publiquement fuſtigé, marqué, & banni pour toûjours de notre domination; ſous peine de la vie pour la troiſieme fois.

Peines contre les délinquans, dans le cas de l'article précédent & de l'article ci-contre.

V I.

Toutes ces peines auront lieu à l'égard de ceux qui, ſans l'aveu du propriétaire, arracheront des chêneaux ou autre bois verd; à l'égard auſſi de ceux qui feront périr quelque bois verd, en le forant, coupant, ou autrement.

Peines contre ceux qui arracheront des chêneaux, qui feront mourir les arbres, &c.

F ij

VII.

Peines contre ceux qui couperont ou hacheront les arbres montans, sans le consentement des propriétaires.

Ceux qui se porteront à un tel excès que de couper ou hacher, sans le consentement du propriétaire, quelqu'arbre montant, encourront pour la premiere fois une amende de cinquante florins pour chaque arbre, outre un bannissement des Terres de notre domination pour dix ans; & pour la deuxieme fois ils seront fustigés, marqués, & bannis pour trente ans.

VIII.

Peines contre ceux qui dépouilleront les arbres de leur écorce.

Dans ces peines tomberont aussi ceux qui feront périr ces arbres, en les dépouillant de leur écorce, ou autrement.

IX.

Peines contre ceux qui seront trouvés dans les Bois hors du chemin ordinaire, avec instrumens propres à y commettre des dégradations.

Ceux qui dans les bois ou plantis d'autrui seront trouvés hors du chemin ordinaire avec des faucilles, sacs, coignées, haches, ou autres instrumens propres à hacher ou couper du bois, quoiqu'en effet on ne pût prouver qu'ils s'en soient servis pour faire quelque dégradation, outre la confiscation de ces instrumens, encourront pour la premiere fois une amende de six florins, de douze florins pour la deuxiéme, & pour la troisiéme un bannissement pour dix ans de toutes les Terres de notre domination.

X.

Parens, maîtres ou maîtresses responsables des amendes encourues, en cas d'insolvabilité des enfans & domestiques

Et afin que les Parens, & Maîtres ou Maîtresses veillent d'autant plus exactement à ce que leurs enfans ou domestiques ne contreviennent point à cette Ordonnance; nous voulons & statuons qu'au cas d'insolvence de leurs enfans ou domestiques demeurant avec eux, eux-mêmes seront tenus d'y satisfaire, à peine d'y être contraints par exécution réelle en leurs perfonnes & biens.

XI.

Et fi les contreventeurs, ni leurs Parens, Maîtres ou Maîtreffes n'avoient le moyen de payer ces amendes, nous voulons & ftatuons que les contreventeurs feront attachés au carcan pendant l'efpace de trois heures pour la première fois; que pour la deuxiéme fois, ils feront bannis pour cinq ans, à peine de punition corporelle ; & que pour la troifiéme fois, ils feront bannis pour le terme de dix ans, à peine d'être fuftigés & marqués : le tout cependant fans préjudice aux peines plus grièves qu'ils auroient pû encourir pour les autres faits ci-deffus détaillés.

XII.

Que ceux qui acheteront du bois volé, & feront convaincus de ne pas l'avoir ignoré, encourront pour la première fois une amende de vingt florins : & s'ils retombent de rechef dans le cas, feront punis arbitrairement, & felon exigence.

XIII.

Et comme l'on voit tous les jours des gens qui n'ont aucune exploitation, ni défruÛuation de bois ou plantage, porter aux marchés des Villes & Villages toutes efpeces d'arbriffeaux, plantis, mais, perches, lattes, verges de toits, &c. qu'ils ne peuvent qu'avoir dérobés dans les bois d'autrui ; pour y pourvoir, il eft ordonné qu'au moindre foupçon cette forte de gens en étant requis par l'Officier du lieu où ils portent ce bois à vendre, devront prouver qu'ils l'ont acquis à jufte titre.

ou qu'ils le portent au marché par ordre du Propriétaire, & si l'on découvre le contraire, ils seront amendés ou punis selon l'occurrence par les peines statuées ci-dessus.

XIV.

Ordonnons de rechef à nos Officiers & à ceux de nos vassaux, qu'accompagnés de deux Echevins du lieu & des Sergens ou Gardes de bois, ils ayent à visiter trois ou quatre fois par an, ou si souvent qu'ils le trouveront bon, les maisons & enclos habités par des gens qui notoirement n'ont bois ni raspe ; & en cas qu'ils y trouvent quelque bois verd, ou autres qu'ils soupçonneroient d'être volés, qu'ils ayent à interroger ces gens sur le moyen dont ils y sont parvenus, soit par achat ou autre titre légitime.

XV.

Et si à telle demande ces mêmes gens ne peuvent ou ne veulent donner des réponses satisfactoires, ou qu'on découvre leur fausseté ; voulons en ce cas que le bois ainsi trouvé soit confisqué, & que les Maîtres ou Maîtresses dans les maisons ou enclos desquels le bois se trouvera, soient mulctés & punis comme dessus.

XVI.

Tous Officiers, Sergens & Gardes-Bois, ayant prêté le serment ordinaire, seront crus sur la foi de ce serment, sur toutes les contraventions à notre présente Ordonnance, à l'égard des amendes, confiscations & dédommagemens y statués, sans exiger à ce sujet quelqu'autre preuve ; sauf qu'on sera tenu de faire lesdits Officiers, Sergens, & Gardes des Bois, de bonnes, honnêtes & croyables personnes.

XVII.

Que lesdits Sergens & Gardes-Bois, ensuite de ce même serment, auront à veiller bien exactement à découvrir les contrevenans, les calenger, & les dénoncer à l'Officier, pour être punis ou mis à l'amende, selon les occurrences, à peine d'être déclarés déchus de leur Charge, d'inhabilité à toute autre, & de punition arbitraire, selon exigence, au cas qu'on découvre quelque dissimulation, port, faveur, don, secret, ou autrement.

Les Sergens à garde veilleront pour découvrir les auteurs des délits ; ils les calengeront & les dénonceront à l'Officier, à peine d'être déchus de leur Charge.

XVIII.

Ce qui aura lieu aussi à l'égard des Officiers principaux en cas de quelque négligence notable à s'acquitter du devoir de leur Charge, nonobstant l'assurance de désintéressement leur promise par l'article 23 du Placard émané au même sujet le 13 Décembre 1721, à la demande des trois Etats de notre Pays & Duché de Brabant.

Même peine judicte contre les Officiers principaux.

XIX.

Et comme nous sommes informées que plusieurs Officiers prennent pour excuse que les voleurs de bois attroupés seroient tombés par bandes dans les bois de nos bons sujets, & leur auroient résisté par force ; nous voulant obvier à des entreprises si punissables, ordonnons qu'au cas que trois, quatre, ou plus de ces voleurs soient trouvés assemblés dans les bois ou plantages, les Officiers, outre les Sergens & Gardes armés se renforceront du guet ordinaire du lieu, faisant même en cas de besoin sonner le tocsin, pour faire prendre les armes au reste des Habitans, & tâcheront d'appréhender ces voleurs pour être punis de ce fait par le foüet,

Main-forte accordée aux Officiers & Sergens à garde contre les voleurs de bois attroupés pendant la nuit.

marque & banniſſement perpétuel , & même par la corde, pour ſervir d'exemple aux autres , s'ils ont oſé ſe défendre avec les armes à feu.

XX.

Tous les contrevenans, outre les peines & amendes ci-deſſus ſtatuées, ſeront auſſi tenus de bonifier aux Propriétaires des bois ou plantages, tout le dommage qu'ils y auront cauſé , à taxer aux frais des contreventeurs ſans forme ni figure de procès.

XXI.

Que les amendes adjugées ſeront exécutables en vertu de la préſente Ordonnance , nonobſtant appel ou oppoſition quelconque, & ſeront partagées , un tiers au profit du Seigneur, un autre tiers au profit de l'Officier , & le tiers reſtant au profit du dénonciateur, ou de celui qui aura fait la calenge, qui pourra auſſi retenir les inſtrumens dont plus amplement ci-deſſus.

XXII.

Que tous les Placards & Ordonnances émanés ci-devant au fait des forêts, bois & plantages, reſteront en vigueur , & ſeront obſervés pour autant qu'il n'y eſt pas dérogé par la préſente Ordonnance.

Sᴉ ᴅᴏɴɴᴏɴꜱ ᴇɴ ᴍᴀɴᴅᴇᴍᴇɴᴛ à nos très-chers & féaux les Chancelier & Gens de notre Conſeil de Brabant, Gouverneur de Limbourg, & à tous autres nos Juſticiers, Officiers & Sujets à qui ce regardera, que cette préſente Ordonnance ils obſervent & entretiennent , & la faſſent exactement obſerver & entretenir ſans port, faveur, ou diſſimulation : Cᴀʀ ᴀɪɴꜱɪ ɴᴏᴜꜱ ᴘʟᴀɪᴛ-ɪʟ. En témoignage de ce , nous avons fait mettre notre ſcel

à ces

à ces préſentes. Donné en notre Ville de Bruxelles le
3 Février l'an de grace 1753, & de nos Regnes le trei-
zieme. Etoit paraphé SCHOC, V*. Plus bas étoit par
l'Impératrice & Reine en ſon Conſeil, contreſigné J. F.
DE VOS ; & le grand ſcel de Sa Majeſté, imprimé
en cire rouge, y étoit appendant en double queue de
parchemin.

On vient de voir que l'art. XVIII. du Placard que
je viens de rapporter, rappelle un autre Placard du 13
Décembre 1721, rendu ſur les inſtances faites par les
trois Etats du pays: quoique ce précédent Placard ne
contienne aucune diſpoſition eſſentielle qui n'ait été
prévûe dans le nouveau, j'ai crû qu'il étoit eſſentiel de
le rapporter entierement, pour ne rien laiſſer à deſirer.

PAR L'EMPEREUR ET ROI : Nos très-chers &
féaux les Chancelier & Gens de notre Conſeil ſouverain, ordonné en ce Pays & Duché de Brabant, Salut
& dilection. Nous ſommes informés par la remontrance
qui nous a été faite de la part des trois Etats du même
notre Pays & Duché de Brabant, que par l'inobſervation de notre Edit, émané ſur le fait des bois & plantages le 21 Novembre 1623, les mêmes bois & plantages s'endommagent & ſe gâtent tellement tant de jour
que de nuit, qu'une bonne partie eſt en péril de périr,
s'il n'y eſt pourvû ſans délai : CE CONSIDERÉ, & voulant le prévenir, avons jugé néceſſaire de ſtatuer de
nouveau :

Placard du 15 Décembre 1721, rendu ſur les inſtances des trois Etats des Provinces des Pays-Bas.

G

ARTICLE PREMIER.

Défenſes de faire paître les beſtiaux dans les Bois, ſans le conſentement du propriétaire.

Primes, que perſonne de quelque qualité ou condi‑
tion il puiſſe être, n'ait à s'avancer de herder, chaſſer,
faire herder ou chaſſer ſes bêtes, comme chevaux, pou‑
lains, vaches, bœufs, veaux, porcs, moutons, brebis
ou autres, ſur & dans les bois de nos vaſſaux & ſujets
de jour ni de nuit en aucune maniere, ni de remplir,
détériorer, ouvrir, ou ruiner, ni de faire remplir, dé‑
tériorer, ouvrir ou ruiner à cette fin les foſſés, hayes,
haizes & défenſes, ſans le ſçû & le conſentement de
noſdits vaſſaux & ſujets.

II.

Défenſes d'enle‑ ver des bois ſans ledit conſente‑ ment.

Qu'auſſi perſonne qui que ce puiſſe être, n'ait à s'a‑
vancer d'enlever deſdits bois ou biens quelque bois
verd, tel qu'il pourroit être, comme chêneaux, timons,
longues, baguettes, perches, lattes, verges de toits,
manches de ramons, bâtons de haizes, pez, liens, har‑
zelles ou autres quelques ils puiſſent être, fût-ce pour
brûler, s'en ſervir, vendre, replanter, ou autrement,
ni arracher aucun plançon, ſans le conſentement de noſ‑
dits vaſſaux & ſujets, hormis dans les bois où la Com‑
munauté a droit contraire, lorſqu'il en peut conſter
promptement.

III.

Défenſes de dé‑ rober, arracher, forcer ou hacher aucun bois verd.

Que pareillement perſonne n'ait à s'avancer de dé‑
rober, arracher, forcer ou hacher aucun bois verd de
quelle qualité il ſoit, avec aucun inſtrument pour le
faire ſécher.

IV.

Ni même couper ou faire couper dans lesdits bois l'herbe, épines, ronches, hayes, buiſſons ou autre crû, avec fauchilles, couteaux ou autres armes, ſans conſentement des Propriétaires ou autres y ayant droit.

Défenſes de couper dans les Bois l'herbe, épines, ronces, &c. ſans le conſentement des propriétaires.

V.

Que perſonne ſous prétexte d'aller chercher du bois ſec, n'ait à porter avec lui, ou faire porter dans la Forêt, quelques armes de fer, comme haches, haux, haſteaux, ſcies, couteaux, fauchilles, ni quelques-autres inſtrumens; le tout ſous les correƐions, peines & mulctes ci-après déclarées.

Défenſes de porter dans les Bois aucuns inſtrumens, ſous prétexte d'y aller chercher du bois ſec.

V I.

Sçavoir, que ceux ſoit homme, femme ou enfant, qui chaſſera ou herdera, fera chaſſer ou herder ſur aucuns bois quelques beſtiaux ſuſmentionnés ou autres, forfaira pour chaque cheval, vache, taureau, annale ou poulain, ſi cela arrive de jour dix ſols, & pour chaque veau & porc quatre ſols, pour chaque mouton, brebis ou agneau deux ſols; & en cas que cela arrive de nuit, forfaira le double par-deſſus les peines & amendes ordinaires.

Peines pour chaque contravention.

V II.

Et ſi quelqu'un rempliſſoit les foſſés ou y fît quelques trous, ou rompît la haye ou haize pour chaſſer ou faire chaſſer dans leſdits bois ſes beſtiaux de jour, payera de chaque bête ſuivant la ſuſdite diſtinƐion vingt ſols, & de nuit deux florins, & des autres bêtes le double; un tiers au profit de l'Officier, le deuxieme tiers au profit du Sergent ou Foreſtier, & le troiſieme au profit du Dé-

Idem.

nonciateur : le tout à payer, ou du moins à nantir ſous caution avant que ledit Sergent ou Foreſtier qui aura calengé leſdites bêtes, les devra relivrer ou laiſſer ſuivre à ceux à qui elles appartiennent, ou en ont le ſoin & la charge : le tout par-deſſus le dommage & les frais que leſdites bêtes auront cauſés.

VIII.

Les Echevins ré-gleront les dom-mages & frais.

Leſquels dommages & frais les Echevins du lieu où le dommage ſera fait, taxeront & modéreront ſelon raiſon & équité, ſans figure de procès ; étant ſeulement informé du nombre de beſtiaux, qualité des bois, & du tems que les bêtes auront été aux bois.

IX.

Peines contre ceux qui coupe-ront le bois verd.

Que ceux qui auront abattu, rompu & emporté quelque bois verd, de quelle qualité il ſoit, ſans permiſ-ſion du propriétaire ou en ayant charge, payeront quatre fois autant que ledit bois abattu, rompu ou emporté vaudra ; un tiers à notre profit, un autre tiers au profit du propriétaire, ou y ayant droit ; & le tiers reſtant, au profit du Sergent & Dénonciateur : & en outre payeront encore au profit du Seigneur les amendes & forfaitures accoûtumées : de plus forfairont au profit du Sergent ou Foreſtier, les haches, haux, haſteaux, fauchilles ou autres inſtrumens avec leſquels ils auront abattu, haché ou coupé leſdits bois ; & pour la ſeconde fois payeront le même bois au prix & profit, comme deſſus ; & par-deſſus ce feront mis publiquement, en un jour de plaids, à un eſtace ou carcan, chargés de bois, l'eſpace d'une heure ; & pour la troiſieme, foüettés, marqués & bannis pour toûjours hors tous les Pays de Sa Majeſté, à peine de mort.

X.

Item, ceux qui fans permiffion, comme deffus, auront coupé ou fait couper avec des fauchilles, couteaux ou autres inftrumens auxdits bois quelques épines, ronches, haies, buiffons, ou autre creux, ou qui fe feront trouvés fur lefdits bois ou biens avec femblables inftrumens, forfairont les fauchilles, couteaux & autres inftrumens, & en outre encore le fac, cratin ou autre apprêt qu'ils auront porté avec eux pour emporter ce que deffus, & de plus au profit du Sergent & Dénonciateur, enfemble pour la premiere fois douze fols, pour la feconde vingt-quatre fols, & pour la troifieme fois deux florins & huit fols.

Peines contre ceux qui auront coupé les épines, ronces, buiffons, &c.

XI.

Ceux qui auront fait périr quelque bois verd en fournant, coupant, hachant, ou par quelqu'autre moyen, foit de jour ou de nuit, forfairont pour la premiere fois trois florins, pour la feconde fix florins, & pour la troifieme fois feront foüettés, marqués & bannis pour toujours hors tous les Pays de Sa Majefté, à peine de mort.

Peines contre ceux qui feront mourir les bois.

XII.

Et fi quelques-uns defdits infraƈteurs n'auroient le moyen de payer lefdites mulƈtes & amendes, nous voulons & ordonnons, que pour la premiere fois ils feront mis pendant huit jours à pain & à l'eau, pour la feconde fois quatorze jours, & pour la troifieme fois bannis pour cinq ans hors tous les Pays de Sa Majefté, à peine de correƈtion arbitraire.

Les délinquans infolvables feront punis de peines corporelles.

XIII.

Défenſes d'avoir des bêtes à en-graiſſer qu'à pro-portion des poſ-ſeſſions ou loüa-ges.

Ordonnons & ſtatuons pareillement que perſonne n'ait à s'avancer de prendre plus de bêtes ; d'autres per-ſonnes pour engraiſſer & paître qu'à proportion des prairies qui lui appartiennent en propriété, uſufruit ou loüage, ou autrement, y ayant droit, & ce à peine de forfaire pour la premiere fois au profit comme deſſus, ſi on trouve aucune de ces bêtes dans ou ſur leſdits bois ou biens, le double de ce qu'il auroit eu de chaque bête à engraiſſer ou pâturer ; pour la ſeconde fois, encore une fois autant ; & pour la troiſieme fois, d'être banni pour cinq ans hors tous les Pays de Sa·Majeſté, à peine de correction arbitraire.

XIV.

Délinquans in-ſolvables, les pa-rens, maîtres ou maìtreſſes ſont déclarés reſpon-ſables des peines pécuniaires.

Et afin que les parens, maîtres ou maîtreſſes ayent bon ſoin que leurs enfans ou domeſtiques ne méfaſſent contre cette notre Ordonnance, nous ſtatuons & or-donnons que ſi leurs enfans ou domeſtiques demeurans avec eux, n'ayent le moyen de payer leſdites mulctes & amendes, que leurs parens, maîtres ou maîtreſſes les devront payer & fournir, à peine d'être pour ce réelle-ment exécutés en leurs perſonnes & biens.

XV.

Sergens à garde feront crûs ſur leur affirmation.

De plus, comme leſdites contraventions, méſus & excès ſe commettent ordinairement ſur les bois hors du chemin & en des lieux écartés où peu de gens fréquen-tent, pour y méfaire plus librement & hardiment, or-donnons & ſtatuons par cette, que tous Sergens & Gar-des particuliers des bois feront crûs ſur leur affirmation ; & que ſur leur dénonciation on adjugera & déclarera

les peines & mulêtes, comme pleinement prouvées,
tant à la pourfuite de l'Officier du lieu fous la jurifdiction duquel le contreventeur demeurera, que de celui
fous la jurifdiction duquel l'excès fera commis, au regard de quoi la prévention tiendra lieu.

X V I.

Sauf qu'on fera tenu de faire ces Sergens & Gardes
de bonnes, honnêtes & croyables perfonnes ; & qu'a-
vant tout ils feront ferment ès mains de l'Officier ou de
fon Lieutenant, en préfence de deux Echevins du lieu,
qu'ils defferviront bien & fidelement leurs Charges, &
qu'ils accuferont & dénonceront tous infracteursde cette
notre Ordonnance, & point d'autres que ceux qu'ils auront trouvés d'y avoir contrevenu & excédé ; à peine
d'être châtiés (pour exemple à d'autres) comme on trouvera convenir.

Sergens à garde feront perfonnes de probité recon-nue, & prêteront ferment en Jufti-ce.

X V I I.

Devront auffi lefdits Sergens & Gardes des bois déclarer, pour la juftification de leurs dénonciations, ceux
qu'ils fçauront avoir connoiffance defdits excès, foit
hommes, femmes ou enfans ayant quelqu'entendement ;
mais en cas ils déclarent n'en fçavoir aucun, feront crûs
à cet égard fur leur ferment.

Lefdits Sergens déclareront les noms de ceux qu'ils fçauront avoir connoiffan-ce des délits.

X V I I I.

Et au regard des Sergens & Gardes des Bois des Eccléfiaftiques, ou autres perfonnes fitués fous la Jurifdiction du Gruyer, feront obligés de faire le ferment re-
pris art. XVI. ci-deffus, ès mains du Gruyer, comme
il a été pratiqué de tout tems.

Sergens à garde des Eccléfiafti-ques feronr obli-gés de faire fer-ment pardevant le Gruyer.

XIX.

Les Officiers prononceront les peines encourues par les délinquans sans formalités.

Ordonnons & ſtatuons de plus, que nos Echevins & ceux de nos vaſſaux, ayans oüi l'accuſé ſur leſdites dénonciations verbalement dans ſa décharge, déclareront & adjugeront leſdites peines à forfaire pour les deux premieres fois ſans donner quelque pour-parleur à l'accuſé, ou employer pour cela d'autres formalités, ou qu'autrement leſdits Echevins devront répondre pour les peines ſuſmentionnées.

XX.

Leurs Jugemens feront exécutés nonobſtant oppoſition, appellation, &c.

Toutes leſquelles peines adjugées, nous voulons par nos Officiers & ceux de nos vaſſaux reſpectivement incontinent être exécutées ſans port, faveur, ni diſſimulation, nonobſtant quelque oppoſition, appellation, ou réformation au contraire.

XXI.

Les Officiers viſiteront trois à quatre fois l'an les maiſons de leur Juriſdiction dont les propriétaires n'ont notoirement aucuns bois.

Et afin de mieux faire obſerver cette notre Ordonnance, ſtatuons & ordonnons à nos Officiers & ceux de nos vaſſaux, qu'à l'aſſomption de deux Echevins du lieu ils ayent à s'informer & viſiter trois à quatre fois par an, ou autant de fois que bon leur ſemblera, les maiſons ou les enclos d'icelles, habitées par des gens de leur Juriſdiction n'ayant notoirement des bois ou crûe de raſpe, pour voir quel bois & de quelle qualité s'y trouve; & s'il s'y trouve quelques timons, chêneaux, longues, baguettes, perches, lattes grandes ou petites, fagots ou autres ſemblables ſortes de bois, qu'ils auront à interroger & demander à ces perſonnes comment & par quel moyen ils auront acquis ledit bois, ſoit par achat, donation, ou autre juſte titre.

XXII.

XXII.

A quoi s'ils ne veulent ou ne peuvent donner fatis-faction, ou qu'ils fe trouvent en menfonge, ledit bois fera en ce cas confifqué, & le maître ou maîtreffe dans la maifon ou enclos duquel le bois fera trouvé, feront corrigés au profit, comme il eft ordonné ci-deffus, à charge de ceux qui auront pris ou emporté le bois verd contre le gré & la volonté des propriétaires ou y ayant droit.

XXIII.

Et comme nous entendons de garantir de toute mo-leftation les Officiers qui fe feront diligemment acquit-tés de leur devoir en faifant obferver cette notre Ordon-nance, nous déclarons qu'ils feront indemnifés de la part des Etats de ce notre Pays & Duché de Brabant, hors les moyens du Pays, fous notre bon plaifir & agréation.

XXIV.

Défendons en outre très-expreffément à tous & un chacun de faire quelqu'empêchement ou détourbier : d'injurier ou maltraiter de fait ou par paroles lefdits Officiers, Echevins, Sergens ou Gardes de bois, en obfervant & exécutant cette notre Ordonnance, à peine de notre indignation, & d'être châtiés en corps & en biens, comme infracteurs de nos Ordonnances & Sta-tuts.

Et afin que perfonne ne prétende caufe d'ignorance du premis, nous vous ordonnons que vous faffiez in-continent & fans délai publier cette notre Ordonnance, Statut, Mandement & Edit perpétuel, par-tout dans les villes & lieux de ce notre Pays & Duché de Brabant

H

où l'on eſt accoûtumé de faire de notre part cris & pu-
blications, particulierement au plat pays, en chaque
village ou paroiſſes où ſe trouvent bois & plantages,
afin que chacun ait à s'y conformer & régler, procé-
dant & faiſant procéder contre les tranſgreſſeurs par
exécution des peines ci-deſſus ſtatuées, ſans port, faveur, ni diſſimulation ; laquelle publication nos Officiers, & ceux de nos Vaſſaux & Seigneurs-Baſſins,
feront tenus de renouveller ou faire renouveller tous
les ans à chaque village & paroiſſe de leur diſtrict environ la mi-Mars. Mandons en outre & commandons
un chacun qu'à vous & auxdits Officiers en tout ce que
dit eſt ils obéiſſent, ſans y contredire ou laiſſer contredire directement ni indirectement, en aucune maniere :
CAR ainſi nous plaît-il. DONNÉ en notre Ville de
Bruxelles, ſous notre contre-ſcel ci-imprimé en forme
de Placard, le 13 Décembre 1721. *Etoit paraphé,*
GRYSP Vt. *Signé,* A. V. GHINDERTAELEN.

CEUX qui voudront s'inftruire par la lecture des Mandemens rendus fucceffivement par les Princes Évêques de Liege, y trouveront le même caractere de clarté & de précifion que dans les Placards des Pays--Bas; il y a de plus dans ceux-ci des peines d'une fingularité remarquable qu'on ne fera pas fâché de connoître.

JEAN-THE'ODORE, Duc de Baviere, Cardinal, par la grace de Dieu, Evêque & Prince de Liege, &c. La confervation des bois & forêts faifant un des plus intéreffans objets de l'œconomie politique d'un Etat policé, a mérité la férieufe attention des Princes nos Prédéceffeurs, qui à la requifition de nos Etats, ont fait en différens tems des fages Ordonnances pour en prévenir la dévaftation; mais foit que les peines qu'ils ont déterminées ne foient point affés féveres pour contenir les méchans, foit que l'impunité, ou que les moyens des preuves exigeant trop de formalités, les enhardiffent à commettre de plus en plus leurs brigandages, leurs defordres, & leurs vols, nous apprenons avec déplaifir par les plaintes qui nous font portées de la part de notre Chapitre Cathédral, & de quantité de perfonnes notables, que ce mal va journellement s'augmenter d'une façon fi licentieufe & fi hardie, qu'il eft néceffaire pour prévenir la deftruction des bois & forêts, & pour em-

Mandement du 10 Mai 1747, publié le 19 du dit mois,

H ij

pêcher que les brigands ne s'emparent impunément de force, ou clandeſtinement du bien d'autrui, non-ſeulement de rafraîchir les Mandemens émanés des Princes nos Prédéceſſeurs, mais auſſi d'augmenter les peines y ſtatuées, & faciliter les moyens de parvenir à la vérification de ces ſortes de délits, qui preſque toujours ne ſe commettent que par gens de vile condition, & par la canaille, qui par ces brigandages au lieu de s'appliquer au travail, s'accoutument à vivre de rapines & de vols. Et nous trouvant très-humblement ſupplié par nos Etats d'interpoſer notre autorité principale, pour obvier à un mal ſi invétéré, ſi contagieux, & ſi préjudiciable au bien; A ces causes, Nous voulons & ordonnons que les Mandemens du Prince George d'Autriche, publiés & mis en garde de Loi le 24 Décembre 1751, de Maximilien-Henry du 8 Mai 1655, du Prince Electeur Joſeph-Clément, du 3 Avril 1719, & du Prince George-Louis du 13 Décembre 1725, mis en garde de Loi le 19 du même mois, ſoient réimprimés, affichés & publiés avec les préſentes où il convient, à la ſortie de la Meſſe Paroiſſiale un jour de Dimanche, afin que perſonne ne puiſſe en prétendre cauſe d'ignorance, ajoûtant par les préſentes auxdits Réglemens les articles ſuivans.

Les amendes augmentées du double. Peres & meres reſponſabl. de celles encourues par leurs enfans.

1°. Que les amendes y ſtatuées ſont & ſeront augmentées du double, dans tous les cas & dans tous les points y mentionnés, & que les peres & meres ſeront comptables des amendes encourues par leurs enfans.

Ceux qui ne pourront payer les amendes, ſe-

2°. Que ceux & celles qui n'auront pas de quoi payer les amendes encourues, devront être ſaiſis au corps, & mis en prison pendant deux mois pour la premiere fois ; pour la seconde au pilori ou carcan pendant quatre heures, & puis constitués en prison pour deux mois au pain & à l'eau ; & pour la troisieme fois ils seront réputés & traités comme larrons publics , & comme tels fustigés & bannis au moins pour cinq ans, & pour plus long-tems si leur délit est commis devant le lever ou après le coucher du soleil, ou compliqué de force, violences ou menaces.

3°. Semblables peines ou amendes encourront ceux ou celles qui couperont ou scieront les bois d'autrui , ou en emporteront ce qu'on appelle vulgairement faz, allons, pasais de vigne, paz , primes, bâtons, manches à ballets, ou de fourches, de rustay, travelle , haches , pishawes, floayais, & de toutes ustenciles ou outils quelconques, soit pour les Boulangers, soit pour les Ouvriers, soit enfin pour tout autre usage.

4°. Pareilles peines ou amendes encourront aussi ceux ou celles qui couperont, scieront, arracheront , ou gâteront à dessein les jeunes ou vieux arbres fruitiers, ou autres especes d'arbres plantés par les propriétaires, en allées, avenues, ou autrement , & qui enleveront les piquets mis pour les soûtenir , & qui briseront ou couperont les haies vives.

5°. Défendant aussi très-sérieusement , selon les mêmes peines & amendes, de scier, couper dans les bois, ou d'en emporter sans la permission expresse & par écrit des Propriétaires, aucun arbre , rameaux ou branche d'arbre , soit sous prétexte de récréation ou de fête , pour en orner les maisons ou autres lieux, sous le nom vulgaire de *mays.*

6°. Et comme il ſeroit inutile de renouveller les anciennes Ordonnances & défenſes émanées pour la conſervation des bois, & d'en porter de nouvelles, ſans
pourvoir plus efficacement aux moyens qui en peuvent
faciliter l'exécution, nous voulons & déclarons que qui
ſera trouvé dans les bois d'autrui, emmenant ou portant
arbres, arbriſſeaux, mays, manches d'outils ou autres
eſpeces de bois, ſans en avoir obtenu la permiſſion par
écrit des propriétaires, ſoit réputé comme voleur, ſaiſi en
tout lieu, & conduit en priſon juſqu'à ce qu'il ait payé
l'amende y ſtatuée; ou, à ce défaut, qu'il ſoit condamné
aux peines ci-deſſus ſtatuées; autoriſant non-ſeulement
les Foreſtiers & Sergens ordinaires, mais auſſi les perſonnes conſtituées par les propriétaires, qui auront prêté le
ſerment à la Juſtice du lieu, pour ſaiſir & conduire en
priſon les délinquans; ordonnant à nos hauts & ſubalter-
nes Officiers & à tous autres nos Sujets, de leur donner main-forte à cet effet, à peine d'en répondre en leur
propre perſonne, & d'être comptables de l'amende en-
courue par le délinquant qui ſe ſeroit évadé par leur
défaut. Voulant que le préſent Mandement ſoit imprimé, publié, mis en garde de Loi, & affiché, pour que
l'on s'y conforme exactement. DONNÉ à Seraing ſur
Meuſe, le 10 Mai 1747. JEAN-THE'ODORE.
JACQUES Vᵗ.   F. M. TORRI.

GEORGES D'AUTRICHE, par la grace
de Dieu, Evêque de Liege, &c. A notre ſouverain Mayeur de Liege, & à tous autres Officiers, Bail-
lis-Droſſarts, leurs Lieutenans, & nos Vaſſaux & Su-

jets, Salut & dilection. Comme foyons par les Gens des trois Etats de notre Pays de Liege & Comté de Loos, été avertis & dûement informés des grandes & intolérables, folles, dommages & dégâts que journellement fe commettent, tant en nos biens, bois & forêts, comme en ceux de nofdits Vaffaux & Sujets ; & que par eux foyons été requis vouloir à ce pourvoir de remede convenable : Nous, à leur Requête tant jufte & raifonnable favorablement inclinés, & defirant pour le bien, profit & utilité du Commun, lefdits bois & forêts être réduits en bon ordre, avons fait concevoir afin & effet fufdits certains points & articles, & iceux à nofd. Etats, pour ce & autre réformation affemblés en notre Cité de Liege le 21 Juillet, l'an 1551, fait préfenter, afin de nous donner leur avis & délibération ; lefquels ayant vû & par long-tems mûrement avifé & délibéré, & iceux conclu & arrêté, nous ont très - inftamment requis & prié pour nos Edits & Mandement lefdits points & articles faire publier, entretenir & obferver comme Loix, que ci-après s'enfuivent & font tels.

Premierement, par-tout nofdits Pays les peines & amendes feront uniformes contre les violateurs defdites forêts : A SÇAVOIR, quiconque coupera, dérobera, emmenera, ou mandera couper, dérober & emmener un chêne formé hors defdites forêts, en fera à l'amende d'un voyage de Saint Jacques en Compoftelle, eftimé à quinze carolus d'or ; & outre ce payera dommage & double dommage, qui eft le double prix que valoit ledit chêne.

2°. *Item*, qui coupera, dérobera & emmenera, ou

Peines contre ceux qui couperont en délit des chénes formés.

Contre ceux qui

fera couper, dérober ou emmener hors deſd. bois ſtallon ou chêne non formé, ſera à l'amende d'un voyage de Rochemadou, eſtimé à ſept carolus d'or & demi; & par-deſſus ſera tenu de rétablir le lieu, qui eſt payer dommage& double dommage.

3°. *Item*, qui coupera, dérobera, ou mandera couper, dérober ou aſporter une fauve hors deſdits bois, outre le rétabliſſement du lieu, ſera à l'amende d'un voyage de Rochemadou, eſtimé comme deſſus : entendu qui coupera pluſieurs chênes formés ou non formés, ou fauves, ſelon le nombre ou qualité des arbres, les amendes, voyages & réparations croîtront & feront multipliés.

4°. *Item*, qui abattra, dérobera ou emmenera, ou fera abattre, dérober ou emmener hors deſdites forêts autres arbres ou mort-bois, outre la réparation du lieu, écherra en l'amende d'un voyage de Vendôme, taxé à trois florins quinze patars Brabans.

5°. *Item*, les folles, dommages & dégâts qui feront faits & commis ens dits forêts par aucuns qui n'auroient de quoi pour fournir & payer les amendes ſuſdites, iceux devront être appréhendés & mis en priſon; & ſelon le délit & méſus, punis arbitrairement.

6°. *Item*, quiconque tels bois achetera, & ſoit connu en avoir eu connoiſſance, ſera tenu à ſemblables amendes, ou ſuſtiendra la même correction que les faituels & vendeurs devront payer & ſuſtenir.

7°. *Item*, ceux auxquels par priviléges, chartes ou anciennes coûtumes, appartiennent avoir bois hors des forêts pour édifier, le devront donner à connoître au

Seigneur

Seigneur ou à l'Officier du lieu, afin en obtenir par bonne diſcrétion & ordonnance de Juſtice ; & ſi autrement s'avancent de prendre, ſeront fruſtrés deſdits bois ; & outre la confiſcation, ſeront punis comme deſſus.

les obtenir du Sei-
gneur ou de la
Juſtice, à peine
de perdre ce
droit, &c.

8°. *Item*, quand le Seigneur ou ſon Officier, par ordonnance ou enſeignement de Juſtice, aura octroyé ou conſenti du bois pour bâtir ou maiſonner, celui qui aura obtenu leſdits bois devra montrer les avoir coupés & emmenés hors des forêts dedans quarante jours après ledit octroi, & les avoir mis & employés en édifices dedans ſix mois enſuivant, à peine de confiſcation deſd. bois ; & en cas qu'ils fuſſent diſſipés & frauduleuſement aliénés, ou dedans quatre ans après avoir vendu & fait marchandiſe dudit édifice, tel payera, outre l'amende d'une voie de Saint Jacques, le prix ou valeur deſdits bois.

Ceux à qui le
Seigneur ou ſon
Officier auront ac-
cordé des bois à
bâtir, ſont obligés
de les faire cou-
per & voiturer
dans 40 jours,
& de juſtifier de
l'emploi dans ſix
mois.

9°. *Item*, ceux qui par chartes ou uſages preſcrits ont puiſſance & faculté de couper & prendre bois hors deſdites forêts pour leur chauffage, ne devront à une fois plus couper hors deſdites forêts pour leur chauffage ; qu'ils ne pourront ſortir ou aſporter deſdites forêts, & mener en leurs maiſons dedans trois jours après, à peine de ſix florins d'or.

Ceux qui ont
droit de chauffage
dans les Forêts,
ne peuvent cou-
per pour cet ob-
jet que les bois
qu'ils peuvent fai-
re voiturer chez
eux dans trois
jours.

10°. *Item*, perſonne privilégiée, comme deſſus, ne pourra ailleurs couper bois pour ſon chauffage, qu'en ces lieux & quartiers que par l'Officier & Juſtice en forêts ſera enſeigné & ordonné, ſur peine ſuſdite.

L'Officier de
Juſtice marquera
le lieu où l'on doit
couper les bois de
chauffage.

11°. *Item*, quand ils couperont tels bois pour le chauffage, ſeront tenus ſur chaque journal laiſſer dix ſtallons des plus ſuffiſans chênes ; & à faute qu'il n'y au-

Les exploita-
teurs du chauffa-
ge laiſſeront dix
étalons de chêne

I

ou hêtre par jour-
nal.

roit des chênes pour demeurer audit nombre , devront laisser des fauves , à peine d'autant de voyages de Rochemadou qu'il y auroit faute desdits stallons.

Droit de pâtu-
rage ne peut être
exercé que dans
les lieux où les
bois ont été cou-
pés depuis plus
de cinq ans.

12°. *Item*, ceux qui ont le droit de pâturage & pouvoir de paître leurs bêtes & bétails ensdits forêts après qu'iceux seront taillés , ne leur sera permis y mettre lesdites bêtes à wayder jusqu'après cinq ans accomplis , sur peine de dix florins d'or pour chaque fois qu'il adviendra.

Par l'art. 4. du
Mand. de 1715 ,
il est très-expres-
sément & très-sa-
gement défendu
de faire paître
chevres ni brebis
dans les Bois.

13°. *Item*, que personne ne présume mettre ni paître chevres ensdits bois , sinon sept ans après la taille , à peine de confiscation d'icelles , & trois florins d'or d'amende.

Le droit de pâ-
turage dans les
Forêts est unique-
ment pour les bê-
tes en propriété
aux Usagers.

14°. *Item*, ne sera loisible prendre à loüage ou penage , ou par autre marché , bêtes étrangeres & non privilégiées , pour les faire champer & paître ensdits bois , mêmement après cinq ans , à peine de quatre florins d'or.

Ceux qui auront
en leur maison &
feront commerce
de bois , feront
tenus de prouver
s'ils leur appar-
tiennent , à peine
de confiscation &
amende.

15°. *Item*, qui vendra ou aura bois en sa maison ou sur ses héritages , il sera tenu dire & prouver d'où il les a & lui viennent lesdits bois , à peine de confiscation desd. bois , & amende de quatre florins d'or ; & pourra le Seigneur & Officier du lieu librement entrer & chercher les maisons & héritages des sujets & surcéans , afin de voir & connoître s'il y a aucuns bois dérobés ou autrement suspects.

Délinquans fe-
ront punis pour la
premiere fois
des amendes in-
dictes , pour la fe-
conde fois du dou-
ble , pour la troi-
fieme fois arbi-
trairement.

16°. *Item*, tous & quelconques que l'on trouvera contre les articles précédens être mesusans , feront atteints des peines prescrites pour la premiere fois. *Item*, à la feconde, du double , & à la troisieme feront punis arbitrairement.

Nous doncques, par commun accord & confentement de nofdits Etats, & leur très-inftante Requête,
avons lefdites Ordonnances, tous & quelconques points
& articles ci-deffus inférés, & chacun en particulier &
en fon endroit, déclaré & déclarons bonnes & néceffaires; & de notre autorité principale les ftatuons &
ordonnons & approuvons pour Loix, voulant qu'elles
foient gardées, entretenues & obfervées chacun en fon
endroit; à toutes Cours & Juftices, & Miniftres, d'i-
ceux les garder, entretenir, obferver comme Loix, &
felon icelles foi conduire & régler; abrogeant & mettant à néant toutes Coûtumes, Loix, Ordonnances,
Priviléges & Statuts contraires aux Préfentes, ou qu'autrement pourroient empêcher leur exécution & effet,
que défendons & ne voulons à l'avenir & au préjudice
des préfentes Ordonnances, Réformations & Statuts,
être ufées & alléguées en Jugement ou autrement, fur
la peine de nullité de Jugement, & de dix florins d'or
à appliquer à notre profit, fans par ce toutefois enfrain-
dre les priviléges & prérogatives dont nos forêts & bois,
& ceux de notre Eglife, font anciennement doüés &
munis, lefquels n'entendons par cette aucunement changer ni diminuer. Et pour plus grandes approbations, &
que ce foit chofe ferme, & qui perfonne ne puiffe prétendre caufe d'ignorance, ordonnons & commandons
bien à certes à tous nos Officiers fufdits, & chacun
d'eux, qu'ils faffent ledit notre Mandement, avec les
points & articles inférés, publier & regiftrer en & par
tous les lieux & endroits de refforts, pouvoir, diftricts
& jurifdictions de leurs Offices, & les faffent mettre en

garde de Loi par nos hautes & souveraines Justices de Liege & Comté de Looz , afin punir les transgresseurs & infracteurs par les peines dessus dites, rigoureusement , & sans déport & dissimulation aucunes ; réservé à nous l'autorité de pouvoir les déclarer, modérer & corriger selon que pour le bien, profit & utilité du Commun trouverons être bon & expédient. DONNÉ en notre Cité de Liege, sous notre signé manuel & scel secret, le quinzieme jour de Décembre, l'an quinze cents cinquante-un. Signé, *GEORGIUS. Plus bas*, Par commandement de Monseigneur susdit, WEERT.

Mandement du 8 Mai 1655.

Défenses d'aller couper des bois dans les Forêts sans le consentement par écrit des propriétaires, pour faire des mays, rameaux, feux, &c. confirmation & renouvellement du Mandement de 1551.

MAXIMILIEN-HENRY , par la grace de Dieu, *&c.* Evêque & Prince de Liege , *&c.* A tous ceux qu'il appartiendra , Salut. Sçavoir faisons ; que diverses plaintes & rapports nous ayant été faits des foules & desordres qui se commettent journellement tant dans nos bois & forêts, que ceux des Particuliers, sujets & autres, qui sous prétexte de récréation du mois de Mai, du grand feu au Carême, des Fêtes du Vénérable Saint-Sacrement & autres particulieres, vont sans aucun ordre ni permission à leur bon plaisir , & à force attroupés , au grandissime intérêt & déréglement desdits bois & forêts, y prendre , couper, abattre & emporter des beaux arbres & étalons formés, & autres rameaux & bois de moindre état & valeur, pour en faire mays, feux, & autres semblables, comme ils appellent, & autrement en user à leur volonté ; & considérant l'intérêt notable que Nous, nos Successeurs, & autres Particuliers en reçoivent , non pas tant préſentement que pour le futur (leſdits bois & forêts venans à ce moyen à la fin être entierement dépeuplés & ruinés) : Nous avons bien voulu ordonner, comme ordonnons par cettes, à tous nos hauts & autres Officiers, Juſticiers & Sujets, & ceux de nos vaſſaux, de faire exaɛtement en ce regard & tous autres, republier & obſerver les réformations de feu de bonne mémoire George d'Autriche, & tous autres Réglemens des bois tant au regard des arbres, raſpe, que du pâturage en iceux : Si défendons ſérieuſement à tous & un chacun de quelque qualité il puiſſe être, de couper, abattre, rompre, arracher, aſporter ou emmener à l'uſage ſuſdit ou autre que ce ſoit, ſans notre permiſſion expreſſe par écrit, ou du Maître ou Propriétaire du fonds, aucun arbre eſtalon, baillardeaux, branches, rameaux, ou aucune choſe provenante deſdits bois & forêts, ni y faire pâturer ès jeunes vieilles tailles (les priviléges & droits d'un chacun ſaufs) aux peines portées par leſdites réformations, ſuivant leſquelles noſdits Officiers, Juſti-ciers, Sergens & autres, ſçauront à régler en procé-dant & faiſant procéder contre tous délinquans en toute rigueur de Juſtice, ſans aucun port, faveur, ou diſſi-mulation quelconque, par ſaiſie de leurs perſonnes & bétails, confiſcation de ce qu'ils auront ſur eux, recou-vrement des foulles ſur leurs biens, & chaſtoi exem-plaire au corps, s'il y a faute de moyen pour ſatisfaire & réparer les foulles faites, à peine que leſdits Officiers, Juſticiers, Sergens, (s'ils manquent à leur devoir) en feront eux-mêmes recherchés : à quoi nos Procureurs Généraux, Syndic, Mambour, & autres à qui ce peut toucher, auront à prendre foigneux égard ; & en cas que nofdits fujets & autres foient fi ofés que d'y aller attroupés, & en nombre tel que lefdits Sergens ne foient en état d'empêcher leur violence, Nous ordonnions & commandons très à cettes, fous peine de notre indignation & autre, telle qu'il fera trouvé convenir à tous nos Officiers de Police, de Juftice & de guerre, de leur faire & prêter la main-forte ; car ainfi le requiert le bien de notre fervice & celui du public : & afin que de la préfente on ne puiffe prétexter caufe d'ignorance, voulons qu'elle foit imprimée, publiée, affichée, regiftrée, & mife en garde de Loi par toutes les Juftices de cette notre Principauté & Evêché, entendant que foi foit ajoutée aux copies imprimées comme à l'original. Donné au Palais à Liege, à la Chambre des Comptes, ce 8 de Mai 1655. ROSEN. V^t. Par Ordonnance de fon Alteffe Séréniffime, E. F. DE HENRART.

Mandement du 3 Avril 1719.

Suppreffion des droits d'ufage du pâturage.

JOSEPH-CLEMENT, par la grace de Dieu, &c. Evêque & Prince de Liege, &c. A tous ceux qui ces Préfentes verront, Salut. Les trois Etats de ce Pays informés que nonobftant la difpofition expreffe du Réglement du feu Prince George d'Autriche, fait à la réquifition des Etats le 15 Décembre 1551, mis en garde de Loi le 24 de Décembre de la même année, & rafraîchi le 14 Décembre 1713 ; plufieurs Particuliers & Communautés fe préfumeroient de mettre leurs bétails ès bois & forêts, avant qu'ils n'ayent l'âge requis par le Réglement fufdit, fe fondans fur certains ufages, concordats, & prefcriptions ou priviléges, lefquels font néanmoins invalides & irrités tant pour le paffé que pour l'avenir, par l'avantdit Réglement, & ne doivent avoir lieu au préjudice du bien public : Nous ayant lefdits Etats par leur recès du 28 Mars dernier, fupplié de rafraîchir ledit Réglement, & d'en ordonner l'exécution dans toute fa rigueur, & ce nonobftant quelque titre, privilége, convention ou concordat tel qu'il puiffe être au contraire ; entendu que fi pour obtenir quelques ufages ou fervitudes contraires audit Réglement, il avoit été donné ou promis quelqu'argent, rentes, ou corvées, &c. l'argent reçû devra être reftitué à ceux qui l'auront donné, & au réfidu que le payement de telle rente, corvée, &c. devra ceffer à l'avenir : Nous y condefcendant favorablement, & en approuvant & confirmant le recès fûfdit, avons ordonné & ordonnons qu'icelui foit mis à exécution, & que ledit Réglement foit inféré au pied de la préfente, & réimprimé, publié & affiché pour la connoiffance d'un chacun ; enjoignons aux hauts & fubalternes Officiers, Jufticiers & fujets d'y refpectivement tenir la main & s'y conformer. Donné à Liege le 3 Avril 1719. ROSEN, Vt.   J. VANHOVE.

GEORGE-LOUIS, par la grace de Dieu, Evêque & Prince de Liege, &c. Etant informé par les plaintes réiterées de nos fujets, que nonobftant le Réglement fait pour la confervation des bois & forêts de nos Etats de Liege & Comté de Looz, le 15 Décembre 1551, renouvellé le 3 Avril 1719; & ayant vû & examiné les recès nous préfentés fur ce fujet de la part de

Mandement du 13 Décembre 1725, publié le 19 dudit mois & an

nos trois Etats des Pays & Comté ſuſdits, en date reſ-
peƈivement des 10 Février, 17 Mars & 12 Décembre
de l'an courant : pour ce eſt-il que condeſcendant favorablement à la demande de noſdits Etats, nous déclarons
d'ajoûter, comme nous ajoûtons par cette, auxdits Réglemens les articles ſuivans.

<table>
<tr><td>

Défenſes d'arra-
cher, forer, peler
ou hacher aucun
arbre dans les
Bois & Forêts.

</td><td>

1°. Qu'il ne ſera permis à perſonne d'arracher, forer,
peler ou hacher dans leſdits bois & forêts aucun arbre
ou bois verd, de quelque qualité qu'il ſoit, avec aucun
inſtrument, pour le faire ſécher ; & ce ſous les peines
& amendes repriſes dans les cinq premiers articles du
Réglement de 1551, à encourir par les contreventeurs,
& à payer proportionnellement à la qualité deſd. arbres
& bois.

</td></tr>
<tr><td>

Défenſes de cou-
per dans les Bois
l'herbe, épines,
haies, buiſſons,
ronces, ſans le
conſentement des
propriétaires.

</td><td>

2°. Que perſonne ne pourra couper ni faire couper
dans leſdits bois & forêts, l'herbe, épines, haies, buiſ-
ſons, ronces ni autres crûs, avec faucilles, couteaux
ou autres armes, ſans la permiſſion des propriétaires ou
autres y ayant droit, à peine de trois florins Brabans
d'amende pour chaque fois.

</td></tr>
<tr><td>

Défenſes de por-
ter des inſtrumens
dans les Bois, pro-
pres à en couper,
ſous prétexte d'y
aller prendre du
bois ſec.

</td><td>

3°. Que perſonne, ſous prétexte d'aller chercher du
bois ſec, ne pourra porter avec lui ni faire porter dans
les bois & forêts aucune arme de fer, comme hachés,
ſcies, couteaux, courbais, faucilles, ſerpettes ni autres
inſtrumens, ſous la même peine & amende.

</td></tr>
<tr><td>

Défenſes de faire
pa tre des chevr.s
& autres bêtes à
laine dans les
Bois.

</td><td>

4°. Qu'il ne ſera permis en aucun tems de faire paître
des chevres ni bêtes à laine dans leſd. bois, encore bien
que la taille ſoit de ſept ans & davantage ; à peine de
confiſcation de telles bêtes y trouvées & arrêtées, & de
trois florins d'or d'amende pour chaque contravention.

</td></tr>
</table>

Ordonnons

Ordonnons à nos Officiers, hauts & subalternes Justiciers, & autres à qui il compete, de tenir la main que la présente addition soit exactement observée; & qu'elle soit mise en garde de Loi, publiée & affichée dans les lieux accoûtumés, pour la connoissance d'un chacun. DONNÉ en notre Cité de Liege le 13 Décembre 1725.

BERLAYMONT, V^t.   J. VANHOVE.

On voit que les Ordonnances ci-dessus rapportées, rendues tant par les Souverains des Pays-Bas, que par les Princes Évêques de Liege, concourent unanimement à la conservation des bois & forêts quelconques qui se trouvent situés sous leur obéissance, & qu'elles ne different point entr'elles sur les principes d'administration. J'aurai occasion ci-après d'expliquer de quelle maniere les bois dépendans des Commanderies qui sont dans ces Souverainetés, doivent être administrés relativement à ces Ordonnances, aux usages du Pays, & en se conformant aux Réglemens de Malte.

*Des Bois des Commanderies du Grand - Prieuré de
Champagne, ſituées dans les Duchés de Lorraine
& de Bar.*

LES Bois des Commanderies de Lorraine & de
Bar, ont été adminiſtrés par Meſſieurs les Commandeurs, non comme l'étoient ceux appartenans aux
Gens de main-morte, mais dans la même regle que la
Nobleſſe du Pays adminiſtroit les ſiens.

Lorſque ces Duchés ont paſſé ſous la domination du
Roi de Pologne Staniſlas Ier, & éventuellement ſous
celle de France, on a fait de nouvelles Lois * pour l'adminiſtration des bois des Gens de main-morte.

Comme l'Ordre n'étoit pas compris nommément
dans les diſpoſitions de ces Réglemens, il avoit lieu de
préſumer que l'intention du Souverain n'avoit pas été
de rien changer à ſon égard : mais on fut bientôt détrompé par des ſaiſies, & des exécutions qui furent
faites, ſous prétexte de contraventions à ces Lois.

L'Ordre allarmé de ce nouvel établiſſement, qui le
ſoumettoit aux formalités ruineuſes preſcrites pour les
Gens de main-morte, reclama la manutention de l'ancien uſage : on ne manqua pas de ſe prévaloir contre
lui de l'exemple de France, & on fit entendre que
l'intention du Gouvernement étoit de régler les bois de
Lorraine ſur le même pied. Après une négociation longue & laborieuſe, Son Excellence M. le Bailly de
Froullay obtint le Réglement ci-après.

** Réglement du
18 Sept. 1738,
touchant la Marine de France.
Déclaration en
forme de Réglement, du 21 Mai
1739.*

*Les Bois de l'Ordre en Lorraine
aſſujettis ſur le
même pied qu'en
France.*

» LE Roi étant informé que les Commandeurs &
» Bénéficiers de l'Ordre de S. Jean de Jérufalem ,
» qui ont des bois dans leurs Commanderies & Bénéfices
» fitués dans les Etats de Lorraine & de Bar , n'ont
» point encore fait mettre le quart de ces bois en ré-
» ferve , ni fait régler les coupes ordinaires & annuelles
» d'iceux ; que d'ailleurs fous prétexte que fuivant les
» Statuts dudit Ordre, les Commandeurs & Bénéficiers
» font en droit de demander à l'Ordre des bois pour
» employer aux réparations des bâtimens de leurs Com-
» manderies , & d'obtenir la permiffion de couper les
» arbres néceffaires , préalablement marqués du mar-
» teau de l'Ordre par les Commiffaires que l'Ordre
» nomme à cet effet ; on a jufqu'à préfent coupé ces
» arbres par jardinage dans les futayes & baliveaux fur
» taillis, ce qui ruine & dégrade totalement les bois &
» forêts de l'Ordre ; & ce qui donne lieu aux Officiers
» des Grueries de faire plufieurs pourfuites contre les
» Commandeurs & leurs Fermiers , & de prononcer en
» conféquence contre eux des amendes & reftitutions : &
» Sa Majefté defirant pourvoir à l'adminiftration de ces
» bois, & donner en même-tems à l'Ordre de Malte
» des marques d'une diftinction particuliere , que ceux
» qui les compofent ne ceffent de mériter par eux-mê-
» mes , & les fervices qu'ils rendent à la Religion ; Sa
» Majefté a réfolu d'y pourvoir, & d'expliquer fes in-
» tentions à cet égard : fur quoi vû les Statuts dudit
» Ordre de Malte : oüi le Rapport du fieur Galloys ,
» Confeiller d'Etat ordinaire , & au Confeil Royal des
» Finances & de Commerce , Sa Majefté en fon Confeil
» a ordonné & ordonne ce qui fuit :   K ij

Arrêt du Confeil Royal des Finances en forme de Réglement, pour l'adminiftration des Bois de l'Ordre fitués en Lorraine & Barrois, du 13 Octobre 1744.

ARTICLE PREMIER.

Les Commandeurs & Bénéficiers de l'Ordre de Saint Jean de Jérusalem, feront dans six mois, si fait n'a été, arpenter, figurer & borner les bois de leurs Commanderies & Bénéfices, par un Arpenteur-Juré de la Gruerie dans le ressort de laquelle les bois seront situés, qui en fera le plan, & en dressera procès-verbal, dans lequel il sera fait mention de la continence de chaque piéce, & de la qualité des bois qui y croissent.

ART. II.

L'Arpenteur délivrera trois expéditions de ces plans & procès-verbaux, dont l'une sera remise au Greffe du Conseil, la seconde au Greffe de la Gruerie, & l'autre ès mains du Commandeur.

ART. III.

Faute par les Commandeurs & Bénéficiers de l'Ordre d'avoir fait faire & remis ces plans & procès-verbaux aux Greffes ci-dessus dans six mois, à compter de la date du présent Arrêt, il y sera pourvû par le Conseil aux frais des Titulaires.

ART. IV.

La quatrieme partie des bois sera mise en réserve pour croître en futaye, & cette réserve sera apposée par le grand Gruyer du département *, ou par les Officiers de la Gruerie qu'il pourra commettre dans le meilleur fonds, & plus propre à porter futaye, sans qu'il soit permis d'entreprendre aucune coupe dans ladite réserve, soit taillis ou baliveaux.

* *Nota.* Depuis ce Réglement il n'a été établi en Lorraine des Grands-Maitres & Officiers des Maîtrises, à l'instar de celles de France.

ART. V.

Après la réserve appofée, les trois quarts reftans des bois feront reglés & divifés en vingt-cinq coupes, lefquelles feront marquées & défignées fur les expéditions des plans pour s'y conformer.

ART. VI.

Lors de ces coupes, il fera laiffé douze baliveaux de l'âge par chacun arpent nature de chênes, s'il y en a, finon de la meilleure efpece qui s'y trouvera.

ART. VII.

On laiffera en outre par chaque arpent deux chênes vieille écorce, quatre baliveaux chênes anciens, & quatre baliveaux chênes modernes; & à leur défaut, des hêtres les mieux venans.

ART. VIII.

Le furplus des arbres après les réferves ci-deffus faites, de quelque efpece qu'ils foient, fera abattu pour indemnifer les Commandeurs du reculement des coupes ordinaires.

ART. IX.

Les Commandeurs feront faire annuellement par leurs Officiers deux mois après le terme de la vuidange expiré le récolement des bois exploités, & en remettront dans un pareil délai le procès-verbal au Greffe de la Gruerie, finon il y fera procédé à leurs frais par les Officiers de la Gruerie, à la Requête du Subftitut en icelle.

ART. X.

Les Commandeurs établiront un ou plufieurs Gardes pour la confervation de leurs bois, & les feront recevoir devant les Officiers des Grueries; faute par eux de

L'article 6. du Réglem. de 1728 prefcrit de laiffer 25 baliveaux; ainfi l'art. ci-contre eft avantageux à MM. les Commandeurs de Lorraine.

Cette réferve n'eft que de dix arbres par arpent. L'art. 7. du Réglement de 1728 prefcrit la réferve de tous les baliveaux, tant anciens que modernes, de la nature de chêne. L'art. ci-contre eft encore avantageux à MM. les Commandeurs de Lorraine.

le faire, il y ſera pourvû par le grand Gruyer du département, lequel pourra décerner ſes Ordonnances
contre les Commandeurs & leurs Fermiers, pour le
payement des gages deſdits gardes.

ART. XI.

Les Commandeurs & Bénéficiers qui jouiſſent des
Commanderies & Bénéfices appartenans dans l'Ordre
de Malte, dans les bâtimens deſquels il ſera néceſſaire
de faire des réparations, s'adreſſeront, ſuivant l'uſage
obſervé juſqu'à préſent, au Chapitre Provincial du
Grand-Prieuré, dans l'étendue duquel les bâtimens ſont
ſitués, & y demanderont qu'il leur ſoit donné les bois
néceſſaires, à condition de les employer en nature, ou
le prix en provenant.

ART. XII.

Le Chapitre nommera un ou deux Commiſſaires du
nombre des Officiers & Commandeurs de l'Ordre,
auxquels le Receveur du Grand-Prieuré remettra le
marteau de l'Ordre.

ART. XIII.

Ces Commiſſaires ſe tranſporteront ſur les lieux avec
le Commandeur. Ils y nommeront un Charpentier ou
un Expert, auquel ils feront prêter ſerment, & avec
lequel ils viſiteront exaĉtement les bâtimens de la Commanderie ſujets à réparation; en dreſſeront procès-verbal, dans lequel ils feront mention des réparations qu'il
y faut faire, & du nombre d'arbres qui doivent être
employés en nature pour ces réparations.

ART. XIV.

Ils ſe tranſporteront enſuite ſans délai dans les bois

de la Commanderie , pour y marquer les bois dont on aura befoin ; fans que, fous quelque prétexte que ce foit, il en puiffe être marqué ou abattu une plus grande quantité que celle portée au devis , & à condition que les bois de corde provenans des branchages & defcentes des arbres , feront vendus , & le prix employé auxdites réparations.

Art. XV.

Ils marqueront d'abord les arbres épars , ceux qui fe trouvent dans les haies , chemins & lifieres des bois , & enfuite les arbres qui fe trouveront dans les coupes qui doivent être faites dans l'année.

Art. XVI.

S'ils n'y trouvent pas la quantité d'arbres néceffaires, ou de la qualité prefcrite par le procès-verbal de vifite , ils fe tranfporteront fur les deux dernieres coupes ; enfuite dans celles qui fe doivent exploiter l'année fuivante , & y marqueront du marteau de l'Ordre les arbres qu'ils trouveront à propos , conformément à ce qui eft marqué par l'article XIV.

Art. XVII.

Ils feront mention dans leur procès-verbal , du nombre de ceux qu'ils auront marqués dans les haies , dans les chemins & lifieres des bois , dans la coupe qui doit être faite dans l'année ; dans celle des deux années précédentes , & dans celle de l'année fuivante ; comme auffi de la longueur & groffeur defdits arbres.

Art. XVIII.

S'il ne s'y en trouve pas fuffifamment , ils feront mention dans leur procès-verbal , du nombre & de la qualité des arbres qu'ils n'auront pas trouvés, enfemble de leur deftination; & en même tems ils déclareront les endroits où on pourroit fans endommagement prendre le furplus.

ART. XIX.

Sur leur procès-verbal figné d'eux & de l'Expert, fera préfenté une Requête au Roi, fur laquelle il fera expédié au Commandeur un Arrêt portant permiffion de couper les arbres marqués du marteau de l'Ordre; & à l'égard de ce qui en manquera, il y fera pourvû, foit en permettant de le prendre, en cas de néceffité abfolue, dans les endroits défignés par le procès-verbal des Commiffaires, foit en les accordant au Commandeur dans les coupes fuivantes, au fur & à mefure qu'elles s'exploiteront.

ART. XX.

S'il ne fe trouve point dans les bois de la Commanderie des arbres de la qualité requife & défignée par les procès-verbaux des Commiffaires de l'Ordre, ou s'il n'y a aucuns bois dépendans de la Commanderie, en ce cas les Commiffaires, fuivant l'ufage obfervé dans l'Ordre, en pourront marquer dans les bois des Commanderies voifines, en obfervant les formalités ci-deffus prefcrites.

ART. XXI.

Les Commandeurs auxquels ces permiffions feront accordées, remettront dans trois mois, à compter du jour de leur date, au Greffe de la Gruerie dans le reffort de laquelle les bois coupés feront fitués, une copie de l'Arrêt qu'ils auront obtenu, fignée du Greffier ou d'un Officier de la Commanderie; fans que les Officiers des

Grueries

Grueries puiffent exiger pour raifon de ce aucuns droits.

Art. XXII.

Il en fera remis une autre copie, & copie du procès-verbal de la marque des bois, dans le même délai, dans les Archives du Grand-Prieuré, pour y avoir recours en cas de befoin.

Art. XXIII.

L'exploitation des bois marqués du marteau de l'Ordre, fe fera dans l'année que la permiffion aura été accordée, ou la fuivante ; après lequel tems la permiffion demeurera nulle.

Art. XXIV.

La délivrance & le récolement des bois deftinés aux réparations, feront faites par les Officiers de la Commanderie, & leurs procès-verbaux remis aux Greffes des Grueries trois mois après la date du récolement.

Art. XXV.

Les contraventions au préfent Arrêt feront jugées aux Siéges des Grueries jufqu'à Sentences définitives inclufivement, fauf l'appel en la maniere accoûtumée. Et pour l'exécution du préfent Arrêt toutes Lettres néceffaires feront expédiées. FAIT audit Confeil, tenu à Luneville le 13 Octobre 1744. *Signé*, J. GROSELIER.

Il a été expédié en conféquence des Lettres-patentes le 30 Novembre 1744, en vertu defquelles ledit Arrêt a été enregiftré au Greffe de la Cour fouveraine de Lorraine & Barrois, le 4 Décembre fuivant ; & au Greffe de la Chambre des Comptes, le 16 dudit mois de Décembre.   L

Les dispositions de ce Réglement ne different que de très-peu de celui de 1728 ; ainsi tout ce que j'ai dit ci-devant à l'égard des bois de France, milite pour ceux de Lorraine.

Le Grand-Maître & sacré Conseil ayant pris en considération tout ce qui a rapport à l'administration des bois de l'Ordre, dépendans des six Grands-Prieurés de France, il a été députe quatre Commissaires * pour examiner les moyens d'en assurer la conservation & amélioration : c'est en conséquence de leur relation que par les Bulles des 5 Juillet 1751, & 17 Juillet 1756, il a été fait les établissemens & arrangemens convenables. Je vais rapporter ces Bulles, & faire sur leurs dispositions les observations qui me paroîtront nécessaires pour en faciliter l'exécution.

Fin de la premiere Partie.

BULLE

DE SON ALTESSE

SERENISSIME ET EMINENTISSIME,

ET

SACRÉ CONSEIL DE MALTE;

PORTANT Réglement sur le fait de l'administration des Bois de l'Ordre, dépendans des Commanderies des six Grands-Prieurés de France.

Du 5 Juillet 1751.

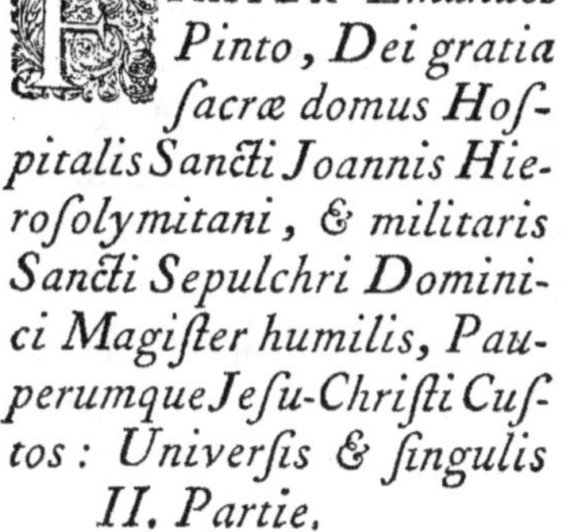

RATER Emanuel Pinto, Dei gratia sacræ domus Hospitalis Sancti Joannis Hierosolymitani, & militaris Sancti Sepulchri Dominici Magister humilis, Pauperumque Jesu-Christi Custos: Universis & singulis

II. *Partie.*

RERE Emanuel Pinto, par la grace de Dieu, humble Maître de la sainte maison de l'Hôpital de Saint Jean de Jérusalem, & de l'Ordre militaire du Saint Sépulchre du Seigneur, Gardien des Pauvres de Jesus-

L ij

præsentes noſtras Litteras viſuris, lecturis & audituris, Salutem. Notum facimus, & in verbo veritatis atteſtamur, qualiter infrà ſcripta Bulla, extracta fuit ex Libro Bullarum in Cancellaria noſtra conſervato, in quo ſimilis notari & regiſtrari ſolent; quamquidem in hanc publicam formam extrahi & redigi juſſimus, ut ubique, tam in Judicio quam extra, eidem plena & indubitata fides adhibeatur, cujus tenor eſt qui ſequitur; videlicet:

Chriſt : A tous ceux qui ces préſentes Lettres verront, liront & ouiront, Salut. Sçavoir faiſons que la Bulle ci-après a été extraite du Livre des Bulles conſervé en notre Chancellerie, dans lequel on a coûtume d'enregiſtrer les Bulles; laquelle nous avons ordonné être extraite & rédigée en cette forme publique, afin qu'on y puiſſe ajoûter foi, tant en Jugement que dehors ; de laquelle Bulle la teneur ſuit:

FRATER Emanuel Pinto, Dei gratia ſacræ domus Hoſpitalis Sancti Joannis Hieroſolymitani, & militaris Ordinis Sancti Sepulchri Dominici Magiſter humilis, Pauperumque Jeſu-Chriſti Cuſtos, & nos Conventus domus ejuſdem : Univerſis & ſingulis noſtris Fratribus

FRERE Emanuel Pinto, par la grace de Dieu, humble Maître de la ſacrée maiſon de l'Hôpital de Saint Jean de Jéruſalem, & de l'Ordre militaire du Saint Sépulchre du Seigneur, Gardien des Pauvres de Jeſus-Chriſt; & nous Couvent de la même maiſon : A tous & un

fiemorum adminiftratio-
nem in Regno Galliæ ge-
rentibus, præfentes noftras
Litteras vifuris, lecturis &
audituris, Salutem in Do-
mino fempiternam. Cùm
bonorum à Fidelibus Or-
dini noftro largitorum fun-
damentum fit eorumdem
confervatio, Majores nof-
tri in generalibus Capitulis
firmas exiftimarunt fta-
tuendas effe quafdam regu-
las ad tuendam bonam &
prudentem adminiftratio-
nem bonorum ; ex quibus
inde neceffariis fructibus
perceptis dictus Ordo obfe-
quia, quibus Chriftianitati
eft obftrictus, commodè
perfolvere valeret. Qua-
propter per Satuta 14. 15.
16. 17. 18. 19. & 20. tit.
de Commendis, veneran-
dis Prioribus, Bajulivis
& Præceptoribus, meliora-
menta in Commendis qua-
rum adminiftratio fuit ipfis commiffa peragenda de-
cernitur; necnon per Sta-

chacun Freres de notre
Ordre chargés de l'admi-
niftration de nos bois dans
le Royaume de France,
qui ces préfentes Lettres
verront, liront & oüiront,
Salut éternel dans le Seigneur. Comme la confer-
vation des biens qui nous
ont été donnés par les Fi-
deles, eft la bafe fonda-
mentale de notre Ordre,
les vénérables Chapitres
généraux ont crû devoir
établir certaines regles
pour en affûrer la bonne &
fage adminiftration, afin
que notredit Ordre pût
retirer de fes biens les
fonds néceffaires pour remplir les fervices auxquels il
eft engagé envers la Chrétienté. C'eft dans cette vûe
que par les Statuts 14. 15.
16. 17. 18. 19. & 20. tit.
des Commanderies, il a
été prefcrit aux vénérables
Prieurs, Baillis & Com-
mandeurs d'améliorer les
Commanderies dont l'ad-

tuta 1. 2. *& 3. titulo* de Vi-
fitationibus, *difponitur ve-*
nerandos Priores refpecti-
vos quotoquoque quinquen-
nio Commendas fuorum
Prioratuum vifitare, quæ-
que ipfis convenientia vifa
fuerint præcepta tradere
debere, ad cavendum obfer-
vantiæ legum Ordinis nof-
tri, ejufque bonorum cauto
regimini. Quamvis autem
Legiflatores eorum fumma
fagacitate nihil neglexe-
rint, minus poffibile fit ali-
quid addere difpofitionibus
generalibus quorum objec-
tum eft bonorum conferva-
tio, nihilominus augmen-
tum valoris nemorum ex
temporum variatione pro-
veniens, vifum eft nobis
animadverfione dignum,
horumque bonorum genus
prætiofiffimum. Ordinis er-
go noftri haud exigua com-
moda & momenta nos co-
gunt ad inftaurandas ex-
tendendafque difpofitiones
Statuti 60. *tit.* de Prohib.

miniftration leur a été confiée ; & par les Statuts 1.
2. & 3. tit. *des Vifites*, il
a été ordonné aux Prieurs
refpectifs de faire tous les
cinq ans la vifite des Commanderies de leurs Prieu-
rés, & de ftatuer tout ce
qui leur paroîtroit convenable pour affûrer l'obfervation des loix de notre
Ordre, & le bon gouver-
nement de fes biens. Et
quoique rien ne foit échap-
pé à la fageffe des Légifla-
teurs, & qu'il ne foit pas
poffible de rien ajoûter aux
difpofitions générales qui
ont pour objet la confer-
vation des biens de notre
Ordre, il nous a cependant
paru que le changement
des tems ayant occafionné
une augmentation confidé-
rable dans la valeur des
bois, & rendu cette efpece
de bien très-précieufe, l'intérêt de notre Ordre exi-
geoit de nous de renouveller & d'étendre les difpofi-

& Pœn. *necnon Decreti venerandi Concilii sub die 25 Februarii 1648 editi, ut instituatur administratio particularis nemorum dependentium à Prioratibus, Bajulivatibus & Commendis trium venerandarum linguarum Franciæ; quod est eò gravius, ut subsidia ex his nemoribus ab Ordine nostro diversis temporibus collecta, nostram attentionem exigant, ne quid ex remediis congruis ad præbenda necessaria urgenti necessitate quam nunquam gignere desinunt revolutiones venerando communi Ærario distrahatur. Qua de causa nobis præsentari curavimus Ordinationem à gloriosæ memoriæ Ludovico Magno Francorum Rege, mense Augusti 1669 prolatam, necnon præscriptum Consilii Suæ Majestatis Christianissimæ feliciter regnantis, datum die 12*

tions du Statut 60. tit. *des Prohibitions & des Peines,* & du Decret de notre vénérable Conseil, du 25 Février 1648, afin de parvenir à fixer sur un pied stable l'administration particuliere des bois dépendans des Prieurés, Bailliages & Commanderies des trois vénérables Langues de France; ce qui est d'autant plus important, que les secours que notre Ordre a retirés en différens tems de ces bois, exige cette attention de notre part, pour conserver à notre vénérable commun Trésor des ressources capables de fournir aux besoins pressans que les révolutions ne manquent jamais d'occasionner. C'est pourquoi nous nous sommes fait représenter l'Ordonnance rendue par le Roi Louis-le-Grand au mois d'Août 1669, & le Réglement du Conseil de Sa Majesté Très-Chré-

Octobris 1728, circa Ordinis nostri nemora, ex quibus cognovimus eorum Majestates dictorum nemorum conservationi particularem attentionem benignè adhibere voluisse; per nos autem comperti aliquos Ordinis nostri Fratres hujusmodo Legum elegantia & præcisione irrita, executionem effugisse, existimavimus sub beneplacito ejusdem Christianissimæ Majestatis, quantùm in nobis nititur, integra dictarum Ordinationum regiarum ann. 1669 & 1728 respectivè edictarum, Legumque particularium Ordinis nostri executioni providere. Re itaque maturè perpensa, fuit per nos definitum, dictum, statutum & ordinatum modo qui sequitur; videlicet :

tienne glorieusement régnante, du 12 Octobre 1728, rendu sur le fait des bois de notre Ordre, par lesquels nous avons connu la bonté avec laquelle leurs Majestés ont bien voulu donner une attention particuliere à la conservation de nos bois ; mais comme nous avons été informés que malgré la justesse & la précision de ces Lois, quelques-uns des Freres de notre Ordre en ont éludé l'exécution, nous avons crû devoir, sous le bon plaisir de S. M. T. C. pourvoir, en ce qui dépend de nous, à l'entiere exécution desd. Ordonnances de 1669 & 1728, & aux Loix particulieres de notre Ordre : A CES CAUSES, ayant mûrement considéré, nous avons réglé, dit, statué & ordonné ce qui suit :

ARTICLE PREMIER.

Cette disposition   Nous défendons très-expressément aux Prieurs, Baillis,

lis, & Commandeurs de notre Ordre, de couper pour quelque caufe & fous quelque prétexte que ce foit, les bois, futayes dépendans des Prieurés, Bailliages & Commanderies, & généralement tous les arbres dont la confervation eft prefcrite par les Ordonnances de 1669 & de 1728, de quelque qualité, effence & groffeur qu'ils fe trouvent, foit que lefdits arbres foient en corps de futaye, qu'ils foient épars, ou en allées de décoration auprès des Commanderies : & outre les peines indictes contre les délinquans par lefdites Ordonnances, nous ordonnons que conformément au Stat. 60, Titre *des Prohibitions & des Peines*, & au Decret de 1648, les contrevenans foient privés pour toujours des Prieurés, Bailliages & Commanderies des Offices de notre Ordre, & de toute autre adminiftration quelconque, & fans efpérance d'en obtenir.

eft conforme aux art. 1. & 3. du tit. xxjv. des Bois appartenans aux Gens de mainmorte, de l'Ordonn. de 1669, & au Statut 60. tit. des Proh. & Pein. L'article 2. titre *xxvij. de la Police & Confervation des Foréts,* de la même Ordonnance, porte ce qui fuit : *Tous les arbres de réferve & baliveaux fur taillis feront à l'avenir réputés faire partie du fonds des Bois & Foréts, fans que les Doüairieres, Donataires, Engagiftes, Ufufruitiers, & leurs Receveurs ou Fermiers, y puiffent rien prétendre, ni aux amendes qui en proviendront.*

Suivant ce principe, Meffieurs les Commandeurs qui ne font que fimples Adminiftrateurs *ad nutum*, n'ont pas plus de droit de fe prévaloir des futayes & baliveaux fur taillis, que les *Doüairieres* ou *Ufufruitiers.*

ART. II.

Pour parvenir à éviter que nos bois ne foient dégradés par les particuliers riverains & tous autres, nous ordonnons aux Baillis, Prieurs & Commandeurs de veiller à leur confervation, & à cet effet d'établir dans leurs Commanderies le nombre de gardes qui fera jugé convenable ; lefquels feront reçus pardevant les Officiers des Maîtrifes, conformément à l'art. 10 du Réglement de 1728.

Cette difpofition eft conforme aux art. 14. & 15. du tit. xxv. des Bois appartenans aux Communautés, de l'Ordonn. de 1669 ; & à l'art. 10. de l'Ordonn. de 1728. *Voyez ci-après l'Obfervat. de la Garde des Bois.*

ART. III.

Ordonnons que conformément aux articles 1 & 2

Voyez ci-après

II Partie.   **M**

du titre 24 de ladite Ordonnance de 1669, & à l'article 1 de l'Ordonnance de 1728, les Prieurs, Baillis, & Commandeurs de notre Ordre, feront dans fix mois, fi fait n'a été, arpenter, figurer, & borner les bois de leurs Prieurés, Bailliages & Commanderies, par un Arpenteur-Juré de la Maîtrife des Eaux & Forêts dans le reffort defquelles les bois font fitués, qui en fera le plan & dreffera procès-verbal, dans lequel il fera conftaté la continence de chaque piece, & la qualité des bois qui y croiffent ; qu'en conféquence de cette opération, les Prieurs, Baillis, & Commandeurs requierent le Grand Maître des Eaux & Forêts du reffort pour mettre la quatrieme partie des bois en réferve, & pour régler les coupes des trois autres quarts de la maniere qu'il a été preferit par les articles 4 & 5 de ladite Ordonnance de 1728.

ART. IV.

Dans les bois où il a été anciennement établi des droits d'ufage, de pâturage, de panage, & tous autres (*a*) les Prieurs, Baillis & Commandeurs feront tenus de fe pourvoir au Confeil de Sa Majefté Très-Chrétienne, pour obliger ceux qui prétendent lefdits droits de juftifier de leurs titres, & de faire conftater l'état des bois ; & fi les ufagers rapportent des titres en bonne & légitime forme, lefdits Commandeurs après avoir pris l'avis de notre Confeil à Paris, pourront renoncer aux preftations fur lefquelles lefdits ufages auront été établies, ou, fuivant l'exigeance des cas, lefdits Commandeurs céderont, fous notre agrément & bon plaifir, aufd. ufagers, la partie defdits bois qui fera jugée convenable pour y exercer le droit d'ufage ; laquelle partie délaiffée aux ufagers fera bornée & féparée des bois qui refteront en propre à notre Ordre.

ART. V.

Les Prieurs, Baillis & Commandeurs ayant fait appofer le quart de réferve, & régler les coupes des trois autres quarts, feront tenus de remettre en Couvent, aux vénérables Langues, & dans les mains de notre vénérable Ambaffadeur près Sa Majefté Très - Chrétienne, une expédition en forme de la procédure faite par l'Arpenteur du plan figuratif par lui dreffé, & de la procédure faite en conféquence par les Officiers des Maîtrifes pour l'appofition du quart en réferve, & le réglement des coupes, renfermant de plus dans le papier terrier de chaque Commanderie un pareil duplicata de la fufdite expédition ; & à cet effet, nous ordonnons aux Commiffaires qui feront nommés par les vénérables Chapitres pour faire les amélioriffemens des Prieurés, Bailliages & Commanderies, de ne procéder aux amélioriffemens que dans le cas où les Prieurs, Baillis & Commandeurs leur rapporteront la preuve en bonne forme * qu'ils ont entierement fatisfait à ce qui leur eft prefcrit ci-deffus : défendons aux vénérables Langues & Chapitres de recevoir pour bons & valables tous amélioriffemens & papiers terriers qui feroient faits en contravention des difpofitions du préfent article, lefquels nous déclarons nuls & de nul effet.

ART. VI.

Les Commiffaires députés pour faire les amélioriffemens des Prieurés, Bailliages & Commanderies, ad-

Pour éviter des frais à MM. les Commandeurs, il fuffira qu'ils faffent faire une expédition en forme de la procédure d'appofition du quart de réferve, du Réglement des coupes & des plans figuratifs, laquelle ils feront inférer dans leur Papier terrier ; qu'enfuite ils adreffent la même expédition & les plans figuratifs à M. l'Ambaffadeur. Son Excellence fera paffer aux vénérables Langues lad. expédition, après en avoir fait prendre copie.

* M. l'Ambaffadeur donnera à MM. les Commandeurs un récépiffé de l'expédition en forme de la procédure d'appofition du quart en réferve, du Réglement des coupes & des plans figuratifs ; lequel récépiffé fera une preuve complete que MM. les Commandeurs ont entierement rempli ce qui leur a été prefcrit.

mettront pour améliorissement les dépenses qui auront été faites pour l'arpentage des bois, l'apposition du quart en réserve, le réglement des coupes, les frais de réception des gardes bois, les repeuplemens des bois, soit en plantant dans les places vagues, soit en semant lesdites places en gland pour les mettre en valeur, & toutes autres dépenses qui auront été faites pour l'augmentation, la sûreté & la conservation desdits bois.

A R T.   VII.

Seront tenus lesdits Prieurs, Baillis & Commandeurs de laisser lors de l'exploitation des bois taillis, le nombre d'arbres & baliveaux prescrit par les articles 6 & 7 du Réglement de 1728 *; & en considération de ce qu'ils auront fait mettre leurs bois en regle, nous leur permettons de se prévaloir à mesure qu'ils feront la coupe des taillis, des baliveaux, hêtres, charmes, & autres bois qui leur sont accordés dans lesdits bois taillis pour les indemniser du reculement des coupes desdits taillis, conformément à l'article 8 de ladite Ordonnance de 1728, sans encourir les peines portées par l'article 1er du présent Réglement ; laquelle indemnité n'aura lieu que jusqu'à la révolution du tems reglé pour l'entiere coupe desdits taillis.

A R T.   VIII.

La vuidange des coupes ordinaires des taillis sera faite au premier Avril de chaque année, & en conséquence les Prieurs, Baillis & Commandeurs feront procéder sans retardement par les Officiers de Justice des Commanderies au récolement desdites coupes ; lesquels Officiers constateront exactement par leurs procès-verbaux, si l'exploitation a été faite en regle, & s'il a été laissé le nombre de baliveaux prescrit par les articles 6 & 7 du Réglement de 1728 ; desquels procès-verbaux de récolement ils remettront une expédition en forme aux Greffes des Maîtrises du ressort, conformément à l'article 9 dudit Réglement.

de la vuidange étant fixé par l'article ci-contre au premier Avril, les Officiers de Justice des Commanderies doivent faire le récolement au plûtard dans six semaines, c'est-à-dire vers le 15 Mai de chaque année.

ART. IX.

Ordonnons aux vénérables Prieurs, leurs Lieutenans, & à ceux de nos Religieux qui seront commis pour faire les visites quinquenniales des Prieurés, Bailliages & Commanderies, de visiter les bois pour connoître s'ils sont dans la regle prescrite par les Réglemens de 1669 & de 1728 ; & en cas que les Prieurs, Baillis & Commandeurs n'ayent pas fait apposer le quart en réserve, regler les coupes, & fait laisser dans les coupes des taillis le nombre de baliveaux prescrit par les articles 6 & 7 de l'Ordonnance de 1728, lesdits Visiteurs ordonneront ce que de raison pour l'entiere exécution desdits Réglemens.

ART. X.

Comme aussi dans le cas où les Prieurs, Baillis & Commandeurs auroient négligé de pourvoir au repeuplement desdits bois *, soit en faisant planter dans les places vagues, soit en les faisant semer en gland; qu'ils n'auroient pas pareillement pourvû à la garde * desdits bois, ou que les gardes par eux commis ne feroient pas leur devoir, pourront lesdits Visiteurs en cours de visite seulement, ordonner ce qu'ils trouveront à propos pour ledit repeuplement, & nommer tel nombre de gardes qu'ils jugeront convenable, auxquels ils donne-

Voyez ci-après l'Observation des repeuplemens des Bois.
Idem, de la garde des Bois, celle de la visite prieurale, & de la visite du Commissaire des Bois.

ront des Commiſſions pour être reçus aux Maîtriſes, & leur aſſigneront des gages ſuffiſans, que les Commandeurs feront obligés de payer ſans difficulté : pourront auſſi leſdits Viſiteurs révoquer ceux deſdits gardes pourvûs par les Commandeurs qui feront trouvés en faute, ou incapables de remplir leur devoir.

Art. XI.

Et comme par le Statut 60, titre *des Prohibitions & des Peines*, & par le Decret de 1648, il eſt diſpoſé que les Prieurs, Baillis & Commandeurs prendront dans les bois des Prieurés, Bailliages & Commanderies, ceux néceſſaires pour réparer les bâtimens deſdites Commanderies, nous déclarons que cette faculté ne doit être entendue ſeulement, que pour faire les poutres, chevrons, planches, & autres charpentes qui feront jugées néceſſaires pour leſdites réparations : défendons auxdits Prieurs, Baillis & Commandeurs de ſe prévaloir de cette faculté pour ſe procurer le moyen de payer la main-d'œuvre & les autres matériaux, leſquels doivent être payés ſur les fruits des Commanderies : nous exceptons néanmoins les cas de ruine & deſtruction de bâtimens cauſée par guerre, incendie, ou autres cas fortuits, qui exigent un rétabliſſement total, nous réſervant à cet égard de ſecourir leſdits Commandeurs ſelon les occurrences, & dans la forme ordinaire de nos Lois & Statuts.

Art. XII.

Pour éviter plus efficacement les abus à l'occaſion des bois demandés par nos Religieux pour les réparations des Commanderies, & en même tems pour leur faciliter les moyens de les obtenir plus promptement,

Cette diſpoſition eſt conforme à l'artic. 1. du Decret de 1648, & à l'art. 11. du Réglem. de 1728. Voyez ci-apr. l'Obſervat. des Bois pour les réparations des Commanderies.

Voyez ci-après les Obſervations des bois pour les réparations des Commander. & des fonctions du Commiſſaire des Bois.

nous ordonnons que le Procureur de notre vénérable commun Tréfor dans chaque Prieuré, foit & s'entende être Commiffaire né pour l'infpeʿtion des bois.

Art. XIII.

Les Prieurs, Baillis & Commandeurs qui demande-ront des bois pour les réparations des bâtimens des Prieu-rés, Bailliages & Commanderies, s'adreʃʃeront audit Procureur-Commiffaire des bois, & le requerront de fe tranfporter fur les lieux.

Art. XIV.

Le Procureur-Commiffaire étant arrivé fur les lieux, nommera un ou plufieurs Experts-Charpentiers, fui-vant l'exigence des cas, auxquels il fera prêter ferment en préfence du Commandeur ou de fon Procureur, de bien & fidelement procéder : il vifitera avec lefdits Ex-perts les bâtimens qu'il eft néceʃʃaire de réparer, & dreʃʃera procès-verbal, lequel contiendra un devis def-dites réparations, & conftatera clairement & en détail le nombre des arbres qui doivent être employés en na-ture pour faire lefdites réparations.

Art. XV.

Enfuite ledit Procureur-Commiffaire fe tranfportera fans délai dans les bois de la Commanderie avec l'Ex-pert-Charpentier, & marquera du marteau de l'Ordre les arbres que ledit Expert jugera propres à être em-ployés en nature aux réparations conftatées ; fans que fous quelque prétexte que ce foit, il en puiffe être mar-qué ou abattu une plus grande quantité que celle por-tée par le devis ; & quant aux branches ou defcentes defdits arbres, les Prieurs, Baillis & Commandeurs en difpoferont conformément à l'art. 14 du Réglement de 1728.

Art. XVI.

Ledit Procureur-Commiffaire marquera d'abord les arbres épars, ceux qui fe trouveront dans les haies, chemins, & lifieres des bois, & enfuite les baliveaux qui fe trouveront dans les taillis de la coupe ordinaire de l'année.

Art. XVII.

S'il ne fe trouve pas la quantité d'arbres néceffaires, & qui foient de la qualité prefcrite par le procès-verbal de vifite, il fe tranfportera dans les taillis des deux dernieres coupes, enfuite dans ceux qui fe doivent couper dans l'année & la fuivante, & y marquera du marteau de l'Ordre les arbres néceffaires, conformément à ce qui eft difpofé par l'article XV.

Art. XVIII.

Il fera mention dans fon procès-verbal du nombre des arbres qu'il aura marqué dans les haies, dans les chemins, & dans les lifieres des bois, dans la coupe qui doit être faite dans l'année, & la fuivante, & dans celles des deux années précédentes, comme auffi de la groffeur & longueur defdits arbres.

Art. XIX.

Si dans les endroits indiqués par l'article précédent, il ne fe trouve pas le nombre d'arbres néceffaire pour les réparations, le Procureur-Commiffaire fera mention dans fon procès-verbal du nombre & de la qualité des arbres qu'il n'aura point trouvé, enfemble de leur

deftination,

deftination, & des endroits où ils pourront être pris avec moins de dommage.

ART. XX.

Ledit Procureur-Commiſſaire déférera fans retardement fon procès-verbal, figné de lui, & des Experts qui l'auront affifté, au premier Vénérable Chapitre ou Aſſemblée, qui, après un mûr examen dudit procès-verbal, & de toutes fes parties, déliberera s'il convient accorder en tout ou en partie les bois demandés, ou de les refufer ; comme auffi ladite délibération portera, s'il eſt convenable que les arbres marqués foient employés en nature, ou vendus, pour le prix en provenant être affeꞔé fans divertiſſement à acheter les bois des mefures & proportions indiquées par le devis des réparations.

ART. XXI.

Si par la délibération dudit Vénérable Chapitre ou Aſſemblée, il eſt déterminé d'accorder les arbres contenus dans le procès-verbal du Commiſſaire, le même Vénérable Chapitre ou Aſſemblée remettront ledit verbal avec leur délibération fcellé de leur cachet à notre Agent général à Paris, lequel préfentera Requête au Confeil du Roi au nom dudit Prieur, Bailli ou Commandeur, & à fes frais, pour obtenir l'Arrêt portant permiffion de couper les arbres marqués du marteau de l'Ordre par ledit Procureur-Commiſſaire, conformément à ce qui eſt prefcrit par les articles 19, 20, 21, 22, 23, 24 & 25 du Réglement de 1728.

ART. XXII.

Défendons au Procureur-Commiſſaire de remettre fon procès-verbal en d'autres mains qu'en celles du Vé-

II. Partie. N

nérable Chapitre ou Affemblée, lefquels ne pourront
le remettre à autre qu'à notre Agent général : défendons pareillement à notredit Agent général de préfenter Requête au Confeil de Sa Majefté fans la délibération & l'approbation par écrit dudit Vénérable Chapitre ou Affemblée.

ART. XXIII.

La délivrance des arbres en exécution de l'Arrêt du
Confeil qui accordera la permiffion d'en faire la coupe,
& le récolement de l'exploitation defdits arbres, feront
faits par les Officiers des Commanderies, conformément
à l'article 26 dudit Réglement de 1728, & l'expédition
en forme du procès-verbal dudit récolement fera dépofée au Greffe de la Maîtrife du reffort.

ART. XXIV.

Les réparations étant faites, les Prieur, Bailli ou
Commandeur fera tenu d'avertir le Procureur-Commiffaire des bois *, lequel fe tranfportera fur les lieux pour
conftater par un procès-verbal l'emploi de ceux accordés pour les réparations ; duquel procès-verbal ledit
Commiffaire fera faire trois expéditions, une defquelles
il adreffera au Vénérable Chapitre, en cas que les amélioriffemens euffent été déja vifités; mais fi la vifite *
n'en avoit pas encore été faite, elle fera inferée dans la
même ; la feconde fera adreffée à l'Agent de l'Ordre à
Paris, & la troifieme fera dépofée au Greffe de la Maîtrife du reffort, à la diligence defdits Prieur, Bailli ou
Commandeur.

ART. XXV.

Les Prieurs, Baillis & Commandeurs rempliront

** Voyez ci-après l'Obfervation des fonctions du Com-miffaire des Bois.*

** Cette difpofi-tion a été expli-quée par l'art. 6. de la Bulle du 17 Juillet 1756, ci-après.*

L'art. 23. porte

exactement les autres formalités prescrites par les articles 23 & 25 dudit Réglement de 1728.

L'article 25. porte que l'exploitation des bois marqués se fera dans l'année que la permiffion aura été accordée, après lequel tems ladite permiffion demeurera nulle.

ART. XXVI.

Les Prieurs, Baillis & Commandeurs rembourseront audit Procureur-Commiffaire des bois les frais de transport, de féjour, & de retour : nous invitons ledit Procureur-Commiffaire à une dépenfe modefte, & à une œconomie féante & religieufe, conformément à nos Statuts & loüables Coutumes.

ART. XXVII.

Toutes les fois que ledit Procureur-Commiffaire des bois aura connoiffance de dégradations ou autres défordres dans les bois de quelque Prieuré, Bailliage ou Commanderie, il fera tenu d'en donner fans perte de tems part au Vénérable Prieur ou fon Lieutenant *, de fe tranfporter avec leur participation fur les lieux indiqués, & y trouvant des délits & malverfations, en dreffer un procès-verbal qu'il envoyera au Vénérable Chapitre ou Affemblée, pour fur icelui être pourvû par ledit Chapitre, fuivant l'exigence des cas, & nos loüables Coutumes : à cet effet, nous exhortons les Vénérables Prieurs, & tous autres Religieux, de donner part audit Procureur-Commiffaire de tout défordre ou contravention au préfent Réglement dans quelque bois auffi-tôt qu'ils en auront connoiffance.

ART. XXVIII.

Si lefdits délits & malverfations procedent du fait des

Receveurs, Fermiers, ou Particuliers riverains, & que les gardes des bois ne juſtifient pas qu'ils ayent fait des diligences pour la recherche & punition des coupables, nous donnons pouvoir audit Procureur - Commiſſaire des bois de pourvoir à la garde & ſûreté deſdits bois, en deſtituant les gardes négligens, & en nommant d'autres à leur place, de la même maniere qu'il eſt diſpoſé à l'égard des Viſiteurs de notre Ordre par les articles 9 & 10 ci-deſſus.

Art. XXIX.

Voyez ci-après l'Obſervation des Chauffages.

Défendons très-expreſſément aux Prieurs, Baillis & Commandeurs, d'accorder à leurs Receveurs, Fermiers, gardes bois, & à tous autres la permiſſion de couper les arbres morts dans les bois des Prieurés, Bailliages & Commanderies, ni de donner auxdits Receveurs, Fermiers, gardes bois & autres, la faculté de couper des bois pour leur chauffage, ſi ce n'eſt des bois taillis qui appartiennent *comme fruit* auxdits Prieurs, Baillis & Commandeurs dans l'Ordre, & les tems qu'il eſt permis d'en faire l'exploitation.

Art. XXX.

** Voyez l'art. 7. de la Bulle du 17 Juillet 1756.*

Au cas que les Commiſſaires des bois ne ſoient pas en état par maladie, incommodité, ou autrement, de ſe tranſporter ſur les lieux, à la requiſition des Commandeurs, ils pourront avec la participation du Vénérable Prieur, ou de ſon Lieutenant *, déléguer celui ou ceux de nos Religieux qu'ils trouveront à propos, leſquels délégués ſe conformeront en cette partie à tout ce qui a été preſcrit auxdits Commiſſaires des bois.

ART. XXXI.

Venerandis itaque Prioribus, eorumque Locatenentibus; venerandis Capitulis, noſtriſque communis Ærarii Receptoribus & Procuratoribus, atque cuicumque ad quem ſpeſtabit, in virtute ſanſtæ obedientiæ injungimus & mandamus ut ſuo quolibet muneri ac integræ hujus Regulamenti executioni advigilet; adeo ut, & ſi unicum dumtaxat Capitulum aliqua ex parte contraveniatur, in incapacitatis aliaſque pœnas à Statutis, Ordinationibus & Decretis, quæ de melioramentis cabreis, & præceptorum viſitationum adimplemento loquuntur, inflictas, incurriſſe intelligatur, perinde ac ſi Franciæ nemora in dictis Statutis, Ordinationibus & Decretis præfatis fuiſſent expreſſa. Volumus inſuper ut præſens Regulamentum, donec aliter

Nous enjoignons donc & mandons, en vertu de la ſainte obédience, aux vénérables Prieurs, leurs Lieutenans; aux vénérables Chapitres, aux Receveurs & Procureurs de notre commun Tréſor, & à tous autres qu'il appartiendra, d'obſerver chacun en droit ſoi, & de veiller à l'entiere exécution du préſent Réglement ; tellement que ſi quelqu'un y contrevient en quelque partie, il ſoit entendu avoir encouru la peine d'*incapacité*, & les autres peines portées par les Statuts, Ordonnances & Decrets qui parlent des amélioriſſemens, papiers terriers, de l'accompliſſement des préceptes des viſites, de même que s'il étoit fait mention expreſſe des bois de France dans leſdits Statuts, Ordonnances & Decrets. Voulons en outre *dispositum fuerit, eamdem habere vim & auctoritatem qua ipsamet Ordinis nostri Statuta , & stabilimento pollent. Utque in Capitulis perlegatur & publicetur. ac in Aulis ubi convocari solent Capitula, principalibusque Commendarum domiciliis , ne quid ignorantiæ ab aliquo allegari possit , impressum affigatur, ut juxta ejus formam & tenori illud quilibet exequatur. In cujus rei testimonium Bulla nostra communis plumbea Præsentibus est appensa. Datum Melitæ in Conventu nostro , die 5 mensis Julii 1751.*

Et qui ita se habet veritas, ideo in hujus rei testimonium Bulla nostra magistralis in cera nigra Præsentibus est impressa. Datum Melitæ in Conventu nostro, die, mense & anno supra dictis.

que le présent Réglement, jusqu'à ce qu'autrement soit ordonné , ait la même force & autorité que les Statuts & Etablissemens de notre Ordre. Et afin que personne n'en ignore , le présent Réglement sera lû, publié aux Chapitres, imprimé & affiché dans les salles où se tiennent lesdits Chapitres, & dans le principal manoir des Commanderies , pour être exécuté selon sa forme & teneur. En témoin de quoi nous avons à ces Présentes fait appendre le sceau en plomb de notre Bulle commune. Donné à Malte en notre Couvent, le 5 du mois de Juillet 1751.

Et parce que telle est la vérité , nous avons en témoignage de ce fait apposer à ces Présentes le scel de notre Bulle magistrale en cire noire. Donné à Malte en notre Couvent, les jour , mois & an ci-dessus dits.

Regiſtrata in Cancellaria.

(L. S.)

Fr. Franciſcus Guedes, Vicecancellarius.

Regiſtrée en Chancellerie.

(L. S.)

Signé, Fr. François Guedes, Vicechancelier.

Autre Bulle relative à celle ci-deſſus, & portant Réglement ſur le fait de l'Adminiſtration des Bois de Pin & Sapin, dépendans des Commanderies de l'Ordre.

Du 17 Juillet 1756.

FRATER *Emanuel Pinto, Dei gratia ſacræ domus Hoſpitalis Sancti Joannis Hieroſolymitani, & militaris Ordinis Sancti Sepulchri Dominici Magiſter humilis, Pauperumque Jeſu-Chriſti Cuſtos; & nos Conventus domus ejuſdem: Univerſis & ſingulis Ordinis noſtri Fratribus nemorum adminiſtrationem in regno Galliæ gerentibus, præſentes noſtras Litteras viſuris, lecturis & audituris, Salutem in Domino ſempiternam. Congruentes equidem die 5 Julii 1751 edidimus*

FRERE Emanuel Pinto, par la grace de Dieu, humble Maître de la ſainte maiſon de l'Hôpital de S. Jean de Jéruſalem, & de l'Ordre militaire du ſaint Sépulchre du Seigneur, Gardien des Pauvres de Jeſus-Chriſt; & nous Couvent de la même maiſon: A tous & un chacun Freres de notre Ordre chargés de l'adminiſtration de nos bois dans le royaume de France, qui ces préſentes Lettres liront & oüiront, Salut éternel dans le Seigneur. Par notre Bulle du 5 Juillet 1751, nous *dispositiones, quo nostri Ordinis Fratres Dignitatum ac Præceptoriarum, seu Commendarum intra limites venerandarum Linguarum Provinciæ, Alverniæ & Franciæ existentium, Titulares ad exactam promptamque stabilimentorum per sacram Christianissimam Majestatem super factum nemorum ejusdem Ordinis nostri Constitutorum executionem cogerentur. Cùm itaque in optatis habeamus ne quod intentioni nostræ coronidem addere potest, negligatur, necessum censuimus nostram interprætare mentem circa nemora pini & abietis, quæ cùm incidi nequeant nisi justa procerarum arborum naturam, usu Titularibus prædictis per Statuta nostra laudabilesque Consuetudines concesso, haud comprehendi possunt: Opportunum propterea existimavimus nonnullas*

aurions fait les dispositions convenables pour obliger nos Religieux titulaires des Dignités & Commanderies des vénérables Langues de Provence, d'Auvergne & de France, d'exécuter ponctuellement les Réglemens rendus par Sa Majesté Très-Chrétienne, sur le fait des bois de notre Ordre. Notre intention étant de ne négliger aucun des moyens qui peuvent remplir cet objet, nous aurions jugé nécessaire de nous expliquer sur le fait des bois de pin & sapin, lesquels ne pouvant être coupés qu'en nature de futaye, ne sont pas dans le cas de l'usage accordé à nosdits Religieux par nos Statuts & loüables Coûtumes : Nous aurions crû pareillement qu'il étoit à-propos d'ajoûter quelques dispositions à notred. Bulle, & de donner plus d'étendue à d'autres, afin de ne pas *nullas Bullæ noftræ hac de re præcalendata die emanatæ difpofitiones adjungere, aliafque extendere, ut omnis dubitandi caufa, quæ etiam levi earumdem contraventioni præbere valeat opportunitatem, omnino auferatur. Quare articulos infra fcriptos maturè perpendentes, illorum obfervantiam in hunc qui fequitur modum decrevimus, mandavimus, ordinavimus; videlicet:*

pas laiffer fubfifter d'obfcurité qui pût occafionner la plus legere contravention. C'eft pourquoi nous avons ordonné & ordonnons l'obfervation des articles ci-après:

ARTICLE PREMIER.

Nous déclarons que les bois effence de pin, & de fapin, ne produifant point de taillis, il n'eft en aucune façon loifible aux Prieurs, Baillis & Commandeurs de s'en prévaloir; en conféquence, nous leur défendons très-expreffément d'y faire aucune coupe, fous quelque prétexte que ce foit, de faire ni fouffrir qu'il foit fait auxdits arbres des incifions appellées vulgairement *Surler*, pour en tirer les matieres propres à fabriquer la poix-réfine, gauderon, & toutes autres chofes quelconques, à peine contre les contrevenans d'être procédé contr'eux, conformément au Statut 60, tit. *des Prohibitions & Peines.*

Voyez ci-après l'Obfervation de la Futaye effence de pin & de fapin.

ART. II.

Lefdits bois effence de pin & de fapin étant entierement réfervés pour croître en futaye au profit de notre Vénérable Commun Tréfor, lefdits Prieurs, Baillis &

II. Partie. O

Commandeurs font difpenfés de l'exécution des difpofitions portées par l'article III. de notredite Bulle du 5
Juillet 1751.

ART. III.

Seront cependant tenus lefdits Prieurs , Baillis &
Commandeurs de faire garder à leurs frais diligemment
& foigneufement lefdites futayes , conformément à l'article II. de ladite Bulle , de les faire arpenter , figurer
& borner , & d'adreffer à notre Vénérable Ambaffadeur près Sa Majefté Très-Chrétienne les plans figuratifs qui auront été levés , ainfi que les procès-verbaux
d'arpentage & bornage defdits bois , conformément à
l'article V. de ladite Bulle.

ART. IV.

Au cas que lefdits Prieurs , Baillis & Commandeurs
ayent befoin de prendre dans lefdites futayes des arbres
pour employer aux réparations de leurs Commanderies , lefdits arbres leur feront marqués par le Procureur-
Commiffaire , ou par fon délégué , en rempliffant les
folemnités & formalités prefcrites par ladite Bulle à
l'égard des autres bois.

ART. V.

Ledit Procureur-Commiffaire ayant befoin de bois
pour les réparations de fa Commanderie , requerra le
Procureur Général Receveur du commun Tréfor , de
fe tranfporter fur les lieux pour conftater lefdites réparations,& marquer les arbres néceffaires pour les faire;
lequel Receveur fe conformera en cette partie à ce qui
a été ordonné par ladite Bulle à l'égard des autres Commanderies , avec pouvoir audit Receveur de déléguer

en son lieu & place tel de nos Religieux qu'il trouvera à propos.

Art. VI.

Interprétant en tant que besoin seroit, & même augmentant les dispositions de l'article XXIV. de ladite Bulle du 5 Juillet 1751, nous déclarons que pour éviter les frais d'un second transport du Procureur-Commissaire, les Commandeurs auront trois moyens pour faire constater l'emploi des bois qui leur auront été accordés pour être employés aux réparations de leurs Commanderies ; le premier par les Grands-Prieurs, ou par les Commissaires - Visiteurs & députés pour faire la visite Prieurale ; le deuxieme par les Commissaires députés par ledit Vénérable Chapitre pour faire les amélioriffemens des Commanderies ; le troisieme par le Procureur-Commissaire des bois, ou par son Délégué, tous lesquels seront tenus de se conformer aux formalités & solemnités prescrites par ledit article XXIV.

Art. VII.

En expliquant les articles XXVII. & XXX. de ladite Bulle, & pour faciliter leur exécution sans retardement, nous déclarons que le Procureur-Commissaire des bois ne sera obligé de participer aux Vénérables Prieurs, & à leurs Lieutenans, pour raison des choses dont auxdits articles, que pendant le tems de la célébration des Chapitres, ou de la tenue des Assemblées Provinciales ; leur permettons dans les autres tems d'agir, & de déléguer, en vertu de l'autorité que nous leur confions par la présente, ainsi qu'ils trouveront plus à propos, & convenable au bien de la chose & à celui des Commandeurs.

Art. VIII.

Au surplus ladite Bulle du 5 Juillet 1751 sera exécutée selon sa forme & teneur, dans tout ce où il n'y a pas été dérogé par la présente.

Art. IX.

Venerandis itaque Prioribus, eorumve Locotenentibus; venerandis Capitulis, nostrique communis Ærarii Receptoribus & Procuratoribus, atque cuicumque ad quem spectabit, in virtute sanctæ obedientiæ injungimus & mandamus ut suo cuilibet muneri & integræ hujus Regulamenti executioni advigilet; adeo ut & si unicum dumtaxat Capitulum aliaque ex parte contraveniatur in incapacitatis, aliasque pœnas à Statutis, Ordinationibus & Decretis, quæ de melioramentis, cabreis, & præceptorum visitationum adimplemento loquuntur, inflictas, incurrisse intelligatur, perinde ac si Franciæ nemora in dictis Statutis, Ordinatio-

Nous enjoignons donc & mandons, en vertu de sainte obédience, aux vénérables Prieurs, leurs Lieutenans, aux vénér. Chapitres, aux Receveurs & Procureurs de notre commun Trésor, & à tous autres qu'il appartiendra, d'observer chacun en droit soi, & de veiller à l'entiere exécution du présent Réglement; tellement que si quelqu'un y contrevient, il soit entendu avoir encouru la peine d'*incapacité*, & les autres peines portées par les Statuts, Ordinations & Decrets qui parlent des améliorissemens, papiers terriers, de l'accomplissement des préceptes des visites, de même que s'il étoit fait mention des bois de France dans lesdits Statuts, Ordinations

nibus & Decretis præfatis fuiſſent expreſſa. Volumus inſuper ut præſens Regulamentum, donec aliter diſpoſitum fuerit, eamdem habeat vim & auctoritatem, qua ipſamet Ordinis noſtri Statuta & ſtabilimenta pollent. Utque in Capitulis perlegatur & publicetur, ac in Aulis ubi convocari ſolent Capitula, principalibuſque Commendarum domiciliis, ne quid ignorantiæ ab aliquo allegari poſſit, impreſſum affigatur, ut juxta ejus formam & tenorem illud quilibet exequatur. In cujus rei teſtimonium Bulla noſtra communis plumbea Præſentibus eſt appenſa. Datum Melitæ in Conventu noſtro, die 17 menſis Julii 1756. Et quia ita ſe habet veritas, ideo in hujus rei teſtimonium Bulla noſtra magiſtralis in cera nigra Præſentibus eſt impreſſa. Datum Melitæ in Conventu noſtro, die, menſe & anno retro ſcriptis.

& Decrets. Voulons en outre que le préſent Réglement, juſqu'à ce qu'autrement ſoit ordonné, ait la même force & autorité que les Statuts & établiſſemens de notre Ordre. Et afin que perſonne n'en ignore, ledit préſent Réglement ſera lû, publié aux Chapitres, imprimé & affiché dans les ſalles où ſe tiennent leſdits Chapitres, & dans le principal manoir des Commanderies, pour être exécuté ſelon ſa forme & teneur. En témoin de quoi nous avons à ces Préſentes fait appoſer le ſceau de notre Bulle commune. Donné à Malte en notre Couvent, le 17 Juillet 1756. Et parce que telle eſt la vérité, nous avons en témoignage de ce fait appoſer à ces Préſentes le ſcel de notre Bulle magiſtrale en cire noire. Donné à Malte en notre Couvent, les jour, mois & an ci-deſſus dits.

Regiſtrata in Cancella-
ria.

(*L. S.*)

Bajuſlivus Aquilæ, Fr.
Fran. Guedes, Vicecancel-
larius.

Regiſtrée en Chancel-
lerie.

(L. S.)

Signé, le Bailli de Lai-
gle, Fr. Franç. Guedes,
Vicechancelier.

Lettres-patentes d'approbation & confirmation
deſdites Bulles.

LOUIS, par la grace de Dieu, Roi de France &
de Navarre, Dauphin du Viennois, Comte de
Valentinois, Dyois, Provence, Folcalquier, & terres
adjacentes ; A tous préſens & à venir, Salut. Notre cher
Couſin le Grand Maître de l'Ordre de S. Jean de Jéruſalem, & nos chers & bien amés les Baillis, Commandeurs, Chevaliers, Freres, Religieux, Officiers
& ſuppôts dudit Ordre, nous ont fait repréſenter, que
pour le bon gouvernement d'icelui, pour y maintenir
une diſcipline exaſte, & pour inſtruire de leurs devoirs
ceux qui le compoſent, il nous a plû par nos Lettres
Patentes du mois de Décembre 1718, approuver, con-
firmer, & autoriſer les Statuts & Ordonnances dudit
Ordre, pour être exaſtement obſervés & exécutés
dans toute l'étendue de notre Royaume, Pays & Terres
de notre obéiſſance, ſans qu'il y puiſſe être contrevenu
pour quelque cauſe & ſous quelque prétexte que ce
ſoit ; que les mêmes motifs ayant engagé notredit Couſin, & ſon Conſeil, de renouveller & d'étendre les
diſpoſitions deſdits Statuts, ſur ce qui a rapport à l'adminiſtration des bois dépendans des dignités & Com-

manderies dudit Ordre, situées dans notre Royaume, ils auroient rendu deux Bulles en forme de Réglement, l'une en date du 5 Juillet 1751, l'autre en date du 17 Juillet 1756, contenant les dispositions les plus précises pour mettre les Prieurs, Baillis & Commandeurs dans le cas de remplir nos vûes, & celles dudit Ordre, pour effectuer la bonne administration & conservation desdits bois ; que ces Bulles ayant dans l'intérieur de l'Ordre la même force & autorité que lesdits Statuts & Ordonnances, dont elles font une suite nécessaire, ils recourent à nous avec la même confiance, pour obtenir notre approbation & confirmation, dans la forme que nous l'avons accordée desdits Statuts & Ordonnances par nosdites Lettres-Patentes du mois de Décembre 1718 ; qu'ils esperent que nous nous porterons d'autant plus facilement à leur accorder cette grace, qu'il nous paroîtra évident que le desir essentiel dudit Ordre est de faire remplir exactement par les Prieurs, Baillis & Commandeurs les dispositions de l'Ordonnance rendue par le Roi notre très-honoré Seigneur & bisayeul au mois d'Août 1669 ; l'Arrêt de notre Conseil rendu en forme de Réglement sur le fait particulier des bois dudit Ordre le 12 Octobre 1728, & nos Lettres-Patentes expédiées sur icelui au mois d'Août 1736, de maniere que lesdits Prieurs, Baillis & Commandeurs ne puissent alléguer aucun prétexte pour s'en dispenser, sans encourir les peines portées par le Statut (soixante) dudit Ordre, titre *des Prohibitions & des Peines*. A CES CAUSES, voulant favorablement traiter ledit Ordre de Malte, concourir à ses vûes de conserver les bois de ses

Dignités & Commanderies, & d'en affurer la bonne adminiftration, de notre grace fpéciale, pleine puiffan-ce & autorité Royale, après avoir fait voir à notre Confeil lefdites deux Bulles expédiées en papier, l'une en date du 5 Juillet 1751, contenant trente-un articles, l'autre en date du 17 Juillet 1756, contenant neuf ar-ticles, dont les préambules & la fin font en latin, & lefdits articles en françois, lefquelles font ci-jointes fous le contre-fcel de notre Chancellerie ; nous avons lefdites Bulles approuvé, confirmé & autorifé, approuvons, confirmons, & autorifons par ces préfentes fignées de notre main : voulons & nous plaît qu'elles foient exac-tement obfervées, & exécutées dans toute l'étendue de notre Royaume, Pays, Terres & Seigneuries de notre obéiffance, fans qu'il y puiffe être contrevenu pour quel-que caufe, & fous quelque prétexte que ce foit. Si DONNONS EN MANDEMENT à nos amés & féaux les Gens tenans notre Grand Confeil à Paris, que ces Pré-fentes ils ayent à faire regiftrer & publier par-tout où befoin fera, & du contenu en icelles ils faffent jouir ledit Ordre de Malte pleinement, paifiblement & per-pétuellement, nonobftant tous Edits, Déclarations, Arrêts & Réglemens à ce contraires, auxquels en fa-veur dudit Ordre, nous avons de notre grace, pouvoir & autorité fufdits dérogé & dérogeons. CAR tel eft no-tre plaifir ; & afin que ce foit chofe ferme & ftable à toujours, nous avons fait mettre notre fcel à ces Pré-fentes. Donné à Fontainebleau au mois d'Octobre mil fept cens cinquante-fix, & de notre Regne le qua-rante-deuxieme. *Signé* LOUIS. Et fur le repli, par le
Roi,

Roi, R. DE VOYER. *Vifa* MACHAULT, *pour confirmation de Bulles du Grand-Maître de Malte pour la régie & adminiftration des Bois dépendans dudit Ordre. Signé* DE VOYER. Vû au Confeil, *Signé* PEYRENC DE MORAS, & fcellé du grand fceau de cire verte, fur des lacs de foie rouge & verte.

Enregiftrées ès Regiftres du Grand Confeil du Roi, pour être exécutées felon leur forme & teneur, & jouir par les Baillis, Commandeurs, Freres & Officiers de l'Ordre de Malte, de l'effet & contenu en icelles ; à la charge qu'en vertu de l'article IV. de la Bulle du 5 Juillet 1751, il ne fera aucunement dérogé au contenu des articles IV. & V. du titre XXV. de l'Ordonnance de 1669, * lefquels feront exécutés felon leur forme & teneur ; & feront lefdites Bulles, Lettres-Patentes, & l'Arrêt fur icelles, publiés par-tout où befoin fera, fuivant l'Arrêt du Confeil du 28 Janvier 1757. *Signé* VERDUC.

** Nota.* L'obfervation ci-après, *des Triages,* explique le cas prévû par les art. 4. & 5. du tit. xxv. de l'Ordonnance de 1669, ainfi que la différence effentielle qui fe trouve entre l'objet de la difpofition de cette Ordonnance, & celui de l'art. 4. de la Bulle du 5 Juillet 1751 ; que cet art. 4. n'a aucune application au cas *des Triages,* mais uniquement à celui *des Cantonnemens* autorifés par la Jurifprudence du Confeil d'Etat du Roi.

OBSERVATIONS.

LE Réglement de Malte eſt une collection exacte qui réunit en un ſeul corps les diſpoſitions des Ordonnances du Royaume, & des Statuts de l'Ordre ſur le fait des Bois.

Utilité du Réglement de Malte en général.

Pour peu qu'on ſe donne la peine d'examiner ce Réglement ſans partialité, on aura lieu de louer les motifs qui l'ont produit : le Grand-Maître & Sacré Conſeil conſidérant les embarras & difficultés qui ſe rencontrent toujours lorſqu'on eſt obligé de faire la recherche des préceptes ſur leſquels on doit ſe conduire, ont eu l'attention paternelle de ſimplifier à Meſſieurs les Commandeurs les moyens de remplir leurs devoirs envers l'Etat & envers l'Ordre.

Cet objet important étoit bien digne de la haute ſageſſe de S. A. Sérén.^{me} Eminentiſſime, & Sacré Conſeil : MM. les Commandeurs occupés des ſervices auxquels ils ſont engagés envers la Chrétienté, n'étoient guere en ſituation de faire une étude particuliere ſur une matiere auſſi compliquée que l'eſt celle des bois; ils s'en rapportoient à leurs gens d'affaires, leſquels auſſi peu inſtruits des Ordonnances du Royaume que des Statuts de l'Ordre, tomboient dans des contraventions continuelles qui cauſoient à leurs Maîtres des dépenſes & des embarras ſans nombre.

Pour obvier à de ſi grands inconvéniens, & en même tems remédier aux abus, il ne pouvoit pas être employé de moyen plus efficace que celui d'un Réglement qui

renfermant en lui feul toutes les difpofitions précédentes, donnât moyen à Meffieurs les Commandeurs, &
à leurs gens d'affaires de s'inftruire, pour ne tomber à
l'avenir dans aucun cas repréhenfible.

Mais indépendamment de cette utilité particuliere,
le Grand-Maître a eu en vûe un objet plus général. S. A.
Sérén^me. Eminentiffime & Sacré Confeil ayant connu
que l'Ordre & les Commandeurs fouffroient de grands
préjudices des defordres qui s'étoient introduits dans
l'adminiftration des bois, ils ont pourvû par ce Réglement à conferver le fonds qui appartient à la Religion,
en bonifiant les fruits qui appartiennent à Meffieurs les
Commandeurs. J'ai déja expliqué ces avantages réci-
proques dans la premiere Partie, je vais tâcher d'indiquer les moyens de parvenir à ce but.

De la Garde des Bois

ON prendroit envain des précautions pour conſerver les bois s'ils n'étoient gardés ſoigneuſement.

Cette conſidération a fait ſtatuer par l'article 14 du
titre 25 des bois appartenans aux Communautés de l'Ordonnance de 1669, *qu'il ſeroit établi des Gardes pour
veiller à la conſervation des bois, auxquels on aſſigne-
roit des gages ſuffiſans.*

L'art. 10 du Réglement de 1728, en rappellant cette
diſpoſition, ajoûte par rapport aux bois de l'Ordre, *que
les Gardes ſeront reçus pardevant les Maîtriſes, & que
dans le cas où les Commandeurs ne commettront pas le
nombre de Gardes néceſſaires, il y ſera pourvû par le
Grand-Maître des Eaux & Forêts,* &c.

C'eſt en conformité de ces Ordonnances que par
l'article 2 du Réglement de Malte, il a été ordonné aux
Commandeurs d'établir *dans leurs Commanderies le
nombre des Gardes qui ſera jugé convenable pour veiller
à la conſervation des bois, leſquels ſeront reçûs pardevant les Officiers des Maîtriſes;* parce que les procès-
verbaux des Gardes ne peuvent valoir devant ce Tribunal, s'ils n'y ſont reçûs, & s'ils n'y ont prêté ſerment.

Pour rendre Meſſieurs les Commandeurs plus attentifs à établir des Gardes actifs & vigilans, les articles 10
& 28 du même Réglement de Malte enjoignent aux
Grands-Prieurs & Viſiteurs en cours de viſite ſeulement,
& aux Commiſſaires des bois, *de commettre des Gardes,
de leur aſſigner des gages ſuffiſans; de deſtituer ceux des*

Gardes qui ne rempliront pas leur devoir, & d'en nom-mer à leur place, &c. enforte que d'un côté Meſſieurs les Viſiteurs, & de l'autre Meſſieurs les Commiſſaires des bois, ſont autoriſés à faire par rapport aux Gardes, les établiſſemens & changemens qu'ils trouveront à propos.

Meſſieurs les Commandeurs ſont donc obligés de pourvoir à la garde des bois ; parce que s'ils négligoient de le faire, les Grands-Maîtres des Eaux & Forêts, les Viſiteurs & les Commiſſaires des bois le feroient eux-mêmes : Meſſieurs les Commandeurs ont des raiſons très-eſſentielles de ne pas ſe laiſſer prévenir à ce ſujet. 1°. Les Gardes placés par tout autre qu'eux ſeroient ab-ſolument indépendans de leur autorité. 2°. Ces Gardes ne ſeroient obligés à autre choſe qu'à la garde des bois, au lieu que Meſſieurs les Commandeurs en les établiſ-ſant eux-mêmes, peuvent les charger en même - tems de la garde des chaſſes & pêches des Commanderies. 3°. Les Grands-Maîtres des Eaux & Forêts aſſignent de gros gages aux Gardes qu'ils commettent, & ils leur dé-livrent des exécutoires pour obliger les Commandeurs de les payer ; au lieu que Meſſieurs les Commandeurs de gré à gré, & auſſi en conſidération des exemptions attribuées à l'Ordre par ſes priviléges & immunités, trouvent de bons Gardes pour des gages raiſonnables.

Quelques Commandeurs ont prétendu que n'ayant dans leurs Commanderies que des bois futayes, ils n'é-toient pas obligés de payer les frais de garde. Il a été répondu à cette queſtion que les frais de garde étoient une charge de l'adminiſtration qui leur a été confiée,

& en même-tems un devoir qui les affujettiffoit de veiller à la confervation de tous les fonds dépendans de
cette adminiftration , & par conféquent à celle des futayes , lefquelles font cenfées fonds.

D'ailleurs, comme prefque tous les bois de l'Ordre
en France produifent des taillis qui appartiennent à Meffieurs les Commandeurs , les frais de garde des futayes
ne leur font pas onéreux, puifqu'en faifant garder les
taillis, les chaffes & pêches, il eft de leur intérêt de
faire garder les futayes , parce qu'elles ne fçauroient
être dégradées fans caufer de grands dommages aux taillis , de maniere qu'en faifant leur profit , ils peuvent
faire celui de l'Ordre fans qu'il leur en coûte un fol de
plus.

De l'*Appofition du Quart en réferve, & du Réglement des Coupes des Taillis.*

LE Réglement de Malte, article 3, en ordonnant *que la quatrieme partie des bois fera mife en réferve, & les trois autres quarts divifés en coupes réglées,* n'a fait que fe conformer aux articles 1 & 2 du tit. 24 de l'Ordonnance de 1669, & à l'article 1 de celle de 1728.

Dans la premiere partie de cet Ouvrage, j'ai traité avec étendue l'utilité de ces opérations ; les avantages qui en réfultent pour la Religion en général, & pour Meffieurs les Commandeurs en particulier : je vais tâcher de leur indiquer les moyens de diminuer les dépenfes qu'ils font obligés de faire pour cet objet important.

Dès que Meffieurs les Commandeurs ne peuvent pas fe difpenfer de l'appofition du quart de réferve, & du Réglement des coupes, leur intérêt eft d'engager le Grand-Maître du département de commettre les Officiers des Maîtrifes pour faire cette opération ; s'ils obtiennent cette facilité, laquelle n'eft guere refufée à des perfonnes de confidération, ils peuvent convenir amiablement avec lefdits Officiers d'une fomme pour la dépenfe de ces opérations. Plufieurs de Meffieurs les Commandeurs ont fait ufage de cet expédient ; ils ont trouvé ces Officiers dans les difpofitions les plus favorables d'éviter des frais inutiles, & en effet par cet arrangement Meffieurs les Commandeurs en ont épargné de confidérables.

Les taillis effencé de bois-blanc ne font pas dans le cas de devoir être réglés à 25 ans.

* *Nota.* Pour parvenir à faire régler la coupe des taillis à l'âge de 16, 18 ou 20 ans, il faut que sur le procès-verbal d'arpentage qui sera fait par l'Arpenteur-juré de la Maîtrise, & par lequel il sera conftaté que l'effence de bois-blanc domine dans ceux dont il fera queftion de faire l'aménagement : il faut, dis-je, que MM. les Commandeurs obtiennent un Arrêt du Confeil qui autorife les Officiers des Maitrifes à régler les coupes à ces âges.

Quoique l'art. 5 du Réglement de 1728 porte que *les trois quarts reftans des bois feront mis en coupes réglées de vingt-cinq ans*, les Officiers des Maîtrifes font dans l'ufage de régler ces coupes à feize, dix-huit ou vingt ans, lorfque par la vérification du fonds, & de l'effence des taillis, il leur paroît que la bonne adminif-tration exige que ces taillis foient exploités plûtôt.

Par exemple, fi les différentes efpeces de bois-blanc dominent dans les taillis, il eft du bien de la chofe de régler les coupes à feize, dix-huit ou vingt ans *, & même à un plus court terme, relativement à l'état du fol qui produit ces taillis, parce que les bois-blancs meurent fur la plante & fe perdent lorfqu'on n'a pas foin de les couper à ces âges. Si au contraire ces taillis font ef-fence de chêne & d'autres efpeces de bois dur, l'intérêt de Meffieurs les Commandeurs eft qu'ils ne foient coupés qu'à l'âge de vingt-cinq ans, à moins que par l'infpeƈtion du fol on ne juge qu'il foit plus expédient de régler les coupes à un moindre terme.

Au furplus, Meffieurs les Commandeurs fe trouveront toûjours très-bien de vivre en bonne intelligence avec les Grands-Maîtres des Eaux & Forêts, & les Officiers des Maîtrifes ; parce que comme il n'eft pas poffible qu'il n'arrive dans l'adminiftration des bois, certains accidens imprévûs, ces Officiers, qui ont la police fupérieure dans les bois de l'Ordre, fe comportent avec plus d'indulgence qu'ils ne le feroient, s'ils n'étoient pas retenus par des égards & des confidérations. Mais quelque confiance que Meffieurs les Commandeurs mettent dans leurs liaifons avec ces Officiers, rien ne peut les

difpenfer

difpenfer d’obferver la regle la plus exacte.

Lorfque l’appofition du quart de réferve & le réglement des coupes feront faits, le moyen le plus efficace
de tirer un parti avantageux de ces bois, & d’éviter de
tomber dans des contraventions, eft de ne point comprendre ces bois dans les baux à ferme ; & que Meffieurs
les Commandeurs vendent par eux-mêmes les coupes
annuelles, ou les faffent vendre par les Officiers de Juftice, au plus offrant & dernier enchériffeur, à l’extinction des feux. Rien n’eft plus effentiel que d’empêcher les Fermiers d’entrer dans les bois ; parce que fous
prétexte des droits qu’ils exercent en vertu de leurs
baux, ils commettent des abus fans nombre qui ne viennent jamais à la connoiffance de Meffieurs les Commandeurs, par les précautions que ces Fermiers prennent de
gagner les Gardes, & de prendre, de concert avec eux,
des mefures pour cacher leurs malverfations.

Pour remplir entierement ce point de vûe, il faut
encore que Meffieurs les Commandeurs faffent des arrangemens pour rendre les Gardes abfolument indépendans de leurs Receveurs & Fermiers, afin d’éviter que
ces Gardes, par intérêt ou par complaifance, ne favo-
rifent les Receveurs ou Fermiers, foit en leur laiffant
prendre des bois, foit en fouffrant que les troupeaux
pâturent dans les bois. Il feroit même néceffaire que
Meffieurs les Commandeurs chargeaffent fur les lieux
une perfonne de confiance & de probité d’éclairer la
conduite du Garde, pour que, s’il fe paffoit quelque
chofe contre leurs intentions, il fût en état d’y remédier promptement.

II. Partie. Q

Les Offices de Juſtice des Commanderies ne doivent pas être exercés par les Receveurs & Fermiers.

Il ſeroit auſſi très-utile que Meſſieurs les Commandeurs diſpoſaſſent des Offices de Juſtice de leurs Commanderies en faveur de perſonnes d'une capacité & d'une probité reconnue, qui fuſſent dans une indépendance abſolue des Receveurs & Fermiers. Rien n'eſt plus ſuſceptible d'abus que de faire exercer ces Offices par les Receveurs & Fermiers; car outre les vexations continuelles qu'ils ſont par-là en état de faire contre les Vaſſaux, ces Offices leur ſervent encore à cacher ce qu'il y a de repréhenſible dans leur conduite par rapport aux bois, & à empêcher que MM. les Commandeurs n'en ſoient informés; aucun des Vaſſaux n'oſant parler contre ces Receveurs & Fermiers Officiers de Juſtice, par la crainte qu'ils ont d'en être opprimés.

Si les Officiers de Juſtice étoient tels que je le propoſe, MM. les Commandeurs ſe ſerviroient utilement d'eux pour la conſervation des bois. Ces Officiers pourroient faire de tems en tems des viſites imprévûes de ces bois, leſquelles obligeroient les Gardes de faire leur devoir, en même tems qu'elles empêcheroient toute pratique illicite, & toute connivence entre ces Gardes, les Receveurs, Fermiers, & tous autres.

* Voyez ci-après, de la juriſdiction des Officiers de Juſtice des Commanderies, en qualité de Juges-Gruyers.

Ces Officiers des Commanderies, en qualité de Juges-Gruyers, ont une juriſdiction ſur les bois qui en dépendent, ainſi que je l'expliquerai ci-après *. Pour les mettre en état de l'exercer, il faut que MM. les Commandeurs leur donnent des proviſions, dont pour leur plus grande facilité ils trouveront le modele N°. II. page 5.

De l'Administration des Quarts de Réserve.

LE quart de réserve étant destiné pour croître en futaye, forme un fonds, qui appartient au vénérable commun Trésor, de même que tous les autres fonds (*a*) dépendans des Commanderies.

L'aliénation des fonds étant prohibée (*b*) aux Commandeurs, ils ne peuvent pas plus disposer des quarts de réserve, & des futayes, que des autres fonds : les taillis seuls leur appartiennent, parce qu'ils sont regardés comme fruits.

Les Commandeurs qui par l'effet de leur crédit, obtiendroient du Conseil du Roi la permission de couper les quarts de réserve, sans l'agrément & le concours de l'Ordre, seroient dans le cas de la peine portée par le Statut 60. titre *des Prohibitions & Peines,* parce que la permission qu'ils auroient obtenue du Conseil, en fraude des droits de l'Ordre, seroit obreptice & subreptice.

Tels sont les principes invariables de l'Ordre, dont il n'est pas permis de s'écarter, sans encourir la rigueur de ses Loix : leur observation est confirmée par six exemples qui constatent la Jurisprudence du Conseil du Roi à cet égard ; trois sont antérieurs à l'Ordonnance de 1669, & les trois autres postérieurs.

L'Ordre obtint en 1561, 1646, & 1650, des Lettres-patentes, portant permission de couper ses futayes : il en obtint encore en 1672.

Celles qu'il a obtenues en 1706 & 1745, ne com-

Q ij

Le quart de réserve appartient au commun Trésor.

(*a*) Stat. 1. tit. *du Trésor.*
(*b*) Stat. 5. 6. 10. & 12. titre des *Contrats & Alién.* Ord. 9. du même titre.

Commandeurs qui obtiennent les quarts de réserve illicitement, encourent les peines du Statut.

prennent pas ſeulement la permiſſion de couper les futayes, mais encore les quarts de réſerve.

On peut même propoſer un ſeptieme exemple. En
dernier lieu, le Roy ayant rendu de ſon propre mou-
vement des Lettres-Patentes, pour faire vendre nombre de quarts de réſerve, ſitués aux environs de Paris,
à la charge par les adjudicataires de convertir les bois
en charbon pour l'approviſionnement de cette Capitale,
auſſi-tôt que les Miniſtres de l'Ordre ont eu connoiſſance que parmi ces quarts de réſerve étoit celui de
Saint-Jean en l'Iſle lès-Corbeil dépendant de la grande
Tréſorerie, ils ſe ſont pourvûs au Conſeil ; & par Arrêt du 7 Décembre 1756, il a été ordonné que la
ſomme de 21239 liv. 15 ſ. prix de l'adjudication,
ſeroit payée à l'Ordre ès mains de M. le Commandeur
de Grieu, ſon Receveur au Grand-Prieuré de France,
à quoi faire, Charles Bellavoine adjudicataire, ſes caution & certificateur, ſeroient contraints.

Il eſt donc clairement démontré qu'il n'appartient
qu'à l'Ordre de profiter des futayes & quarts de réſerve.

L'adminiſtration des quarts de réſerve eſt traitée différemment.

En France, on ne permet point d'y couper pour
quelque raiſon que ce ſoit, & ce n'eſt qu'à l'âge de 100
ou de 120 ans qu'on peut obtenir la coupe de la totalité.

En Lorraine, on permet de couper le recru du quart
de réſerve à l'âge de 30 ou 36 ans, à la charge de conſerver tous les anciens arbres, & de laiſſer un certain

nombre de baliveaux de l'âge des plus beaux & mieux venans, de maniere que pendant le laps de 100 ou de 120 ans, on fait deux coupes du recru des quarts de réserve; on obtient enfuite la coupe de la totalité, lorf-que la réserve a acquis l'âge compétent.

L'ufage de Lorraine femble être préférable à celui de France : on y fait profiter deux fois les mainmortables de la coupe du recru qui feroit perdu en grande par-tie; parce que ce recru étant compofé de certaines ef-peces de bois blanc, dont la progreffion & conferva-tion ne dure pas plus de trente à trente-fix ans, il eft connu de tous les Foreftiers que ces efpeces de bois meurent fur plante & fe perdent.

Au contraire le recru de bois-blanc étant coupé à ces âges, fe reproduit à la vérité avec plus de difficulté, parce que la futaye l'offufque, mais cependant affez avantageufement.

D'ailleurs ces coupes procurent le bien de nettoyer le bois, & de donner plus de facilité à la croiffance de la futaye.

Comme ce recru appartient au vénérable commun Tréfor, l'Ordre doit avoir attention, en Lorraine, de fe pourvoir, lorfqu'il aura atteint l'âge de 30 ou 36 ans, pour obtenir la permiffion de le couper.

On pourra en ufer de même à l'égard des quarts de réserve des bois des Commanderies des Pays-Bas Autri-chiens & Principauté de Liege, ainfi que par rapport à ceux des Commanderies d'Alface ; ce qui pourra s'exé-cuter d'autant plus facilement, qu'il ne fera pas nécef-faire d'obtenir de permiffion.

Des Futayes essences de Pin, de Sapin, & des autres Bois de cette espece.

Les Futayes essences de Pin, de Sapin, ne sont pas sujettes à l'appofition du quart en réserve & au réglement des coupes.

QUoique les articles 2 & 3 du titre 24 des Bois des Ecclésiastiques & Gens de main-morte du Réglement de 1669, & les articles 1, 4 & 5 de celui de 1728, ordonnent généralement & sans aucune exception l'appofition du quart de réserve, & que les trois autres quarts foient réglés en coupes; l'expérience a fait connoître que cette regle générale en exigeoit une particuliere pour l'adminiftration des futayes essences de pin, de fapin, & des autres bois de cette espece.

En effet, la différence qu'il y a entre l'espece de bois dur, & celle de bois blanc eft fi grande, qu'il n'eft pas poffible de faire application des regles prescrites par l'Ordonnance de 1669, pour adminiftrer les bois blancs: les premiers doivent être coupés à tire & aire; au lieu que les fouches des pins & fapins ne repouffant point, cette espece de futaye ne peut être coupée que par jardinage.

Auffi le Conseil du Roi, par une fuite de la fageffe de fes vûes, pour effectuer la confervation des bois du Royaume, a rendu des Réglemens particuliers pour l'adminiftration des futayes essences de pin & de fapin, lesquels different non-feulement des principes indiqués pour celle des bois durs par l'Ordonnance de 1669, mais les difpofitions de ces Réglemens font encore différentes, relativement à la fituation des futayes de pin & de fapin, & aux emplois qui peuvent en être faits.

Tels font les Réglemens rendus en 1730, fur le fait des pins & fapins des Pyrénées ; en 1754 pour les fapins de Franche-Comté ; enfin celui rendu pour l'adminiſtration des pins & fapins qui fe trouvent dans le reſſort de la Maîtrife de Quillan en Languedoc ; d'où il eſt facile de conclure qu'il n'y a point de regle générale & uniforme pour cet objet.

Il n'en eſt pas de même des futayes eſſences de pin & de fapin, appartenantes à l'Ordre de Malte ; il a été pourvû efficacement & uniformément à leur confervation, & d'une maniere même préférable aux difpoſitions des Réglemens particuliers du Confeil.

On a vû ci-devant que le Statut 60. tit. *des Prohibitions & Peines*, & le Decret de 1648, défendent expreſſément à Meſſieurs les Commandeurs, fous de rigoureufes peines, de couper aucuns arbres futayes, mais feulement de s'appliquer le prix des taillis, comme fruit.

Les bois eſſences de pin, de fapin, ne produifant pas des taillis, MM. les Commandeurs ne peuvent rien y faire couper fans encourir la rigueur des peines portées par ce Statut & par ce Decret ; enforte que l'exécution des anciennes Loix de l'Ordre opere à cet égard un plus grand bien, puifqu'au lieu de la réferve du quart, ces futayes font réfervées en totalité.

Pour ne laiſſer aucun nuage fur cette matiere, le Grand-Maître & facré Confeil, par la Bulle du 17 Juill. 1756, ont renouvellé les précédentes difpoſitions ; en conféquence, par l'art. 1.ᵉʳ *il eſt expreſſément défendu aux Commandeurs, non-feulement de faire aucune coupe*

Regles d'adminiſtration des Futayes de Pin & Sapin.

*dans les futayes essences de pin & de sapin, sous quel-
que prétexte que ce soit,* mais même *de faire ni souffrir
qu'il soit fait auxdits arbres des incisions qu'on appelle
vulgairement* seurler, *pour en tirer les matieres propres
à fabriquer la poix - résine, gaudron, & toutes autres
choses quelconques, à peine d'être procédé contre les contrevenans conformément au Statut* 60. *tit.* des Prohib.
& Peines.

L'art. 2. porte que *les bois essences de pin & de sapin
étant entierement réservés pour croître en futaye au profit du vénérable commun Trésor, les Commandeurs sont
dispensés de l'exécution de l'article 3. de la Bulle du 5
Juillet 1751;* c'est-à-dire de faire apposer le quart en
réserve & régler les coupes, d'autant que ces opérations
feroient absolument inutiles.

Par l'art. 3. il est dit que *les Commandeurs seront cependant tenus de faire garder, à leurs frais, diligemment & soigneusement lesdites futayes, conformément
à l'art. 2. de lad. Bulle de 1751; de les faire arpenter,
figurer & borner, & d'adresser à M. l'Ambassadeur les
plans figuratifs qui auront été levés, ainsi que les procès-
verbaux d'arpentage & bornage desdits bois, conformément à ladite Bulle,* afin que l'Ordre puisse avoir une
parfaite connoissance de ces especes de bois dépendans
de ses Commanderies.

Il paroîtra sans doute qu'il ne pouvoit rien être statué
de plus précis pour la conservation des futayes de pin
& de sapin, ni de plus analogue aux anciennes Loix de
l'Ordre. Les précautions contre les dommages nuisibles
à la croissance de ces arbres, & pour s'assûrer que ces

futayes

futayes ſoient gardées ſoigneuſement, mettent le comble à l'eſprit de ſageſſe qui a dicté ces diſpoſitions.

Comme il eſt juſte que les Commandeurs ſoient aidés des bois néceſſaires pour faire les réparations des Commanderies où il n'y a que des futayes eſſences de pin & de ſapin, l'article 4. de cette Bulle porte que *ceux qui auront beſoin de prendre des arbres dans ces futayes pour les employer à cet objet, rempliront les formalités & ſolemnités preſcrites par lad. Bulle de 1751 à l'égard des autres bois.*

Ainſi il eſt facile à Meſſieurs les Commandeurs de ſe mettre en regle par rapport aux futayes eſſences de pin & de ſapin. Pour ſe conformer à la Bulle dont je viens de rapporter les diſpoſitions, ils doivent 1°. faire arpenter *, figurer & borner ces futayes; 2°. commettre à leur garde, & veiller à ce qu'elles ſoient gardées diligemment & ſoigneuſement; 3°. empêcher les dégradations que les Receveurs, Fermiers & Riverains pourroient commettre dans ces futayes, ſoit en *ſeurlant* les arbres, c'eſt-à-dire en leur faiſant des inciſions pour en tirer les matieres propres à fabriquer de la poix, de la réſine, du gauderon, & autres matieres; ſoit en coupant de ces arbres, ou en les ébranchant pour le même objet. Le profit que produiſent ces dégradations (quand même MM. les Commandeurs en profiteroient) eſt ſi mince, & ſi peu comparable aux dommages qu'ils occaſionnent au fonds, qu'ils ne ſçauroient employer des moyens trop efficaces pour arrêter le cours de ces dégradations. Ils

De quelle maniere MM. les Commandeurs doivent adminiſtrer les futayes eſſences de Pin & de Sapin.

* *Nota.* L'arpentage doit être fait à la meſure du Roi, à raiſon de douze pouces pour pied, vingt-deux pieds pour perche, & cent perches pour l'arpent.

II. Partie.   R

font d'autant plus obligés de le faire, qu'indépendamment des peines qu'ils encourroient par l'inobſervation
des Loix de l'Ordre, ils ſeroient encore repréhenſibles
de la part des Officiers des Maîtriſes.

Des Triages.

L'Ordonnance de 1669, titre xxv. *des Bois, Prés, Marais, Landes, Pâtis, Pêcheries, & autres biens aux Communautés & Habitans des Paroisses,* porte, *art. 1. 2. &3.* qu'il sera apposé dans ces bois un quart de réserve, & que les trois autres quarts seront réglés en coupes ordinaires des taillis.

L'article 4. du même titre dispose : *Si néanmoins les bois étoient de la concession gratuite des Seigneurs, sans charge d'aucun cens, redevance, prestation ou servitude, le tiers en pourra être distrait & séparé à leur profit, au cas qu'ils le demandent, & que les autres deux tiers suffisent pour l'usage de la Paroisse, sinon le partage n'aura lieu ; mais les Seigneurs & les Habitans joüiront en commun, comme auparavant : ce qui sera pareillement observé pour les prés, marais, îles, pâtis, landes, bruyeres & grasses pâtures, où les Seigneurs n'auront d'autre droit que l'usage, & d'envoyer leurs bestiaux en pâture, comme premiers Habitans, sans part ni triage, s'ils ne sont de leur concession, sans prestation, redevance ou servitude.* Cas où le triage
doit avoir lieu.

L'article 5. du même titre ajoûte : *La concession ne pourra être réputée gratuite de la part des Seigneurs, si les Habitans justifient du contraire par l'acquisition qu'ils en ont faite, & s'ils ne sont tenus d'aucune charge ; mais s'ils en faisoient, ou payoient quelque reconnoissance en argent, corvées ou autrement, la concession passera pour onéreuse, quoique les Habitans n'en mon-* Cas où le triage
ne doit pas avoir
lieu.

R ij

trent pas le titre, & empêchera toutes distractions au profit des Seigneurs, qui joüiront seulement de leurs chauffages & usages, ainsi qu'il est accoûtumé.

Ce que MM. les Commandeurs doivent faire pour obtenir les triages.

Dans les Commanderies où il y a des bois communaux dont la propriété est indivise entre les Seigneurs Commandeurs & les Communautés d'Habitans, il faut que Messieurs les Commandeurs examinent deux choses: la premiere, si leurs prédécesseurs ont anciennement concedé à ces Communautés les bois à titre gratuit; la seconde, si la distraction du tiers étant faite, les deux autres tiers sont suffisans pour les besoins des Habitans.

S'il est prouvé que la concession soit gratuite, & que les deux tiers suffisent aux Habitans, Messieurs les Commandeurs doivent se pourvoir, à l'effet d'obtenir qu'il soit fait en leur faveur distraction du tiers de la totalité des bois communaux.

Pour parvenir à cette distraction, il faut que Messieurs les Commandeurs adressent à M. l'Agent général de l'Ordre le titre primordial de concession, ou autres équivalens, avec un état détaillé de l'étendue, importance & situation des bois, & du nombre d'Habitans co-propriétaires, afin de le mettre en état de se pourvoir en leur nom au Conseil, & de les diriger dans les opérations qui seront nécessaires.

Lorsque le triage sera distrait & séparé des deux autres tiers, Messieurs les Commandeurs doivent y faire apposer le quart de réserve, & régler les coupes des taillis.

Messieurs les Commandeurs jouiront de ce triage, sans que les Habitans puissent y prétendre aucune servitude : les Habitans jouiront de même des deux autres tiers francs & exempts de tout ufage de la part des Seigneurs Commandeurs, leurs fermiers, domeftiques, chevaux & beftiaux, conformément à l'art. 6. dudit tit. xxv. de l'Ordonnance de 1669.

Par l'Arrêt d'enregiftrement des Bulles & Lettres-Patentes d'approbation & confirmation, on a vû que le Grand-Confeil a déclaré, *que par l'art. 4. de la Bulle du 5 Juillet 1751, il ne fera aucunement dérogé aux art. 4. & 5. du tit. xxv. de l'Ordonnance de 1669, lefquels feront exécutés felon leur forme & teneur.* *Examen de l'enregiftrement du Grand-Confeil, des Bulles & Lettres-patentes.*

Cette modification ne peut empêcher l'effet que doit produire l'exécution de cet art. 4. de la Bulle de 1751, puifque fon objet eft abfolument différent de celui prévû par les art. 4. & 5. du tit. xxv. de l'Ordonnance de 1669.

Ce titre xxv. regle les cas dans lefquels les Seigneurs peuvent demander un triage des bois communaux.

Le triage n'eft autre chofe qu'un partage d'une propriété indivife entre le Seigneur & les Habitans : le Seigneur, comme premier habitant & co-propriétaire avec la Communauté, eft autorifé par l'art. 4. ci-deffus rapporté, à demander que le tiers des bois foit diftrait à fon profit, s'il rapporte la preuve que fes prédéceffeurs en ont fait conceffion gratuitement, & que les deux tiers reftans à la Communauté font fuffifans pour fes befoins. *Définition du Triage.*

L'art. 4. de la Bulle de 1751 regle un cas qui n'a point été prévû par l'Ordonnance de 1669 ; il eft fondé fur la Jurifprudence du Confeil d'Etat du Roi. *Définition du Cantonnement.*

Toutes les fois qu'un Seigneur prouve qu'il eſt propriétaire d'un bois dans lequel il a été anciennement concédé des droits d'uſage, le Conſeil, pour remédier aux deſordres occaſionnés par l'exercice de ces droits, ordonne que les uſagers feront cantonnés, c'eſt-à-dire qu'il leur fera aſſigné une portion du bois pour y exercer leurs droits d'uſage.

Ce qui eſt accordé aux Seigneurs Laïques n'eſt pas refuſé aux Seigneurs Commandeurs : il y a même lieu de traiter ces derniers plus favorablement, puiſqu'il eſt évident que les conceſſions faites par leurs prédéceſſeurs, font abuſives, contraires aux intérêts de leurs ſucceſſeurs, & eſſentiellement aux droits de l'Ordre.

La partie de bois donnée en cantonnement aux uſagers eſt réglée relativement à leurs droits d'uſage, & au nombre des uſagers ; ils en deviennent propriétaires, ſans préjudice de la direɛte au Seigneur, & des preſtations, leſquelles ils continuent de payer comme auparavant.

Je traiterai plus diſertement au chapitre ci-après, *des Cantonnemens*, des moyens de remplir l'exécution de l'art. 4. de la Bulle de 1751.

Des Cantonnemens.

LES droits d'ufage, de pâturage, panage, & tous autres, ont été établis dans des tems où les bois n'étoient d'aucune valeur ; les anciens Commandeurs les ont accordés fous de legeres redevances ou preftations ; & quoique ce foient des aliénations dont la plûpart ne font pas revêtues des formalités néceffaires pour les rendre valables, les fiecles qui fe font écoulés, & la poffeffion des ufagers rend ce droit inconteftable.

Lorfqu'en dernier lieu Meffieurs les Commiffaires de l'Ordre ont fait la vifite & reconnoiffance des bois fujets à des ufages ; ils les ont trouvés dégradés & ruinés tant par les coupes qu'on y fait journellement fans ordre ni regle, que par les abroutiffemens des beftiaux de toute efpece qu'on y met en pâture ; enforte que ces bois feroient totalement perdus, fi on n'apportoit au mal un remede prompt & efficace.

C'eft dans cette vûe que par l'art. 4. de la Bulle de 1751, il a été ftatué que Meffieurs les Commandeurs fe pourvoiront 1°. pour obliger les ufagers de juftifier de leurs titres: 2°. pour faire conftater l'état des bois : 3°. qu'au cas que les ufagers rapportent des titres en bonne forme, les Commandeurs pourront renoncer aux preftations fous lefquelles ces ufages ont été établis; ou, fuivant l'exigence des cas, ils pourront céder aux ufagers une partie de ces bois telle qu'on la jugera convenable pour y exercer leur droit d'ufage.

La premiere difpofition a pour objet de fe mettre en

état d'examiner les titres, ſur leſquels les uſagers fondent leur droit ; parce que ſi ces titres n'étoient pas trouvés valables, il ſeroit très-facile de faire anéantir celui qui réſulte d'une poſſeſſion abuſive, quelqu'ancienne qu'elle ſoit.

La ſeconde, de prouver par une procédure faite contradiɛtoirement, que les uſagers ayant meſuſé de leurs droits, ſont dans le cas de les perdre entierement, conformément aux art. 5 & 6 du tit. xxxij. *des Peines, Amendes*, &c. de l'Ordonnance de 1669, parce que l'uſage n'eſt qu'une ſervitude établie ſur le fonds ; & ceux à qui elle appartient ne peuvent l'exercer que ſous les modifications énoncées au tit. xix. de ladite Ordonnance de 1669, & aux articles 27 & 34 du tit. xxvij. *de la Police*, de la même Ordonnance.

La troiſieme, ſi les titres des uſagers ſont trouvés en bonne forme, & qu'on n'ait pas d'ailleurs des moyens pour les priver de l'exercice de leurs droits, l'intention de la Religion eſt que Meſſieurs les Commandeurs prennent alors le parti ou de renoncer aux preſtations ſous leſquelles les uſages ont été accordés, ou de céder une portion des bois en propriété aux uſagers pour y exercer leſdits droits.

Il faut ſe pourvoir au Conſeil du Roi pour obtenir le cantonnement des Uſagers.

On voit que toutes ces diſpoſitions tendent au but de récupérer ces bois, ſinon en total, du moins en partie ; ce qui procurera à la Religion le moyen de jouir du fonds, & à Meſſieurs les Commandeurs l'avantage de profiter annuellement des fruits. Ceux dont les bois ſont ſujets à des droits d'uſage, ſont priés d'adreſſer à M. l'Agent général de l'Ordre à Paris, les inſtruɛtions

néceſſaires

néceſſaires pour le mettre en état de diriger la Requête qui doit être preſentée au Conſeil du Roi ; & comme ce Conſeil favoriſe tout ce qui tend à la conſervation des bois, & que par ce motif de ſageſſe, il a admis les cantonnemens des Uſagers, qui ne ſont autoriſés que par ſa Juriſprudence, il faut avoir grand ſoin de ne point s'adreſſer aux autres Tribunaux. En attendant qu'on procede à ces cantonnemens, il eſt bon d'obſerver que les Uſagers ne peuvent ni ne doivent exercer leurs droits d'uſage dans les bois dépendans des Commanderies, *ad libitum.*

Les droits d'uſage ne peuvent pas être exercés arbitrairement.

A l'égard des droits de pâturage, il y a des regles établies par l'Ordonnance de 1669, qui ſeront ci-après expliquées au Chapitre *de la Juriſdiction des Juges-Gruyers.*

Regles auxquelles les Uſagers doivent ſe conformer pour l'exercice des droits d'uſage.

Quant aux droits de prendre des bois dans ceux des Commanderies pour le chauffage, conſtructions, réparations des maiſons des Uſagers, on ne peut pas les exercer avec plus de liberté, que Meſſieurs les Commandeurs n'en ont eux-mêmes : or dès que Meſſieurs les Commandeurs ſont aſſervis à ne pouvoir couper de bois pour les conſtructions & réparations des Commanderies, 1°. qu'après avoir fait conſtater ſi l'emploi qu'ils veulent en faire eſt légitime, 2°. qu'en obtenant par Arrêt du Conſeil une permiſſion particuliere de faire exploiter les arbres marqués ; il eſt juſte & raiſonnable que les Uſagers ne puiſſent prendre des bois dans ceux des Commanderies, qu'après avoir ſatisfait aux mêmes ſolemnités & formalités.

Il faut donc que Meſſieurs les Commandeurs empêchent les Usagers de prendre des bois pour leurs usages dans ceux des Commanderies, s'ils n'ont pas rempli les préalables ci-après.

1°. A l'égard du chauffage, les Usagers doivent se pourvoir annuellement par Requête à Messieurs les Commandeurs, tendante à ce qu'il leur soit indiqué un canton de bois taillis suffisant pour leur chauffage.

Sur cette Requête, Messieurs les Commandeurs indiqueront un canton de bois taillis suffisant pour fournir au chauffage des Usagers ; ils commettront les Juges-Gruyers pour en faire la délivrance aux Usagers, à la charge par eux de les exploiter dans les regles prescrites par l'Ordonnance de 1669.

Après que les Usagers auront fait l'exploitation, ces Officiers de Justice en feront le récolement ; s'ils trouvent qu'il ait été commis des délits, il les constateront conjointement avec le Sergent à garde, & procéderont contre les délinquans, lesquels seront condamnés aux amendes & restitutions qu'ils auront encourues.

Si dans les bois sujets à la servitude du droit d'usage, il ne croît point de taillis, & qu'ils soient entierement futayes, les Usagers doivent se pourvoir annuellement par Requêtes à Messieurs les Commandeurs, tendantes à ce qu'il leur soit fait délivrance des arbres nécessaires pour fournir à leur chauffage.

Messieurs les Commandeurs adresseront ces Requêtes à Messieurs les Commissaires des Bois, auxquels ils expliqueront si la demande est conforme aux titres des Usagers, ou à une possession constante & immémoriale. Ils les requerront de se transporter sur les lieux, ou de déléguer en leur lieu & place, pour procéder à la marque des arbres néceffaires pour le chauffage des Ufagers.

Meffieurs les Commiffaires des Bois, ou leur Délégué, fe tranfporteront fur les lieux, & procéderont à la marque des arbres. Sur le procès-verbal qu'ils drefferont, & dont il fera remis un double original aux Ufagers, ces Ufagers préfenteront Requête au Confeil, à l'effet d'obtenir Arrêt qui leur accorde la permiffion de couper les arbres marqués pour leur chauffage.

L'exploitation de ces arbres étant faite, les Juges-Gruyers des Commanderies procéderont au récolement : en cas qu'ils trouvent des délits, ils les conftateront conjointement avec le Sergent à garde, par lequel ils feront remettre au Greffe de la Maîtrife du reffort une expédition de leur procès-verbal, afin de mettre M. le Commandeur en état de pourfuivre les Ufagers pardevant les Officiers de cette Maîtrife.

2°. A l'égard des bois dont les Ufagers peuvent avoir befoin pour conftruire ou pour réparer des maifons, ceux qui fe trouveront dans ce cas doivent préfenter Requête à Meffieurs les Commandeurs, pour obtenir les arbres néceffaires.

Meffieurs les Commandeurs renverront ces Requêtes à Meffieurs les Commiffaires des Bois, comme il a été dit à l'article précédent, *du Chauffage.*

Meffieurs les Commiffaires, ou leurs Délégués, fe tranfporteront fur les lieux, pour conftater juridiquement, & contradictoirement avec ceux qui auront préfenté Requête, la néceffité des reconftructions ou réparations pour lefquelles ils auront demandé des bois, &

ce dans la même forme à obferver à l'égard des bois que les Commandeurs demanderont pour leurs propres réparations. Lefdits Commiffaires fe tranfporteront dans les bois, afin de marquer les arbres néceffaires pour être employés à ces reconftruĉtions ou réparations, & délivreront un double original de leur procès-verbal aux Ufagers, à l'effet de fe pourvoir au Confeil pour obtenir l'Arrêt de permiffion de couper lefdits arbres; à condition qu'ils employeront fans divertiffement ces arbres aux reconftruĉtions ou réparations auxquelles ils feront deftinés, & qu'ils feront conftater ledit emploi pardevant le Commiffaire des Bois, ou fon Délégué.

Meffieurs les Commiffaires des Bois, pour éviter les frais, pourront dans cette partie déléguer Meffieurs les Commandeurs qui les requerront; lefquels Commandeurs procéderont en ladite qualité de Délégués, de la même maniere que les Commiffaires des Bois le feroient eux-mêmes. Ils voudront bien adreffer auxdits Commiffaires les procès-verbaux qu'ils feront, tant pour la vifite & reconnoiffance des conftruĉtions, réparations & marque des arbres deftinés à les faire, que pour l'emploi de ces arbres.

Les Juges-Gruyers des Commanderies feront aux Ufagers la délivrance de ces arbres, ainfi que de ceux marqués pour le chauffage; & après l'exploitation ils procéderont au récolement, ainfi qu'il a été dit ci-deffus au premier article *des Chauffages*.

Pour ne rien laiffer à defirer, je vais rapporter deux Arrêts rendus tout récemment, qui conftatent la Jurifprudence du Confeil, tant pour ce qui a rapport au

Cantonnement des Usagers, que pour ce qui concerne *les bois à délivrer à ces Usagers.*

ARREST DU CONSEIL D'ETAT DU ROI,

Qui ordonne le partage de la Forêt de Vincense, dépendante de la Commanderie de Bische, dont quatre cens quatre-vingt-onze arpens seront distraits à titre de Cantonnement *en faveur des Usagers, pour leur tenir lieu de leurs droits d'usage ; & neuf cens arpens au profit du Commandeur de Bische.*

Du 13 Juillet 1756.

SUR la Requête presentée au Roi en son Conseil par Frere Louis Jourdain, Religieux profès, Chevalier, Magistrat de l'Ordre de Saint Jean de Jérusalem, Commandeur de la Commanderie du Saussoy & Bische : contenant que le 21 May 1726, le Chevalier de Cabeuil qui possédoit alors la Commanderie dont le Suppliant est pourvû, obtint un Arrêt du Conseil, qui entr'autres dispositions ordonna qu'il seroit procedé à l'arpentage général des bois de ladite Commanderie de Bische, situés dans le ressort de la Maîtrise Royale de Nevers, à l'apposition du quart de réserve, & au Réglement des coupes ordinaires à l'âge de 25 ans. Le même Arrêt ordonne que ceux qui prétendent droits d'usages ou autres droits dans les bois de ladite Commanderie, seroient tenus de représenter leurs titres au sieur Grand-Maître des Eaux & Forêts du département de Poitou, Bourbonnois, & Nivernois, pour sur son avis être ordonné ce qu'il appartiendroit ; le Comman-

deur de Cabeuil étant Agent général de l'Ordre de
Malte, avoit trop d'occupation pour faire exécuter les
diſpoſitions de cet Arrêt, ſes Succeſſeurs à la Commanderie de Biſche étoient à Malte, ou abſens, & ils ne les
ont point auſſi fait exécuter. Le Suppliant eſt entré en
jouiſſance de ladite Commanderie le premier May
1753 ; il a trouvé les bois qui en dépendent dans le
même état où ils étoient lors de cet Arrêt ; le quart de
réſerve n'avoit point été appoſé ; on n'avoit point reglé
les coupes ordinaires à 25 ans, & aucuns des Uſagers
n'avoient rapporté leurs titres : les bois ſont dans un
très-grand deſordre ; les Uſagers les ont pillés, & tellement dégradés que la Commanderie en ſouffre un important préjudice. Pour remédier à ces abus qui ruinent
tous leſdits bois, le Suppliant eſt obligé d'avoir recours
à Sa Majeſté pour le mettre en état de les faire rétablir.
La ſource du préjudice que ladite Communauté ſouffre
relativement à ſes bois, émane des Uſagers ; perſuadés
qu'ils ſont les maîtres d'en diſpoſer à leur gré, ils en
coupent où il leur plaît, ſans en demander aucune permiſſion. Afin d'arrêter le progrès d'un tel deſordre, il
eſt néceſſaire non-ſeulement d'obliger les Uſagers à repréſenter leurs titres, conformément à l'Arrêt du Conſeil du 21 May 1726, mais encore de les cantonner,
& de leur délivrer une quantité d'arpens de bois pro-
portionnée à leur nombre, & aux droits que les titres
qu'ils peuvent avoir leur accordent, afin d'y exercer
les droits qu'ils peuvent légitimement leur être dûs, &
qu'ils ne puiſſent entrer dans les autres bois ; c'eſt-là l'u-
nique moyen de conſerver ce qui reſtera à cette Com-

manderie. Ces opérations doivent néceſſairement pré-
céder l'appoſition du quart de réſerve , & le Réglement
des coupes ordinaires , parce que dans la fixation du
nombre d'arpens pour le cantonnement deſtiné aux Uſagers , doit dépendre la quantité qui ſera priſe pour le
quart de réſerve , & le nombre d'arpens que l'on déſignera pour chaque coupe annuelle du reſtant. Les bois
qui appartiennent à la Commanderie de Biſche , méritent d'autant plus d'attention , & d'être mis à l'abri du
pillage , qu'il y en a près de 1400 arpens ; ainſi il eſt
évidemment de l'intérêt de l'Ordre de Malte & du Suppliant, même du Public , que ces bois ſoient mis en regle & bien conſervés ; mais pour parvenir à leur conſervation , il eſt d'une néceſſité indiſpenſable de cantonner les Uſagers pour établir une juſte regle dans leſdits
bois. Requéroit à ces cauſes le Suppliant , qu'il plût à
Sa Majeſté ordonner que conformément à l'Arrêt du
Conſeil du 21 May 1726 , tous ceux qui prétendent
des droits d'uſage dans les bois dépendans de ladite
Commanderie de Biſche , feront tenus de repréſenter
dans trois mois pardevant ledit ſieur Grand-Maître , ou
celui des Officiers de ladite Maîtriſe de Nevers qu'il jugera à propos de commettre , les titres en vertu deſquels ils reclament ces droits ; déclarer déchûs de tous
droits d'uſage les prétendans qui n'auront pas fourni
leurs titres dans ce délai ; ordonner qu'il ſera dreſſé par
ledit ſieur Grand-Maître , ou l'Officier par lui commis,
procès-verbal des prétentions des Uſagers, & des réponſes que le Suppliant ou ſon fondé de pouvoir y pourra
faire ; ordonner pareillement que les uſagers feront

tenus de fournir dans le même délai de trois mois des copies collationnées & légalisées de leurs titres, pour être envoyées au Conseil avec le procès-verbal, & l'avis dudit sieur Grand-Maître, à l'effet d'être par Sa Majesté statué ce qu'il appartiendra ; ordonner qu'il sera assigné sur l'avis dudit sieur Grand-Maître des cantons de bois, pour que les usagers dont les titres seront reconnus valables, puissent exercer leurs usages, & en jouir en toute propriété, à la charge néanmoins de la directe envers la Commanderie, & de payer les censives & autres droits dont ils peuvent être tenus par leurs titres ; ordonner que distraction faite du cantonnement qui sera assigné aux Usagers, il sera pris un quart sur le surplus pour être mis en réserve, & croître en futaye au profit de ladite Commanderie, & que les trois quarts restans seront divisés en coupes ordinaires à l'âge de 25 ans, pour par le Suppliant & ses successeurs à ladite Commanderie en jouir conformément à l'Ordonnance des Eaux & Forêts du mois d'Août 1669, en y laissant vingt-cinq baliveaux par arpent, de l'âge. Vû lad. Requête signée Roussel, Avocat du Suppliant, & les pieces y jointes, ensemble l'Arrêt du Conseil du 21 Mai 1726, ci-dessus mentionné ; l'Ordonnance rendue par le sieur de Guimps, Grand-Maître des Eaux & Forêts dud. département de Poitou, le 12 Mai 1755, par laquelle il a commis le Maître particulier de ladite Maîtrise de Nevers pour procéder à l'exécution dudit Arrêt du 21 Mai 1726 ; le procès-verbal dressé par cet Officier le 2 Juin audit an 1755, en présence du Procureur du Roi en ladite Maîtrise, contenant la

représentation

repréſentation des titres des Uſagers , ainſi que leurs comparutions , dires , requiſitions , conteſtations & conſentemens de toutes les Parties. Qu'il y a cinquante-ſix Uſagers qui lui ont repréſenté leurs titres , & qu'ils compoſent entr'eux quatre-vingt-ſix droits : le procès-verbal de viſite de la forêt deVincenſe , dépendante de lad. Commanderie , faite par ledit ſieur Grand-Maître le 2 1 Septembre audit an 175 5 , portant qu'elle conſiſte en 1 3 9 1 arpens ; & l'avis dudit ſieur Grand-Maître , du 14 Avril 175 6 , par lequel il obſerve entr'autres choſes que depuis le procès-verbal du Maître particulier de ladite Maîtriſe , il y a quatre Uſagers qui ont repréſenté leurs titres , leſquels jouiſſent de onze droits ; enſorte qu'il y a en tout ſoixante Uuſagers qui compoſent quatre-vingt-dix-ſept droits d'uſage. Oui le Rapport du Sr. Peyrenc de Moras , Conſeiller d'Etat ordinaire , & au Conſeil Royal , Contrôleur général des Finances , LE ROI EN SON CONSEIL , ayant aucunement égard à la Requête , a ordonné & ordonne que par le ſieur de Guimps , Grand-Maître des Eaux & Forêts du département de Poitou , Bourbonnois & Nivernois , ou les Officiers de la Maîtriſe royale de Nevers qu'il pourra commettre , il ſera inceſſamment procédé dans la forêt deVincenſe , dépendante de la Commanderie de Biſche , à la diſtraction de 49 1 arpens deſdits bois au profit des Uſagers de ladite forêt , & ce par forme de cantonnement , pour leur tenir lieu des droits d'uſage qu'ils ont dans cette forêt , ſuivant leurs titres , à prendre en un ſeul tenant ; ſçavoir trois cens arpens dans le canton de ladite forêt exploité en l'année 1727 , & le ſurplus dans

II.Partie.   T

l'un des cantons joignant immédiatement où il n'a rien
été coupé : à la charge néanmoins de la direɛte envers
lad. Commanderie, & de continuer à payer les cenſives
& autres redevances exprimées auxdits titres, au ſieur
Commandeur de Biſche & à ſes ſucceſſeurs à lad. Commanderie ; auquel effet leſd. Uſagers ſeront tenus, chacun à leur égard, de lui en paſſer de nouvelles recon-
noiſſances ; ſans que, ſous quelque prétexte que ce ſoit,
ledit ſieur Commandeur, ſes ſucceſſeurs à ladite Commanderie, Fermiers, ni autres, puiſſent rien prétendre
dans leſdits 491 arpens de bois : Ordonne en outre Sa
Majeſté que les neuf cens arpens reſtans de ladite forêt
appartiendront à lad. Commanderie, francs & exempts
de tous droits d'uſages envers les Uſagers ; que pour ſé-
parer leſdits 900 arpens de bois d'avec les 491 arpens
qui ſeront diſtraits au profit deſdits Uſagers, il ſera fait
un foſſé de ſix pieds de largeur ſur cinq de profondeur,
le long duquel, & en-dedans de la portion dudit ſieur
Commandeur, il ſera placé de diſtance en diſtance dans
tous les angles, des bornes de pierre dure, bien apparen-
tes, & ce aux frais dudit ſieur Commandeur & deſdits
Uſagers, dont les deux tiers ſeront ſupportés par ledit
ſieur Commandeur, & l'autre tiers par leſdits Uſagers ;
ſinon & faute par eux de ce faire, il y ſera pourvû à
leurs frais à la diligence du Procureur du Roi en ladite
Maîtriſe, qui en ſera rembourſé en vertu de l'exécutoire
qui ſera décerné contr'eux par led. ſieur Grand-Maître.
Ordonne auſſi Sa Majeſté qu'après le partage fait, il ſera
par ledit ſieur Grand-Maître, ou les Officiers de ladite
Maîtriſe ſur ſa commiſſion, procédé au choix, à la diſ-

traction & au bornage du quart juste de la totalité desd. 491 arpens de bois qui seront abandonnés auxdits Usagers, & des 900 arpens qui resteront à ladite Commanderie pour demeurer en réserve, à prendre dans l'endroit de chacune portion desdits bois où le fonds sera reconnu être le meilleur & le plus propre à produire de la futaye ; sans que lesd. Usagers & ledit sieur Commandeur, Fermiers ni autres, puissent y faire aucune coupe, si ce n'est en vertu d'Arrêt & Lettres-patentes dûment vérifiées, conformément à l'art. 4. du tit. xxjv. de l'Ordonnance des Eaux & Forêts, du mois d'Août 1669, & au réglement des trois autres quarts desdits bois en coupes ordinaires à l'âge de vingt-cinq ans, qui seront distinguées & désignées par premiere & derniere sur le plan de chaque portion desdits bois, pour le nombre d'arpens dont chacune doit être composée ; à l'effet de quoi il en sera dressé des procès-verbaux, pour être avec lesdits plans déposés au Greffe de ladite Maîtrise : Que lors des coupes des bois desdits Usagers, dont la premiere ne pourra être faite que lorsque le taillis aura atteint l'âge de dix ans au moins, il sera réservé par chaque arpent 25 baliveaux de l'âge du taillis, de brin & essence de chêne, autant qu'il sera possible, outre tous ceux de l'âge de quarante ans & au-dessous, qui y seront. Et pour mettre lesd. Usagers en situation de pourvoir à l'entretien de leurs bâtimens, Sa Majesté leur a permis & permet d'exploiter au fur & mesure desdites coupes, & pour toujours, à commencer par celle qui sera destinée pour l'ordinaire de l'année prochaine 1757, tous les arbres de l'âge au-dessus de quarante ans qui s'y

T ij

trouveront ; après toutefois que conformément aux articles 3. & 4. du titre xxvj. de ladite Ordonnance de 1669, & à l'Arrêt du Conseil du 21 Septembre 1700, ils auront, six mois auparavant la coupe desdits arbres, fait leur déclaration au Greffe de ladite Maîtrise. Ordonne pareillement Sa Majesté que lors des coupes ordinaires des bois qui resteront à ladite Commanderie, dont la premiere ne pourra aussi être faite que lorsque le taillis aura atteint l'âge de dix ans au moins, il sera réservé par chaque arpent vingt-cinq baliveaux de l'âge du taillis, de brin & essence de chêne, autant que faire se pourra, outre tous les anciens & modernes qui y seront, à l'exception néanmoins des arbres de bois-blanc de l'âge au-dessus de quarante ans, qui se trouveront sur lesdites coupes, dont ledit sieur Commandeur pourra disposer au fur & à mesure d'icelles, conformément à l'article 8. de l'Arrêt du Conseil du 12 Octobre 1728, portant réglement pour les bois appartenans à l'Ordre de Malte. Ordonne Sa Majesté qu'aussitôt après ledit partage lesdits Usagers seront tenus de nommer annuellement deux Syndics pour veiller à l'administration desdits 491 arpens de bois, lesquels seront reçus pardevant le Juge ordinaire dud. Bische ; feront faire l'exploitation des coupes ordinaires desdits bois par gens entendus & capables de répondre de la mauvaise exploitation ; & feront les lots desdites coupes, pour être ensuite distribués à chaque Usager à proportion du droit qu'il a par ses titres : & en cas de plainte ou contestation sur le partage ou distribution, lesdits Usagers seront tenus de se pourvoir au Siége & pardevant les Officiers de ladite

Maîtrise, pour y être ftatué ainfi qu'il appartiendra, jufqu'à Jugement définitif inclufivement, fauf l'appel en la maniere accoûtumée. Seront lefdits Ufagers & ledit fieur Commandeur tenus, chacun en droit foi, d'établir les Gardes néceffaires pour veiller à la confer-vation defdits bois ; finon il y fera pourvû par ledit fieur Grand-Maître, qui décernera fes exécutoires fur leurs revenus, pour le payement des falaires defdits Gardes. Enjoint Sa Majefté audit fieur Grand-Maître & aux Officiers de ladite Maîtrife, de tenir, chacun en droit foi, la main à l'exécution du préfent Arrêt, lequel fera à cet effet enregiftré au Greffe de ladite Maîtrife, pour y avoir recours fi befoin eft. FAIT au Confeil d'Etat du Roi, tenu à Compiegne, le 13 Juillet 1756. Collation-né. *Signé*, DE VOUGNY.

AUTRE ARREST DU CONSEIL D'ETAT DU ROI,

Qui accorde au Commandeur de Thors & Corgebin, la permiffion de faire délivrer aux Habitans de Brottes, Ufagers dans la forêt de Corgebin, dépendante de lad. Commanderie, les arbres néceffaires pour réparer leurs maifons.

Du 20 Juillet 1756.

SUR la Requête prefentée au Roy en fon Confeil par Frere Jacques de Foudras, Chevalier de l'Or-dre de S. Jean de Jérufalem, Commandeur de la Com-manderie de Thors & Corgebin, au grand Prieuré de Champagne : contenant, que par une Charte du 6 Juil-let 1489, il a été accordé aux Habitans de la Communauté de Brottes, membre de ladite Commanderie, des droits d'usage, & particulierement celui de prendre dans la Forêt de Corgebin dépendante de la même Commanderie, les arbres de charpente nécessaires pour réparer leurs maisons, le tout sous une prestation annuelle. Ces Habitans ont joui sans trouble de ce droit; & toutes les fois qu'ils se sont trouvés dans le cas d'avoir besoin de bois pour les employer en réparations, ils se sont adressés aux sieurs Commandeurs *pro tempore,* qui leur ont fait la délivrance de ceux marqués par les Commissaires de l'Ordre, en conséquence des Arrêts du Conseil qui en ont permis la coupe. Ces Habitans fondés en titre & possession incontestables, se trouvant avoir un besoin urgent de bois de charpente pour réparer leurs maisons, ont presenté Requête au Suppliant; par laquelle, après avoir exposé le titre constitutif de leur droit, & leur possession paisible, ils ont articulé des exemples récens de délivrance à eux faite des bois qui leur étoient nécessaires : ils ont rappellé les Arrêts du Conseil de Sa Majesté, rendus en faveur du sieur Bailly de Laval - Montmorency, prédécesseur immédiat du Suppliant, des 23 Novembre 1728, 17 Novembre 1730, 29 Août 1741, & 6 Décembre 1746, portant permission de couper dans ladite Forêt de Corgebin les arbres alors nécessaires aux Habitans de Brottes pour les réparations de leurs maisons. Le Suppliant ne pouvant résister à l'autorité de ces exemples, a voulu s'assûrer du besoin allegué par ces Habitans; il a commis les Officiers de sa Justice pour faire la visite de leurs maisons & bâtimens; sur le rapport que ces Officiers ont fait au

Suppliant de la légitimité de la demande des Habitans, ledit Suppliant s'eft pourvû au Chapitre du Grand-Prieuré de Champagne, célebré au Château de Voulaine le 13 Juin dernier; & conformément aux difpofitions de l'Arrêt du Confeil du 12 Octobre 1728, portant Réglement pour les bois de l'Ordre de Malte, il a demandé des Commiffaires pour conftater dans les formes prefcrites par ce Réglement, les réparations & reconftructions à faire tant aux maifons & bâtimens defdits Habitans de Brottes, qu'aux Château, Moulin & Fermes dépendans de la Commanderie : il réfulte du procès-verbal du fieur Commandeur Febvre du 28 dudit mois de Juin, que ce Commiffaire affifté d'un Expert Charpentier, a fait la vifite des maifons & bâtimens defdits Habitans de Brottes, ainfi que du Château de Corgebin, Moulin des Champs & Ferme du Buiffon, dépendans de ladite Commanderie de Thors; que pour mettre ces Habitans en état de faire les réparations que ledit fieur Commiffaire a conftatées, il eft néceffaire d'y employer 256 arbres chênes, des dimenfions & proportions portées par ledit procès-verbal ; lefquels arbres il a marqué du marteau de l'Ordre à la racine & au tronc dans ladite Forêt de Corgebin. Le Suppliant efpere que ce nombre d'arbres ne paroîtra pas exceffif, eu égard à l'importance des réparations auxquelles ils font deftinés; d'ailleurs, le Suppliant étant obligé de veiller à la confervation des fonds de fon Ordre, dont l'adminiftration lui eft confiée, il fupplie très-humblement Sa Majefté de confiderer qu'il eft intéreffant de pourvoir promptement aux befoins urgens des Habi-

tans de Brottes; la négligence ou le retardement opére-
roient ſans doute l'augmentation des réparations auxquelles il s'agit de remédier , & obligeroient ces Habitans de demander un plus grand nombre d'arbres , ce
qui iroit au détriment du fonds de futaye de la Forêt
de Corgebin, & ſeroit par conſéquent très-préjudicia-
ble à l'Ordre , ſeul Seigneur & propriétaire de cette
Forêt ; à l'égard des bois néceſſaires au Suppliant pour
les réparations du Château , Moulin & Ferme de ſa
Commanderie, il eſpere que ſa demande ſouffrira d'autant moins de difficulté , que le nombre d'arbres à y employer n'eſt que de 2 8 , & qu'il eſt compris dans le total
général deſdits 2 5 6 arbres. A CES CAUSES, requéroit
le Suppliant , qu'il plût à Sa Majeſté lui permettre de
faire couper dans la Forêt de Corgebin, dépendante de
ladite Commanderie de Thors , les 2 5 6 pieds d'arbres
chênes marqués du marteau de l'Ordre, par ledit ſieur
Commandeur Febvre; ſçavoir 1 5 0 dans la coupe exploitée pour l'ordinaire 1 7 5 6 , & 1 0 6 dans la coupe
à exploiter pour l'ordinaire 1 7 5 7 ; pour par le Suppliant être fait délivrance aux Habitans de Brottes dénommés au procès-verbal dudit ſieur Commiſſaire, du
nombre de 2 2 8 arbres deſtinés à être employés aux réparations de leurs maiſons & bâtimens, & les 2 8 autres
de ſurplus ſeront employés par le Suppliant, ou le prix
en provenant , aux réparations du Château de Corgebin, du Moulin des Champs, & de la Ferme appellée
le Buiſſon, dépendant de ladite Commanderie. Vû ladite Requête & les piéces y jointes, enſemble les Arrêts du Conſeil des 2 3 Novembre 1 7 2 8 , 1 7 Novembre

bre 1730, 29 Août 1741, & 6 Décembre 1746 ; la Requête préſentée au Suppliant par leſdits Habitans de Brottes ; la Commiſſion du Chapitre dudit Grand-Prieuré de Champagne ; & le procès-verbal des 13 & 28 Juin 1756, ci-deſſus mentionné : Oui le Rapport du ſieur Peyrenc de Moras, Conſeiller d'Etat & ordinaire au Conſeil Royal, Controlleur Général des Finances. LE ROI EN SON CONSEIL, ayant égard à la Requête, a permis & permet au Suppliant de faire abattre les 256 arbres eſſence de chêne qui ont été marqués du marteau de l'Ordre de Malte, ſuivant le procès-verbal du 28 Juin 1756, dans la forêt de Corgebin, dépendante de la Commanderie de Thors ; ſçavoir 150 dans la coupe exploitée pour l'ordinaire de la préſente année 1756, & 106 dans celle à exploiter pour l'ordinaire de l'année prochaine 1757 ; à la charge par le Suppliant de délivrer aux Habitans de Brottes dénommés audit procès-verbal 228 arbres, pour être employés aux réparations à faire à leurs maiſons & bâtimens, & d'employer les 28 arbres de ſurplus aux réparations les plus urgentes & néceſſaires à faire aux bâtimens de ladite Commanderie, mentionnées au devis inſeré audit procès-verbal, & de remettre au Greffe de la Maîtriſe particuliere des Eaux & Forêts dans le reſſort de laquelle leſdits bois ſont ſitués, une expédition du procès-verbal de la marque deſdits arbres, & les piéces juſtificatives de l'emploi d'iceux, ſix mois au plus tard après qu'ils auront été coupés ; le tout conformément à l'Arrêt du Conſeil du 12 Octobre 1728, portant Réglement pour les bois appartenant audit Or-

II. Partie. V

dre de Malte, fous les peines y portées; & attendu la
modicité de l'objet, Sa Majefté a difpenfé & difpenfe
le Suppliant pour la coupe des arbres dont il s'agit, de
la formalité des Lettres-Patentes portées par l'Ordonnance des Eaux & Forêts du mois d'Août 1669; &
fera le préfent Arrêt enregiftré au Greffe de la Maîtrife
pour y avoir recours, fi befoin eft. Fait au Confeil d'E-
tat du Roi, tenu à Compiegne le 20 Juin 1756. Collationné. *Signé*, DE VOUGNY.

Des Repeuplemens des Bois.

AUcun bien n'eſt plus commode que les bois, puiſque ſans ſoins, ſans culture, & ſans inquiétude, on en retire un revenu plus conſidérable que des champs, vignes, &c.

Les bois que l'Ordre a fait vendre en dernier lieu étoient pour la plûpart d'anciennes Forêts ſur le retour, leſquelles demeureroient dévaſtées, ſi on ne pourvoyoit au repeuplement : il eſt vrai que les dix arbres par arpent qui ont été réſervés, ſemeront, & par ſucceſſion de tems, pourront repeupler leurs environs ; mais cette reſſource eſt d'une exécution trop longue & trop incertaine.

Si on ne pourvoyoit pas au repeuplement de ces bois, il croîtroit à la place de ceux qui ont été coupés, des ronces, des épines, des genêts, &c. qui étouffent les jeunes plantes de bons bois ; & ſi une fois ces ronces & épines avoient acquis certaine force, il deviendroit très-difficile de les extirper.

Il n'y auroit pas moins d'inconvénient, ſi au lieu des ronces, épines, genêts, &c. qu'on appelle *mort bois*, il croiſſoit de l'herbe dans les places vagues ; puiſqu'en y mettant des beſtiaux en pâture, ou même en allant couper ces herbes, on endommageroit également les jeunes plantes.

L'intérêt de la Religion, & celui de Meſſieurs les Commandeurs, exige donc qu'il ſoit promptement pour-

V ij

vû au repeuplement des bois ; c'est l'objet des dispoſi-
tions des articles 6 & 10 du Réglement de Malte.

Meſſieurs les Commandeurs peuvent s'en acquitter de deux manieres, ou en faiſant planter de bons bois dans les places vagues, ou en faiſant ſemer ces places en gland ; l'une & l'autre ne ſçauroient leur occaſionner de dépenſe conſidérable, & ils ne ſeroient pas long-tems ſans jouir du fruit de leurs travaux.

Si ces places vagues ſont de telle étendue, qu'il ne leur ſoit pas poſſible de faire en une ſeule fois les dé-penſes néceſſaires, ils peuvent répartir ces dépenſes en pluſieurs années, & s'aſſujettir chaque année à faire planter ou ſemer une certaine continance.

Ils peuvent auſſi lors des renouvellemens des baux charger les Fermiers de planter dans les places qui leur ſeront indiquées, tant de pieds de jeunes plantes de telle eſſence, ou de ſemer en gland tant d'arpens.

Il y a encore un moyen de pourvoir aux repeuple-mens ſans faire aucune dépenſe ; il faut que Meſſieurs les Commandeurs demandent au Conſeil du Roi la per-miſſion de faire receper les parties de bois qui ſont dans le cas du repeuplement ; qu'en conſéquence ils les don-nent pour 3, 4, 5 ou 6 ans à des Particuliers qui vou-dront entreprendre le recepage, à la charge de rendre les places vagues ſemées en gland, & entourées de foſ-ſés dans les lieux où il ſera utile d'en faire pour la dé-fenſe des nouveaux plans : ce dernier moyen peut être propre à remplir l'objet du repeuplement ; mais Meſ-ſieurs les Commandeurs ne jouiront pas des fruits ſitôt qu'ils le feroient, s'ils faiſoient faire leſdits repeuple-mens à leurs frais.

Les foſſés creuſés autour des bois, font une amélioration très-utile, qui en opere en même tems la conſervation & le repeuplement : la dépenſe de cette amélioration répartie en pluſieurs années, ne fait pas un objet
conſidérable ; Meſſieurs les Commandeurs pourroient
donc faire faire chaque année un nombre de toiſes de
foſſés, en commençant par les faces des bois les plus
expoſées, telles que le long des grands chemins & des
routes.

Utilité des foſſés
autour des Bois.

Des Usurpations.

MEſſieurs les Commandeurs qui ont fait la viſite, reconnoiſſance & martelage des bois du Grand-Prieuré d'Auvergne, ont obſervé que des Particuliers voiſins anticipent ſur les bois de l'Ordre, & qu'ils en ont uſurpé des parties conſidérables : les Commanderies de Beugnay, de Bellecombe, de Châlons & de Mâcon ſe trouvent dans ce cas ; & il y a grande apparence que ſi on veut examiner avec attention les titres de Commanderies, on découvrira d'autres uſurpations de toute eſpece.

Avant l'appoſition du quart de réſerve & du régle-ment des coupes, Meſſieurs les Commandeurs doivent avoir attention d'examiner les anciens terriers, pour connoître l'étendue des bois & leurs confins, afin qu'étant indiqués avec préciſion aux Officiers des Maîtriſes, ils faſſent leur opération tant ſur ceux dont la jouiſſance ne ſouffre aucune difficulté, que ſur ceux dont l'uſurpation paroîtra clairement démontrée ; enfin ſur le total des bois dépendans des Commanderies.

L'examen des titres fait préalablement aux opérations des Maîtriſes eſt d'autant plus important, que ces opé-rations peuvent fournir aux uſurpateurs des moyens de s'aſſûrer dans la poſſeſſion des bois uſurpés, en ſe pré-valant contre Meſſieurs les Commandeurs de la procé-dure qu'ils feront faire.

Si lors de l'aménagement des Officiers de la Maîtriſe, on reconnoît qu'il ait été fait des uſurpations, il faut employer toutes les voyes amiables pour engager les uſurpateurs à ſe déſiſter au profit de la Commanderie des bois uſurpés.

Si les uſurpateurs réſiſtent à la voye de conciliation, il faut les actionner pardevant les Officiers des Maîtriſes, parce que ce fait étant alors connexe à la viſitation & réformation des bois, c'eſt à eux que la connoiſſance en appartient, conformément à la premiere diſpoſition de l'art. 10 du tit. 1er de la Juriſdiction des Eaux & Forêts de l'Ordonnance de 1669.

Mais ſi avant que les Officiers des Maîtriſes ayent entrepris la viſite, aménagement & réglement des bois, les Commandeurs reconnoiſſent l'uſurpation, il faut qu'après avoir employé les voyes amiables, ils actionnent l'uſurpateur au Grand-Conſeil, Tribunal d'attribution de l'Ordre, lequel eſt compétant pour connoitre de la matiere, conformément à la ſeconde diſpoſition dudit art. 10, du titre 1er de l'Ordonnance de 1669.

Avant d'intenter ces inſtances, Meſſieurs les Commandeurs ſont priés de faire dreſſer avec ſoin, & par des perſonnes intelligentes, des Mémoires ſur les titres qui ſeront en leur pouvoir pour prouver les uſurpations ; ces Mémoires doivent contenir des détails du local des bois uſurpés, & les circonſtances dans leſquelles on ſe trouvera par rapport aux Maîtriſes, en expliquant bien poſitivement ſi elles ont fait quelques diligences pour l'aménagement, afin qu'on puiſſe diſtinguer ſi la matiere eſt de la compétence du Grand-Conſeil, ou de celle des Maîtriſes : ils adreſſeront ces Mémoires à M. l'Agent général de l'Ordre ; & ſur la participation qu'il en fera au Conseil de l'Ordre établi à Paris , ce Conseil après avoir examiné tant le fonds que la forme, dirigera les démarches de Messieurs les Commandeurs.

Ce que je dis pour le Grand-Prieuré d'Auvergne en particulier , milite en général pour tous les Grands-Prieurés.

Des

Des Bois pour les réparations des Commanderies.

LE Statut 60. tit. *des Prohib. & Peines, permet aux Commandeurs de prendre dans les futayes dépendantes des Commanderies, les bois néceffaires pour être employés aux réparations des bâtimens defdites Commanderies.*

Pour corriger les abus que cette faculté générale occafionnoit, le Grand-Maître & Sacré Confeil rendirent un Decret le 25 Février 1648, portant que *les Commandeurs ne pourront faire couper des bois pour les réparations des maifons, que préalablement ces réparations n'ayent été jugées néceffaires par des Commiffaires députés par le Chapitre ou Affemblée provinciale, lefquels fpécifieront le nombre d'arbres qui feront néceffaires :* comme auffi que *lefd. Commandeurs ne pourront vendre lefdits arbres, moins encore les donner en préfent aux ouvriers, en payement de leur main-d'œuvre ; ni des autres matériaux des réparations, ni en toute autre maniere.*

Ce Decret ne fut apparemment pas bien obfervé, puifqu'on a vû que l'Ordre fut nommément compris dans les difpofitions de l'Ordonnance de 1669.

J'ai rendu compte dans la premiere partie de cet Ouvrage, des démarches que firent les Miniftres de l'Ordre pour obtenir en faveur des Commandeurs une exception à l'Ordonnance de 1669, & du refus conftant qu'ils effuyerent; enfin de la fâcheufe fituation où l'Ordre fe trouvoit avant les Lettres-patentes de 1718.

II. Partie.   X

Utilité des Lettres - patentes de 1718.

Ces Lettres-patentes furent le fruit des démarches les plus conſtantes & les plus vives des Miniſtres de l'Ordre ; elles lui rendirent la faculté de pouvoir uſer de ſes bois, conformément au Decret de 1648, *pendant le délai de dix ans ſeulement ; paſſé lequel on devoit ſe conformer pour la coupe & exploitation des bois de l'Ordre, à l'Ordonnance de 1669.*

L'exécution de ces Lettres - pat. fixée à dix ans, cauſe des allarmes.

On ſentit l'importance de cette clauſe finale des Lettres-patentes, qui réduiſoit l'Ordre au droit commun après l'expiration du délai de dix ans. Ce délai empêcha l'entiere ruine des Commanderies, puiſqu'il donna le tems d'agir, de faire des repréſentations, & d'obtenir le Le Réglement de 1718 aſſure la tranquillité de l'Ordre. Réglement de 1728, qui a pourvû d'une maniere certaine & permanente à l'adminiſtration des bois de l'Ordre.

Par l'article 11. de ce Réglement il a été permis aux Commandeurs de prendre dans les bois des Commanderies, ceux néceſſaires pour faire les réparations, conformément à la faculté qui leur avoit été accordée par le Statut 60. tit. *des Prohib.* & par l'art. 1. du Decret de 1648 : & comme les précautions priſes par ce Decret n'avoient pas remédié aux abus, on en a pris de nouvelles par les art. 12. 13. 14. 15. 16. 17. 18. 19. 20. 21. 22. 23. 24. & 25. en indiquant des ſolemnités & des formalités, pour éviter que ſous prétexte du beſoin de réparations, les Commandeurs ne vouluſſent s'approprier les futayes de leurs Commanderies ; & auſſi pour leur donner les moyens d'obtenir facilement les bois néceſſaires pour être employés à cet objet important, d'où dépend la conſervation des autres biens.

Si Messieurs les Commandeurs veulent bien se donner la peine de faire réflexion aux embarras & aux dépenses ruineuses qu'auroit occasionné à leur égard l'exécution de l'Ordonnance de 1669, ils conviendront aisément que le Réglement de 1728 est une Loi très-favorable, puisqu'elle a conservé l'administration des bois des Commanderies sur le pied qu'elle avoit été établie par le Statut 60. titre *des Prohib.* & par le Decret de 1648 ; à la différence de l'apposition du quart de réserve & du réglement des coupes, qui est un arrangement général occasionné par les besoins de l'Etat.

L'Ordre avoit donc lieu de se promettre pour fruit des soins & des secours qu'il avoit prêtés aux Commandeurs dans cette occurrence, qu'ils rempliroient exactement les dispositions de ce réglement ; mais les changemens fréquens qui arrivent dans la possession des Commanderies, ont donné moyen à plusieurs d'en éluder l'exécution ; d'autres y ont contrevenu formellement.

Cette conduite fournissoit un prétexte spécieux pour réduire l'Ordre au droit commun. On ne manqua pas de porter de nouvelles plaintes aux Ministres du Roi contre l'administration des Commandeurs ; elles auroient produit les plus funestes effets, si les Ministres de l'Ordre n'avoient représenté qu'il n'étoit pas juste de faire supporter à la Religion la peine des fautes commises par quelques-uns de ses Membres. On trouva même des dispositions si favorables dans la bienveillance du Roi pour l'Ordre, qu'on obtint la permission * de couper dans le délai de dix ans, des futayes & quarts de réserve pour la somme d'un million quarante-huit mille livres.

Notes marginales :

Avantages résultans du Réglem. de 1728.

MM. les Commandeurs éludent l'exécution du Réglement de 1728.

On menace de réduire l'Ordre au droit commun.

Les représentations des Ministres de l'Ordre le préservent de ce malheur.

** Arrêt du 5 Juin 1745.*

Dans ces circonſtances, le Grand-Maître & ſacré Conſeil voulant prévenir l'effet des plaintes qui pour-roient être portées dans la ſuite, & prendre des précau-tions afin qu'à l'avenir le Gouvernement ne confondît pas l'Ordre avec les Commandeurs, il a été fait des ar-rangemens qui ſemblent remédier aux abus, en conſer-vant à Meſſieurs les Commandeurs la faculté de prendre des bois pour les réparations des Commanderies, ſur le pied du Decret de 1648, & même en leur facilitant les moyens de les obtenir plus promptement qu'ils ne pou-voient le faire par le paſſé.

En effet, il réſultoit un inconvénient conſidérable de l'exécution des art. 11. & 12. du Réglement de 1728, en ce que lorſqu'il arrivoit quelques réparations preſ-ſantes, les Commandeurs étoient obligés d'attendre la tenue du Chapitre ou Aſſemblée provinciale pour de-mander des Commiſſaires; ce qui quelquefois faiſoit un retardement de quatre à cinq mois, pendant leſquels l'objet des réparations devenoit plus conſidérable. L'ar-

ticle 12. du Réglement de Malte y a remédié, en nom-mant un Commiſſaire perpétuel dans chaque Grand-Prieuré, à qui on peut s'adreſſer en tout tems.

Par ce moyen, lorſqu'il arrivera des réparations ur-gentes, Meſſieurs les Commandeurs n'auront qu'à prier M. le Commiſſaire de ſe tranſporter ſur les lieux pour viſiter les réparations & marquer les bois néceſſaires; de maniere qu'en peu de tems on pourra obtenir l'Arrêt de permiſſion de couper.

Au cas que M. le Commiſſaire, par incommodité ou autrement, ne puiſſe pas ſe rendre à la priere de Meſ-

fieurs les Commandeurs, il déléguera un autre Commiſ-
faire à ſon lieu & place, conformément à l'article 30.
dudit Réglement ; enſorte que Meſſieurs les Commandeurs feront fecourus auſſitôt que le cas écherra, ce qui
ne peut manquer de contribuer à leur éviter des dépenfes conſidérables pour tenir les bâtimens de leurs Commanderies en bon état.

Comme il pourroit arriver que Meſſieurs les Commandeurs abſens de leurs Commanderies, *reipublicæ
cauſa* ou outrement, ne feroient pas à portée de requérir
M. le Commiſſaire, il faut qu'ils donnent ordre à leurs
Procureurs, Receveurs ou Agens, de le faire, ce qui
opérera le même effet.

MM. les Commandeurs ou leurs Procureurs doivent requérir M. le Commiſſaire des Bois.

Les autres articles qui reglent la maniere dont le
Commiſſaire doit procéder, ſont conformes au Réglement de 1728. Il eſt vrai que par l'article 24. de celui
de Malte, il a été ajoûté quelques diſpoſitions pour s'aſ-
fûrer de l'emploi des bois. Les diſcuſſions fréquentes
qui ſe ſont élevées entre des Commandeurs qui quit-
toient des Commanderies, & leurs ſucceſſeurs auxdites
Commanderies, ont rendu ces précautions abſolument
néceſſaires pour le bien de la choſe, & pour éviter toute
occaſion de divorce entre Confreres.

Néceſſité de conſtater l'emploi des Bois.

Meſſieurs les Commandeurs peuvent faire conſtater
l'emploi des bois de trois manieres.

1°. A l'égard des Commanderies dont les amélioriſ-
femens ont été faits, il eſt tout ſimple que Meſſieurs les
Commandeurs requierent Meſſieurs les Commiſſaires
de ſe tranſporter ſur les lieux pour dreſſer procès-verbal
de l'emploi des bois deſtinés auxdites réparations.

Moyens de conſtater l'emploi des Bois à peu de frais. *Voyez* l'art. 6. de la Buſle du 17. Juillet 1756.

2°. Si les amélioriſſemens n'ont pas été faits, Meſſieurs les Commandeurs peuvent éviter les frais d'un ſecond tranſport du Commiſſaire des Bois, en priant Meſſieurs les Commiſſaires députés par le vénérable Chapitre pour faire leſd. amélioriſſemens, de conſtater par leur procès-verbal l'emploi deſdits bois.

3°. Meſſieurs les Commandeurs peuvent encore requérir Meſſieurs les Commiſſaires de la viſite prieurale, de conſtater cet emploi dans le cours de leur viſite.

De quelque maniere que l'emploi des bois ſoit conſtaté, Meſſieurs les Commandeurs doivent remettre au Greffe de la Maîtriſe l'acte par lequel il ſera prouvé qu'ils ont rempli l'objet de la deſtination, ce qui opérera leur décharge tant envers l'Ordre qu'envers les Officiers du Roi.

Des Réparations des Commanderies desquelles il ne dépend point de Bois.

IL est d'usage qu'un Commandeur qui n'a pas de bois dans sa Commanderie, peut en prendre dans ceux de la Commanderie voisine, pour l'employer aux réparations; cet usage est constaté par l'article 22 du Réglement de 1728.

Il y a lieu de présumer que Messieurs les Commandeurs qui se sont trouvés dans ce cas, se sont prévalus de cet usage gratuitement; mais l'exemple dont je vais rendre compte a établi à cet égard une Jurisprudence contraire.

Il ne dépend point de bois de la Commanderie d'Oisemont du Grand-Prieuré de France; le Commandeur ayant été obligé de faire des réparations, demanda au Chapitre des Commissaires pour marquer dans les bois de la Commanderie de S. Mauvis ceux qui lui étoient nécessaires, ce qui lui fut accordé sans difficulté.

Nosseigneurs du Commun Trésor ayant été informés du fait, ordonnerent que le Commandeur d'Oisemont payeroit la valeur des bois qu'il avoit pris à S. Mauvis, ce qui a été exécuté.

Les Commandeurs doivent payer au Trésor la valeur des bois qu'ils prennent dans les autres Commanderies,

Il a été fait des représentations par lesquelles on a rappellé l'ancien usage, & l'exemple ci-dessus cité, afin de sçavoir positivement les intentions de Nosseigneurs du Commun-Trésor à ce sujet; ils ont rendu la décision ci-après :

Regiſtrato al libro Decreti ſegretario, H. a. 287.

Li venerendi Procuratori del commune Teſoro, Luoguotenente del Grand-Commendatore e Conſervatore conventuale.

Avendo inteſo e conſiderato il ſopra deſcritto propoſto dubio, dichiaramo ed ordiniamo, che ogni qualvolta ſaran ad un Commendatore aſſegnati alberi alti, ſiti nel boſchi d'altra Commenda per impiegarli nelli ripari, e fabriche della propria, dovera pagare, e paghi al Teſoro il valore di detti alberi. Dato nella venerenda Camera li 8 Maggio 1752.

Fr. Miguel Doʒ, Segretario del commune Teſoro.

Les vénérables Procureurs du commun Tréſor, Lieutenant du Grand-Commandeur & du Conſervateur conventuel.

Ayant entendu & conſidéré la queſtion ci-deſſus propoſée, nous déclarons & ordonnons que toutes les fois qu'il ſera aſſigné à un Commandeur des arbres-futayes ſitués dans les bois d'une autre Commanderie, pour les employer aux conſtructions & réparations de la ſienne propre, il doit payer au Tréſor la valeur deſd. arbres. Donné en la vénérable Chambre le 8 Mai 1752.

Fr. Michel Doz, Secrétaire du commun Tréſor.

Nota. Il y a peu de Commanderies dont il ne dépende de Bois.

Des Chauffages.

IL s'eſt établi dans quelques Grands-Prieurés, parti- Abus d'accorder le chauffage aux Receveurs, Fermiers, &c.
culierement dans ceux de S. Gilles, de Toulouſe, &
d'Auvergne, l'uſage de ſtipuler dans les baux, *que les
Curés, Receveurs, Fermiers, & même les Gardes, pren-
droient dans les bois ceux néceſſaires pour leur chauffage ;* ce qui eſt un abus pernicieux, capable de ruiner
les bois, & de jetter Meſſieurs les Commandeurs dans
de grands embarras, vis-à-vis de l'Ordre, & des Officiers des Maitriſes.

Par rapport à l'Ordre, Meſſieurs les Commandeurs
conviendront aiſément que ne pouvant eux-mêmes toucher aux futayes ſans s'expoſer aux rigueurs des peines
portées par le Stat. 60. tit. *des Prohibitions* ; ils ne
ſçauroient donner cette faculté à autrui.

On a d'ailleurs vû que l'Ordonnance de 1669 & de
1728, défendent expreſſément toute coupe de futaye,
ſans au préalable en avoir obtenu la permiſſion ; or tout
ce qui eſt coupé ſans cette permiſſion l'eſt en contravention : ainſi les Officiers des Maitriſes ſont fondés de
procéder ſur les délits de cette eſpece contre les délin-
quants, & de les condamner à des amendes & reſtitutions, leſquelles retomberoient ſur les Commandeurs.

Meſſieurs les Commandeurs diront ſans doute qu'ils Faculté accordée de couper les *bois morts* & *mort-bois*, occaſionne des malverſations.
n'accordent cette faculté que pour les bois morts &
mort bois ; mais rien n'eſt plus facile aux Receveurs,
Fermiers, &c. qui vont dans les bois, ſous prétexte de
prendre les bois morts & mort bois, d'en couper de

Y

vif; il n'y a perſonne qui les gêne, les Gardes intéreſ-ſés ou craintifs ne s'y oppoſent point; s'ils le font, ce n'eſt que foiblement.

D'ailleurs, pluſieurs exemples ont appris que les Receveurs, Fermiers, &c. qui ont la faculté de pren-dre du bois mort, ont l'induſtrie d'en faire mourir, en frappant les arbres avec la coignée dans le tems de la révolution de la ſéve, & autres moyens illicites.

Ces conſidérations ont donné lieu à la défenſe ex-preſſe portée par l'art. 30 du Réglement de Malte; & pour peu que Meſſieurs les Commandeurs veulent bien y faire réflexion, ils conviendront que cet abus étoit intolérable tant pour le bois vif que pour le bois mort.

Ce n'eſt pas que l'Ordre veuille profiter du *bois mort*; lorſqu'il s'en trouvera dans les coupes réglées; Meſſieurs les Commandeurs feront bien de le faire exploiter ſous leurs yeux, ſi cela ſe peut, ſans faire de dégât aux tail-lis, & de s'en ſervir pour leur chauffage, conformé-ment au Statut 60, tit. *des Prohibitions & Peines*, ou même de le vendre à leur profit en même tems que le taillis.

Mais l'intérêt de la Religion, autant que le leur pro-pre, doit les engager à ne point diſpoſer de ces bois morts en faveur des Fermiers, Receveurs, &c. & ſur-tout en celle des Gardes, afin que ces derniers n'ayant aucune eſpérance d'en profiter, ſoient d'autant plus vi-gilans & actifs à empêcher des manœuvres illicites.

Pour éviter que la coupe des arbres morts n'occa-ſionne des pourſuites de la part des Officiers des Maî-triſes, il faut que Meſſieurs les Commandeurs prennent

la précaution de faire conftater par un procès-verbal
du Sergent à garde le nombre & qualité de ces arbres,
l'endroit du bois où ils font; qu'ils faffent remettre ce
procès-verbal au Greffe de la Maitrife du reffort, &
qu'ils laiffent paffer un laps de tems fuffifant, pour mettre les Officiers de cette Maitrife dans le cas de vérifier
le fait, fi bon leur femble, afin que fous prétexte que
ces bois étoient vivans & végétans, ils ne puiffent pas
prononcer des condamnations d'amendes.

Des Chablis.

ON appelle chablis les arbres abattus, arrachés, ou rompus par l'impétuoſité des vents, ou par quelques autres accidens.

L'Ordonnance de 1669, tit. 17, *des Ventes des Chablis & menus Marchés*, preſcrit la maniere dont les Officiers du Roi doivent uſer des chablis qui ſont trouvés dans les bois de Sa Majeſté.

Quoiqu'il n'y ait aucune diſpoſition particuliere par rapport aux Chablis qui ſe trouvent dans les bois des main-mortables, la Déclaration de 1715 qui aſſujettit leurs bois aux mêmes regles que ceux du Roi, peut autoriſer les Officiers des Eaux & Forêts de faire la vente des Chablis, conformément aux articles 3 & 4 dudit titre 17.

Si les bois de l'Ordre étoient adminiſtrés ſur le même pied que ceux des autres main-mortables, il n'eſt pas douteux que ces Officiers ne formaſſent la prétention de faire la vente des Chablis; mais la différence qu'il y a entre l'adminiſtration des bois des Bénéfices Eccléſiaſtiques & ceux des Commanderies (différence qui a mérité en faveur de l'Ordre l'exception de l'Ordonnance de 1669, portée par le Réglement de 1728), exige encore que l'Ordre ſoit traité différemment par rapport aux Chablis.

L'Ordre accordant aux Commandeurs les bois néceſſaires pour les employer aux réparations, il ſemble naturel que les Chablis ſervent à cet uſage par préférence aux autres arbres.

La deſtination des Chablis pour ſervir aux ouvrages de charpente & de menuiſerie néceſſaires aux réparations, opérant la conſervation de la futaye des Commanderies, on ne doit pas craindre que les Officiers des Eaux & Forêts refuſent de concourir au même but, puiſqu'ils ſont principalement obligés d'y veiller par le devoir de leurs Charges.

Ainſi lorſqu'il y aura des Chablis dans les bois des Commanderies, le Sergent à garde doit faire un procès-verbal, contenant le détail de leur nombre, qualités, nature & groſſeur, des lieux où il les aura trouvés; il obſervera ſi leſdits Chablis en tombant ont rompu ou ébranché d'autres arbres.

Ce Sergent à garde avertira ſans retardement M. le Commandeur, ou ſon Procureur, lequel adreſſera au Commiſſaire des bois une expédition dudit procès-verbal, & le réquerra de ſe tranſporter ſur les lieux, pour reconnoître & marquer du marteau de l'Ordre les Chablis.

Si M. le Commandeur a beſoin de bois, le Commiſſaire, ou ſon délegué, après avoir conſtaté les réparations dans la forme preſcrite ci-devant, indiquera les Chablis pour être employés à les faire.

Si M. le Commandeur n'a pas beſoin de faire des réparations, M. le Commiſſaire ou ſon délegué, chargera M. le Commandeur de faire débiter les Chablis, & de les mettre en magaſin pour ſervir à celles qui pourront ſurvenir.

Dans ce dernier cas, Meſſieurs les Commandeurs ne doivent en façon quelconque diſpoſer de ces bois en magaſin ; ils les regarderont comme un dépôt , & ne pourront les employer aux réparations que préalablement elles n'ayent été conſtatées par le Commiſſaire des bois ou ſon délegué , conformément à l'art. 14 du Réglement de Malte du 5 Juillet 1751 *.

Que les Chablis ſoient deſtinés à faire les réparations préſentes , qu'ils ſoient mis en dépôt pour être employés à celles à venir ; ſur le procès-verbal que M. le Commiſſaire des Bois , ou ſon délegué , dreſſera dans l'un & l'autre de ces deux cas , & qu'il déferera au Chapitre , il ſera preſenté Requête au Conſeil par l'Agent général de l'Ordre au nom de M. le Commandeur , ſur laquelle interviendra Arrêt , portaut permiſſion de faire l'exploitation des Chablis.

Avant cette exploitation , M. le Commandeur remettra au Greffe de la Maîtriſe du reſſort : 1°. l'expédition du procès-verbal du Sergent à garde : 2°. l'expédition du procès - verbal du Commiſſaire des Bois : 3°. une copie collationnée de l'Arrêt de permiſſion.

La vuidange de l'exploitation des Chablis doit être faite dans le délai d'un mois * , à l'expiration de ce délai , les Officiers de Juſtice de la Commanderie procéderont au récollement , & remettront une expédition de leur procès-verbal ** au Greffe de la Maîtriſe.

Lorſque Meſſieurs les Commandeurs auront employé les Chablis en réparations , ils le feront conſtater par M. le Commiſſaire des Bois , ou ſon délegué , conformément à l'art. 24 du Réglement de Malte du 5 Juillet 1751.

Des Bois des Commanderies dépendantes du Grand-Prieuré de France, situées dans les Pays-Bas Autrichiens & Principauté de Liege.

QUoique les Loix des Pays-Bas & de la Principauté de Liege different de celles de France, les Commanderies fituées dans ces Etats ne font pas moins fufceptibles des arrangemens généraux de l'Ordre pour l'adminiftration des Bois qui en dépendent, fans bleffer les ufages de ces Pays.

Ces ufages font, que les Propriétaires peuvent difpofer des Bois & Forêts à leur plaifir & volonté, fans être gênés en maniere quelconque par les Gouvernemens refpectifs.

Cette liberté fuppofe fans doute la préfomption naturelle que ces Propriétaires ufent de leurs bois en peres de famille ; car s'ils détruifoient ou dévaftoient des forêts confidérables, & que les Gouvernemens euffent lieu de craindre que la privation du fecours des bois dévaftés dût faire fenfation dans l'efpece ; il ne faut pas douter qu'ils ne s'oppofaffent au defordre de la dévaftation comme contraire au bien public.

Les Loix de Malte n'ont pas moins pourvû à la confervation des bois dépendans des Commanderies des Pays-Bas & Principauté de Liege, dépendans du Grand-Prieuré de France, que des autres Commanderies de ce Grand-Prieuré ; le Statut 60, titre *des Prohibitions & Peines*, ainfi que le Decret de 1648, ont été fidelement exécutés en général.

En particulier, M. de Courcelle Commandeur de Chantraine en Brabant, ayant fait exploiter de ſon autorité privée pluſieurs parties des futayes de cette Commanderie ; ſur l'avis qui en fut donné à Malte, le Vénérable Commun Tréſor le fit priver de l'adminiſtration de cette Commanderie, conformément audit Statut 60.

Cet exemple de ſévérité fait contre un Commandeur puiſſant (*a*), a ſans doute produit l'avantage, que depuis ce tems aucuns de ſes ſucceſſeurs n'ont meſuſé de la facilité que les Loix du Pays donnent de vendre des bois.

Voici les uſages d'adminiſtration. On fait chaque année comme en France des coupes reglées des bois taillis dans les ſaiſons ordinaires : au lieu de réſerver certain nombre de baliveaux dans les coupes, on oblige les Exploitateurs de conſerver tous les baliveaux & brins, eſſence de chêne ; enſorte que par ſucceſſion de tems, les bois taillis deviennent des futayes compoſées entierement d'arbres chênes.

Comme ces bois ſont pour la plûpart eſſence de bois blanc, on oblige les Exploitateurs de laiſſer un certain nombre d'étalons les mieux venans de ces eſpeces de bois, qui par leur nature ne peuvent croître que pendant environ 25 ou 30 ans ; ces étalons qu'on appelle *ſur-âgés*, appartiennent aux fruits, & ſont exploités annuellement au profit du Commandeur, ſéparément du taillis ou raſpe.

Pour bien donner à connoître de quelle maniere ſe fait l'exploitation des baliveaux *ſur-âgés*, ſuppoſons

____

(*a*) M. le Commandeur de Courcelle étoit Lieutenant général des Armées du Roi, Gouverneur de la Ville & Duché de Luxembourg.

une

une forêt de la continence de 150 arpens dont le taillis eſt coupé à l'âge de 15 ans; les baliveaux bois blanc laiſſés dans la coupe ordinaire 1755, qui alors avoient 15 ans, feront vendus & exploités après la coupe qui ſera faite en 1770, de maniere que lors de la coupe de ces baliveaux *ſur-âgés*, ils auront le double d'âge du taillis, c'eſt-à-dire 30 ans.

Les ventes des taillis, ainſi que des *ſur-âgés*, ſe fait chaque année par adjudication pardevant Notaire, à l'extinction des feux : l'adjudicataire eſt obligé de donner caution ſolvable.

Pour faire ces ventes plus avantageuſement, on eſt dans l'uſage de diſpoſer le bois à vendre de cette maniere : on fait des lots qu'on ſépare par des layes, & dont on conſtate préalablement la continence par le meſurage d'un Arpenteur-Juré; chaque lot eſt vendu ſéparément; ce qui donnant à chaque particulier la facilité d'acheter les objets de bois qui lui ſont néceſſaires, produit une plus grande concurrence entre les enchériſſeurs, & par conſéquent un prix plus conſidérable des bois en vente.

Après les adjudications paſſées, il eſt loiſible au vendeur de faire un arrangement particulier pour recevoir exactement le prix de chaque adjudication; il trouve facilement des perſonnes ſolvables, qui ſe chargent de faire le recouvrement du montant de ces adjudications, d'en faire les deniers bons au vendeur ſous une legere remiſe : ces perſonnes s'appellent *Receveurs*, il y en a nombre qui n'ont d'autre occupation.

Il eſt loiſible de faire la vente du taillis ou raſpe, con-

II. Partie.   Z

fusément avec les baliveaux *sur-âgés* , ou de faire une vente particuliere de ces baliveaux *sur-âgés* aussi-tôt que le taillis ou raspe a été exploité.

Ces baliveaux *sur-âgés* sont d'un débit aussi facile qu'avantageux ; on s'en sert à faire des perches pour les houblonnieres ; & comme il se fait dans le Pays une grande consommation de bierre , qui en est la boisson ordinaire , on y cultive de grandes continences plantées en houblons.

Les chaussées , les grands chemins , les avenues des Châteaux & Maisons, qu'on appelle vulgairement *dreves* dans le pays, sont plantées d'arbres frênes, ormes, hêtres, peupliers ; il y a même des lieux, particulierement dans la Province de Flandres , où ces avenues & ces entours des Châteaux sont plantés en chênes ; les épreuves qu'on a faites de pareilles plantations n'ayant pas eu de succès dans les autres Provinces des Pays-Bas , on s'en tient à planter des hêtres , ormes , frênes , peupliers , &c.

L'orme & le frêne est une espece de bois fort estimée , à cause du débit en bois de charronage ; on tient pour certain dans les Pays-Bas , que chacun de ces arbres rapporte année commune le revenu d'une plaquette , valant 6 s. 6 den. argent de France.

Il est permis aux Propriétaires de faire la coupe de ces plantations toutesfois & quand bon leur semble ; mais les grevés de substitution , les doüairieres & autres usufruitiers , ne peuvent vendre ces arbres de décoration , ou qui se trouvent dans les bordures & haies des héritages , que quand ils ont acquis la grosseur d'une brasse & un pied ; cette mesure est communément évaluée à sept pieds de tour.

Il eſt facile de juger par la combinaiſon de ces uſages, avec les arrangemens portés par le Réglement de Malte, que le but général étant la multiplication de l'eſpece , & la conſervation des bois , on peut aiſément ſe flatter qu'on applaudira au parti que l'Ordre a pris d'établir des regles certaines & invariables pour l'adminiſtration de ceux dépendans de ſes Commanderies , regles qui ſont également conformes aux vûes du bien public.

S'il eſt permis à chaque particulier d'adminiſtrer ſes bois de la maniere qui lui ſemble la plus avantageuſe , il doit l'être à plus forte raiſon à un Corps ſouverain , dont les revenus ſont conſacrés au bien & à l'avantage de l'humanité & de la Chrétienté ; plus ces revenus reçoivent d'augmentation , plus l'Ordre ſe trouve en état de remplir ſes engagemens envers la République Chrétienne.

Le Réglement de Malte ne contenant aucune diſpoſition qui ſoit contraire à l'eſprit , ni aux vûes des Loix , des uſages , ni à l'effet que l'obſervation de ces Loix & uſages doit produire pour l'objet du bien public ; rien ne doit empêcher que ce Réglement n'ait ſa pleine & entiere exécution à l'égard des bois dépendans des Commanderies des Pays-Bas & Principauté de Liege ; ce qui paroitra d'autant plus facile , qu'il eſt aiſé de concilier cette exécution avec les uſages de ces mêmes Pays.

Il n'eſt point contraire à ces uſages qu'il ſoit procédé au meſurage & au bornage de ces bois : qu'il en ſoit dreſſé des plans figuratifs * ; c'eſt une opération utile , néceſſaire & indiſpenſable , pour connoître l'étendue de ſa propriété , pour la conſerver dans ſon entier ; auſſi j'ose dire que le plus petit particulier ne manque jamais de la faire faire le plus exactement & le plus autentiquement qu'il est possible.

Il doit être indifférent que les Commandeurs coupent annuellement plus ou moins d'arpens de taillis ou raspe; la réserve d'un quart * de la totalité des bois est une sage précaution qui conserve à l'Ordre & au Commandeurs des ressources pour parer aux accidens imprévûs, en même tems qu'on conserve au Public un moyen d'avoir des secours dans de pareils cas.

Il paroîtra sans doute raisonnable que l'Ordre exige des Commanderies des Pays-Bas de contribuer aux avantages du Trésor sur le même pied que les autres Commanderies du Grand-Prieuré de France.

Ainsi tout concourt à exiger que la regle établie pour l'administration des bois des Commanderies de France, soit observée dans ceux dépendans des Commanderies des Pays-Bas.

Ce qui a été ci-devant observé par rapport à l'exécution des articles 1. 2. 3. 4 & 5. du Réglement de Malte, est donc applicable aux Commanderies des Pays-Bas, ainsi qu'à celles de France.

Mais comme l'Ordre peut faire par lui-même les aménagemens convenables dans les bois de ses Commanderies des Pays-Bas, il faut pour l'exécution du Réglement de Malte,

1°. Que Messieurs les Commandeurs fassent arpenter & borner ces bois par un Arpenteur-Juré, lequel dressera des plans figuratifs * de chaque partie, de leur situation, continence & confins.

2°. Que Meffieurs les Commandeurs requierent le Commiffaire des bois, à l'effet d'être par lui procédé à l'appofition du quart de réferve dans le lieu le plus propre à faire croître de la futaye.

3°. Que par ledit fieur Commiffaire il foit procedé à la fubdivifion des autres trois quarts en quinze, feize, dix-fept, ou 18 portions égales formant autant de coupes, lefquelles feront indiquées fur les plans figuratifs depuis N°. 1, jufqu'aux N°s. 15. 16. 17. ou 18.

4°. Que le quart de réferve foit féparé des trois autres quarts par des bornes qui feront plantées par ledit Arpenteur, & marquées fur le plan figuratif.

5°. Que les coupes foient féparées entr'elles par des pieds-cormiers, arbres, parois, &c. lefquels feront auffi marqués fur lefdits plans.

A l'égard de l'art. 7. qui prefcrit de laiffer dans les taillis un certain nombre de baliveaux par arpent, il eft jufte de fe conformer à l'ufage du Pays, lequel eft, ainfi que je l'ai obfervé, de réferver & conferver tous les baliveaux & brins effence de chêne.

Il eft important de faire procéder par les Mayeur, & par le Greffier de la Cour de Juftice du Commandeur, affiftés du Garde, au récolement des coupes des taillis & fur-âgés qui feront faites chaque année, par lequel récolement ces Officiers feront obligés de conftater 1°. le nombre d'arpens ou de bonniers exploités : 2°. le nombre d'arbres chênes de différens âges qui fe trouveront dans l'étendue de chaque coupe : 3°. le nombre de brins effence de chêne, qui auront été laiffés par les exploitateurs, ainfi que celui des baliveaux bois blanc, afin d'en juſtifier à Meſſieurs les Viſiteurs de l'Ordre.

Meſſieurs les Commandeurs des Commanderies des Pays-Bas & Principauté de Liege, ne peuvent donner trop d'attention à ce que leurs bois ſoient adminiſtrés ſur les principes ci-deſſus; ils ſeront récompenſés par les avantages conſidérables qu'ils en retireront annuellement.

S'il étoit poſſible à Meſſieurs les Commandeurs de ne pas comprendre les bois dans les baux à ferme, de les réſerver pour les adminiſtrer par eux-mêmes, ce ſeroit une précaution très-ſage pour la conſervation de ces bois, & très-utile pour leurs intérêts.

Pour éviter les dégradations des malveillans, des particuliers riverains, &c. il n'y a d'autre parti à prendre que d'avoir un Officier Mayeur intelligent & actif, qui faſſe obſerver exactement les placards des Souverains rendus ſur cette matiere, & d'établir un nombre ſuffiſant de Gardes.

Afin de rendre les Mayeurs & les Gardes attentifs, il ſeroit deſirable qu'au moins une fois l'an, Meſſieurs les Commandeurs viſitaſſent par eux-mêmes les bois dépendans de leurs Commanderies, accompagnés du Mayeur, des Gardes, des Fermiers. Cette précaution ſerviroit utilement pour les engager tous à remplir leurs devoirs.

A l'égard des bois néceſſaires pour les réparations des bâtimens des Commanderies; Meſſieurs les Commandeurs doivent en tout ſe conformer à ce qui a été ſtatué par les art. 13. 14. 15. 16. 17. 18. 19. 20 & 21 du Réglement de Malte du 5 Juillet 1751.

Meſſieurs les Commandeurs ne pourront faire l'exploitation des bois marqués pour les réparations, que préalablement ils n'en ayent obtenu la permiſſion du Chapitre.

Ils feront proceder au récolement par le Mayeur aſſiſté du Greffier & des Gardes, conformément à l'article 23, & juſtifieront de l'emploi des bois, ſuivant le deſir de l'article 24 de ce Réglement.

Au ſurplus, les autres articles de cette Loi, qui ſont relatifs à la Police intérieure de l'Ordre par rapport aux bois, ſont appliquables aux Commanderies ſituées dans les Pays-Bas Autrichiens, & dans la Principauté de Liege, comme aux autres Commanderies ſituées en France.

tions, qu'avec permiſſion du Chapitre.

Des Commanderies d'Alsace, dépendantes du Grand-Prieuré d'Allemagne.

CES Commanderies font Colmar, Sultz, Mullau-fen, S. Jean de Dorlisheim, Weyffembourg, Strasbourg, & Scheleftat, dont il dépend des continences de bois confidérables, partie en chênes, partie en fapins.

La Province d'Alface ayant confervé fes priviléges & ufages, l'Ordonnance de 1669, & par conféquent le Réglement de 1728, n'y font pas exécutés; les Gens de main-morte & les Particuliers ufent de leurs bois *ad libitum*, fans être gênés.

Néceffité d'une réformation des Bois d'Alface.

Meffieurs les Commandeurs y fuivent le Droit commun; & quoique le Statut 60. tit. *des Prohibitions & Peines*, dût faire pour eux une regle particuliere, il ne paroît pas jufqu'à préfent qu'ils fe foient mis en devoir de l'exécuter.

Cette partie demanderoit une réformation particuliere; elle feroit facile à faire, en obligeant Meffieurs les Commandeurs à faire appofer un quart de réferve, à régler les coupes des trois autres quarts.

L'Ordre doit y établir la même regle que dans les Pays-Bas.

Comme il n'a point été établi dans cette Province d'Officiers qui ayent jurifdiction dans les bois des Particuliers, Meffieurs les Commandeurs peuvent effectuer ces opérations de la même maniere que je viens de l'indiquer par rapport aux bois des Pays-Bas.

MM. les Com-

Il feroit auffi convenable d'affujettir Meffieurs les Commandeurs

Commandeurs à l'obſervation du Decret de 1648, & aux Bulles de 1751 & 1756, dans les diſpoſitions qui ont rapport aux ſolemnités & formalités qu'ils doivent obſerver pour obtenir les bois néceſſaires à employer aux réparations.

mandeurs ne doivent être aſſujettis à ne couper du bois pour les réparations, qu'en conſéquence de la permiſſion du Chapitre.

II. Partie.   A a

Des Commanderies dépendantes du Grand-Prieuré de Catalogne, situées en France.

LES biens dépendans des Commanderies de Maſdeu, Bajoles & Colliouvre, ſont pour la plus grande partie ſous la domination de France, & conſéquemment ſoûmis à l'exécution des Réglemens du Roi, rendus ſur le fait des bois de l'Ordre : les Commandeurs doivent donc naturellement être obligés d'exécuter les Réglemens de Malte ſur le même fait.

Comme ce que j'ai dit ailleurs par rapport aux bois des ſix Grands-Prieurés de France, milite à l'égard des Commanderies de Catalogne ; il ſeroit ſuperflu de s'étendre davantage ſur cette matiere.

Il eſt fort apparent que s'il dépend des futayes de ces Commanderies ſituées dans le Rouſſillon & dans le voiſinage des Pyrénées, elles ſont eſſence de pin, ſapin & autres eſpeces : dans ces cas Meſſieurs les Commandeurs n'auront qu'à ſe conformer au Réglement de Malte, du 17 Juillet 1756, & à ce qui a été ci-devant obſervé ſur cette matiere, page 126. & 127.

Des Visites des Bois en général.

RIEN ne peut tant contribuer à la conservation des bois, que des visites fréquentes & faites à l'improviste ; c'est un moyen sûr d'en imposer aux riverains, & d'obliger les Gardes de faire assiduement leur devoir. Utilité des Visites.

Par les articles 9 & 10 du Réglement de Malte, il est ordonné aux Grands-Prieurs, leurs Lieutenans, & à ceux qui sont commis pour faire les visites quinquenniales des Commanderies : 1°. de visiter les bois pour connoître s'ils sont dans la regle prescrite par l'Ordonnance de 1669 & de 1728 : 2°. d'examiner si dans les coupes ordinaires des taillis on a laissé le nombre de baliveaux porté par les articles 6 & 7 de l'Ordonnance de 1728 : 3°. d'examiner aussi si les Commandeurs ont repeuplé les places vagues : 4°. s'il a été commis pour la garde des bois des sujets actifs & intelligens. Visites prieurales.

Par les articles 27 & 28 de ce Réglement, il est porté, que *toutes les fois que les Commissaires des bois auront connoissance de dégradations ou autres desordres commis dans les bois, ils seront tenus de se transporter sur les lieux indiqués, pour dresser procès-verbal des délits & dégradations qu'ils y trouveront.* Visite des Procureurs-Commissaires des Bois.

Les articles 10 & 28 donnent en outre faculté aux Visiteurs & aux Commissaires des bois de nommer des Gardes là où il n'y en auroit point, pour veiller à la conservation des bois ; de destituer ceux qui par ignorance, ou négligence, ne rempliroient pas leur devoir ; Autorité de nommer des Gardes.

A a ij

de pourvoir les Gardes par eux nommés pour les mettre en état de se faire recevoir pardevant les Maîtrises, & de leur assigner des gages suffisans, que les Commandeurs seront obligés de payer.

Ces dispositions sont fondées sur les Statuts 14. 15. 16. 17. 18. 19. & 20. titre *des Commanderies*, par lesquels il est expressément ordonné aux Commandeurs d'améliorer les Commanderies dont l'administration leur a été confiée, dans les cinq premieres années de leur jouissance, & d'en maintenir les biens en bon & suffisant état ; ce qui les soumet à faire à l'égard des bois tout ce qui a été prescrit par les Ordonnances du Royaume, puisque cette partie essentielle des biens des Commanderies ne peut être *en bon & suffisant état*, qu'après y avoir fait les arrangemens prescrits par les Ordonnances de 1669 & de 1728.

Ces mêmes dispositions sont encore fondées sur les Stat. 1. 2. & 3. titre *des Visites*, par lesquels les Grands-Prieurs sont obligés de faire tous les cinq ans la visite des Commanderies, & d'ordonner tout ce qui leur paroît convenable : or l'objet de cette visite étant d'assurer la bonne administration de tous les biens qui composent les Commanderies, il étoit très-naturel dans les occurrences présentes, que le Grand-Maître & Sacré Conseil recommandassent aux Visiteurs de donner une attention particuliere à la visite des bois, afin de parvenir plus efficacement à les tenir en bon état, & dans la regle à laquelle on est astraint par les Loix du Royaume.

Ainsi à l'égard des visites des Grands-Prieurs, le nouveau Réglement ne fait que rassembler les objets sur lefquels les Vifiteurs doivent avoir attention de faire exécuter les Statuts de l’Ordre, & les Ordonnances du Royaume par rapport aux bois ; ce qui les met en état d’employer plus facilement l’autorité qui leur eft confiée, pour obliger les Commandeurs de s’acquitter dans cette partie des devoirs & des charges de leur adminif-tration.

Mais comme les Vifites Prieurales ne fe font pas régulierement tous les cinq ans, & que d’ailleurs pendant cet efpace de tems, il peut arriver des cas qui méritent l’attention d’un Commiffaire de l’Ordre, le nouveau Réglement a très prudemment établi *que le Commiffaire des bois pourra prendre connoiffance des dégradations,* afin de remédier aux caufes du defordre, pour tâcher de prévenir les Officiers des Eaux & Forêts, & d’avoir vis-à-vis d’eux une conduite fi réguliere, qu’ils foient obligés de donner des loüanges à l’adminiftration des bois de l’Ordre.

Cette confidération doit auffi engager Meffieurs les Commandeurs à vifiter les bois de leurs Commanderies pour en connoître l’état par eux-mêmes : le moyen de le faire avec fuccès, eft de faire répandre dans les bois le plus de perfonnes affidées qu’il fera poffible.

Si on découvre des délits, Meffieurs les Commandeurs demanderont aux Gardes d’où ils proviennent, & s’ils ont fait les diligences néceffaires ; fi ces Gardes ne répondoient pas pertinemment, Meffieurs les Commandeurs ne doivent pas héfiter de les remplacer par d’autres plus actifs & plus capables.

Ceux de Meffieurs les Commandeurs qui ne pour-

Juſtice des Commanderies, en qualité de Juges-Gruyers, doivent viſiter les Bois.

ront pas viſiter les bois par eux-mêmes, y ſuppléeront facilement, en ordonnant aux Officiers de Juſtice des Commanderies de faire cette viſite pluſieurs fois l'année, & ſans avertir les Gardes du jour de leur tranſport, afin de les tenir dans une incertitude continuelle qui les rende plus aſſidus dans les bois : ſi ces Officiers trouvoient que les Gardes ne rempliſſent pas leur devoir, ils ne manqueroient pas d'avertir Meſſieurs les Commandeurs, ou leurs Procureurs.

Il eſt préſentement queſtion de déterminer les fonctions & opérations que Meſſieurs les Viſiteurs doivent faire dans le cours de leur viſite ; je vais entrer à ce ſujet dans un détail particulier des moyens qui me paroiſſent les plus propres à remplir exaɛtement les intentions de la Religion.

Des Visites prieurales dans les Bois.

LOrsque Messieurs les Visiteurs, dans le cours de la visite qu'ils feront d'une Commanderie, desireront se transporter dans les bois qui en dépendent, ils prieront M. le Commandeur, & en son absence, ils ordonneront à son Procureur ou Agent, de leur exhiber les anciens & nouveaux papiers terriers, pour connoître l'étendue & situation desdits bois.

Si les bois sont dans la regle prescrite par les Ordonnances, Messieurs les Visiteurs se feront représenter les procédures d'apposition du quart de réserve, du Réglement des coupes, & les plans figuratifs; ils vérifieront si les continences portées par les anciens & nouveaux terriers, sont les mêmes que celles énoncées dans le procès-verbal des Officiers des Maîtrises *, afin de connoître s'il n'a point été oublié ou souftrait des bois.

Cette vérification préalable étant faite, Messieurs les Visiteurs prieront M. le Commandeur, ou son Procureur, & ordonneront aux Officiers de Justice de les accompagner dans les bois.

A l'égard des bois mis en regle, ils se feront d'abord conduire par le Garde dans le quart de réserve, lequel ils parcourront & circuiteront le plus exactement qu'il sera possible, pour voir si on n'y commet point de dégradations.

Ensuite ils iront dans les coupes des taillis, particulierement dans celles exploitées les cinq dernieres années; ils examineront si les baliveaux anciens & modernes ont été conservés ; si on a laissé le nombre de baliveaux de l'âge prescrit par l'Ordonnance de 1728 ; si les exploitations ont été bien faites ; si le recrû n'a point souffert des abroutissemens, ou s'il n'a pas été autrement endommagé.

Comme l'opération de compter les baliveaux peut être très-difficile, & même impossible par la force du recru des taillis, Messieurs les Visiteurs pourront se contenter de faire compter les baliveaux étant dans les deux dernieres coupes ; & pour suppléer à ce qu'ils n'auront pas pû faire dans les trois autres coupes, ils se feront représenter les procès-verbaux de récollement que les Officiers de Justice auront fait, & examineront à l'égard desdites trois premieres coupes, s'il est constaté que les Exploitateurs ayent conservé tous les baliveaux anciens & modernes, & le nombre de 25 baliveaux de l'âge du taillis par chaque arpent.

Visite des Bois qui ne sont pas en regle.

* *Nota.* Comme les mesures different à l'infini, & que Messieurs les Visiteurs pourroient ne pas avoir la facilité de réduire les mesures des Bois qu'ils visiteront, à celle du Roi, ils sont priés d'expliquer la composition de la mesure du lieu.

MM. les Visiteurs constateront les dégradations.

Si les bois ne sont pas dans la regle prescrite, Messieurs les Visiteurs doivent toujours constater les continences, ainsi qu'elles sont rapportées dans les anciens & nouveaux papiers terriers * ; ils doivent aussi se transporter dans les bois pour examiner l'état dans lequel ils sont, & vérifier quelle en est l'essence dominante ; s'ils sont suffisamment garnis de baliveaux anciens & modernes, après quoi ils ordonneront à Messieurs les Commandeurs d'exécuter dans six mois pour tout délai l'article 3 du Réglement de Malte.

Que les bois soient dans la regle prescrite, qu'ils n'y soient pas, si Messieurs les Visiteurs trouvent des dégradations, ils s'informeront le plus exactement qu'il

sera

fera poſſible d'où elles proviennent ; à cet effet ils demanderont aux Gardes s'ils ont fait des procès-verbaux de ces dégradations ; par devant qui ils en ont fait le rapport, &c. ils tâcheront de découvrir ſi ces délits n'ont pas été faits par les Receveurs-Fermiers, &c. de concert avec le Garde ; enfin après avoir approfondi autant qu'il ſera en leur pouvoir la vérité, ils ordonneront ce qu'ils trouveront convenable pour remédier promptement au mal.

S'il paroît à Meſſieurs les Viſiteurs que les Gardes ſont négligens ou incapables ; s'il eſt néceſſaire d'en augmenter le nombre ; ſi ces Gardes ne ſont pas reçus aux Maîtriſes, ils ordonneront à Meſſieurs les Commandeurs d'y pourvoir dans un court délai ; mais ſi Meſſieurs les Commandeurs étoient abſens, ou dans un éloignement qui ne permît pas d'eſperer qu'ils puſſent y pourvoir auſſi-tôt que le cas peut l'exiger, Meſſieurs les Viſiteurs peuvent le faire eux-mêmes, en conſéquence de la faculté qui leur en a été donnée par l'art. 10. du Réglement de Malte.

Gardes négligens ou incapables feront renvoyés, & remplacés par d'autres.

A l'égard des repeuplemens, il y a deux choſes à conſiderer :

Différentes choſes à conſidérer par rapport aux repeuplemens.

1°. Si les racines des bois coupés en dernier lieu pour le Vénérable commun Tréſor, ne donnent pas une certaine abondance de rejets qui faſſent eſperer que le bois ſera ſuffiſamment garni.

2°. S'il y a des places vaines & vagues précédemment employées pour la cuiſſon des charbons, ou provenantes d'incendies ou d'abroutiſſemens.

Par rapport au premier article, il faut que Meſſieurs

les Viſiteurs faſſent examiner par des perſonnes expertes en fait de bois, ſi les rejets actuels pouſſés par les racines des bois coupés, joints au ſecours de la glandée, que les dix arbres réſervés par arpent, ſemeront annuellement, promettent une abondance de bois convenable ; s'il eſt trouvé que les bois eſt en ſuffiſant état, il en ſera ſeulement fait mention.

Si au contraire les rejets laiſſent des eſpaces conſidérables, & d'une qualité qui faſſe juger que les vieilles racines ſont épuiſées, de maniere qu'on doive appréhender que les bois reſtans dans cette ſituation ne pourroient jamais être ſuffiſamment garnis, il faut conſiderer ſi on doit ſemer ou planter ces eſpaces, ou s'il eſt utile d'avoir recours à un recepage ; & en conſéquence ordonner ce qui ſera trouvé plus convenable au bien de la choſe.

Recepage ne peut être fait qu'en vertu d'Arrêts du Conſeil.

Si on prend le parti du recepage, j'obſerve que Meſſieurs les Commandeurs ne peuvent le faire ſans en avoir préalablement obtenu la permiſſion par Arrêt du Conſeil, lequel ne ſera accordé qu'à condition de faire creuſer autour des bois ſemés de bons foſſés pour garentir les jeunes plantes des abroutiſſemens.

Pour ce qui eſt du ſecond article concernant les places *vaines & vagues*, il faut examiner ſi le ſol eſt de nature à pouvoir produire du bois, & enſuite la cauſe qui a extirpé les bois de ces places ; s'il paroît à Meſſieurs les Viſiteurs que cette extirpation provient des fours faits pour la cuiſſon des charbons, de quelque incendie, ou des abroutiſſemens, il faut ordonner qu'il ſera pourvû au repeuplement deſdites places, en faiſant planter ou femer, felon qu'un de ces moyens paroîtra plus utile.

Comme les beftiaux qu'on met en pâture dans les bois, fur-tout lorfqu'ils ne font pas défenfables, font la plus fréquente caufe de leur ruine ; le bien du fervice de la Religion exige qu'il foit ordonné aux Receveurs & Fermiers de ne point faire pâturer de bœufs, vaches, chevaux, &c. dans lefdits bois, que les taillis ne foient au moins âgés de neuf ans.

Il doit auffi être fait défenfes auxdits Receveurs & Fermiers de cueillir les glands *, attendu qu'ils fervent à femer, & à multiplier les bois ; & en conféquence Meffieurs les Vifiteurs peuvent charger les Gardes de veiller à l'exécution des préceptes de leur vifite, tant à cet égard qu'à celui du pâturage, & leur ordonner de dreffer procès-verbal des contraventions, d'en rendre compte à Meffieurs les Commandeurs, & en cas d'abfence à M. le Commiffaire des Bois, pour recevoir de l'un ou de l'autre les ordres néceffaires.

Pour faciliter à Meffieurs les Vifiteurs la rédaction de leur procès-verbal fur ces différens objets ; & pour leur plus grande commodité, j'en ai dreffé un modele qu'ils trouveront ci-après, N°. 3. page 7.

Au cas que Meffieurs les Commandeurs, ou leurs Procureurs, requierent Meffieurs les Commiffaires de la vifite Prieurale de conftater l'emploi des bois dont ils auront obtenu la coupe pour faire des réparations, lefdits Commiffaires y procéderont par un procès-verbal féparé de celui de leur vifite dans la même forme que le feroit le Procureur-Commiffaire des bois lui-même ; ils voudront bien fe conformer au modele N°. 13. pag. 34.

Marginal notes:

Faire défenfes de ne laiffer pâturer les beftiaux dans les Bois que quand ils feront défenfables.

Défenfes de cueillir les glands.
* Art. 27. du tit. xxvij. *de la Police & Confervation des Bois,* de l'Ordonnance de 1669.

Meffieurs les Vifiteurs conftateront l'emploi des bois coupés pour les réparations.

Des Viſites des Commiſſaires des Bois.

Commiſſaires des Bois doivent prendre connoiſſance des délits & malverſations.

L'Article 27. du Réglement de Malte, autoriſe Meſſieurs les Commiſſaires des bois *à prendre connoiſſance des abus, délits & malverſations commis dans ceux des Commanderies, & de ſe tranſporter ſur les lieux pour en dreſſer procès-verbal, lequel étant rapporté au Vénérable Chapitre, il doit y être pourvû ſuivant l'exigence des cas.*

Ont l'autorité de deſtituer les Gardes, & d'en pourvoir d'autres à leur place.

L'art. 28. porte, *que ſi les délits & malverſations procedent du fait des Receveurs, Fermiers, ou Riverains, & que les Gardes ne juſtifient pas d'avoir fait les diligences néceſſaires;* Meſſieurs les Commiſſaires des bois ſont encore autoriſés *de pourvoir à la garde des bois, de deſtituer les Gardes incapables ou négligens, & d'en nommer d'autres à leur place, de la même maniere qu'il a été diſpoſé par l'art. 10. à l'égard des Viſiteurs.*

MM. les Commiſſaires doivent uſer avec beaucoup de circonſpection des avis qui leur ſeront donnés.

Meſſieurs les Commiſſaires des bois doivent uſer avec beaucoup de circonſpection des avis qui leur ſeront donnés; ſi ces avis partent d'une perſonne à laquelle on puiſſe avoir confiance, il ne faut pas héſiter de faire des diligences pour remédier au mal: s'ils n'étoient informés que par des écrits anonimes, il eſt de leur prudence de ne point s'y arrêter, mais auſſi de ne pas les mépriſer entierement; ils peuvent dans ce dernier cas prier quelque membre de l'Ordre, ou même quelque perſonne ſéculiere à portée des lieux, d'examiner ſi les écrits anonimes ont quelque fondement.

L'abſence de.

J'ai déjà obſervé que la plûpart des délits & malverfations procedent du fait des Receveurs & Fermiers ; que l'abfence actuelle & habituelle de Meffieurs les Commandeurs enhardit à commettre des délits dans les bois ; & les Gardes quelque zélés qu'ils puiffent être, ne fçauroient les en empêcher, parce que ces Receveurs & Fermiers ont mille reffources pour diffuader de loin Meffieurs les Commandeurs des imputations qui font faites à leur charge par les Gardes, & ils ne manquent jamais de moyens pour faire révoquer tous ceux qui les gênent, en s'acquittant bien de leurs devoirs.

MM. les Commandeurs favorife les entreprifes desFermiers dans les Bois.

Le droit qu'a le Commiffaire des bois de prendre connoiffance des délits & malverfations, doit néceffairement opérer de la part des Receveurs & Fermiers plus de circonfpection à l'avenir, qu'ils n'en ont eue par le paffé, & de celle des Gardes plus de confiance & de courage à réfifter aux entreprifes defdits Receveurs & Fermiers ; parce que dès qu'ils ont le moyen de fe faire entendre par un Juge défintereffé, prépofé par l'Ordre à la manutention de la regle, ils n'auront plus à craindre l'effet de la prévention & du crédit.

L'autorité des Commiffaires des Bois rendra les Fermiers plus circonfpects.

Lorfque Meffieurs les Commiffaires recevront des avis, ou découvriront eux-mêmes dans l'exercice de leur Charge qu'il a été commis *des délits & malverfations*, ils doivent examiner d'où ils procedent ; s'il leur paroît qu'on ait furpris quelqu'ordre ou permiffion de Meffieurs les Commandeurs, pour commettre lefdits délits, ils doivent les conftater eux-mêmes par un procès-verbal * pour en rendre compte au Vénérable Chapitre, conformément à la difpofition finale dudit art. 27.

Forme de procéder par Meffieurs les Commiffaires des Bois contre Meffieurs les Commandeurs.

* *Nota.* Oû en trouvera ci-après le modeles Nº. 6, page 19.

Si au contraire ils découvrent que les Receveurs,

Conduite qu'ils

Fermiers, ou autres Laïques ſont coupables, comme ils ne ſont pas Juſticiables des Vénérables Chapitres, il faut que Meſſieurs les Commiſſaires obligent les Gardes de verbaliſer à l'avenir contr'eux dans la forme la plus juridique, pardevant les Officiers de la Gruerie, dans les cas où les délits qu'il s'agit de pourſuivre ont été commis dans les coupes ordinaires, & pour raiſon des taillis ſeulement ; mais ſi les délits ont été commis dans les quarts de réſerve, ou à l'occaſion d'arbres futaye coupés dans les coupes, ces délits étant réputés cas royaux, les Commiſſaires obligeront le Garde de remettre ſon procès-verbal au Greffe de la Maîtriſe ; ils chargeront Meſſieurs les Commandeurs de pourſuivre les délinquans au nom de M. le Receveur de l'Ordre, pour les faire condamner aux amendes & reſtitutions qu'ils auront encourues (*a*).

Si les dégradations ſont occaſionnées par l'incapacité ou la négligence des Gardes, il faut que Meſſieurs les Commiſſaires prient Meſſieurs les Commandeurs d'y pourvoir, s'ils ſont à portée de déferer promptement à cette politeſſe ; mais s'ils étoient abſens, & éloignés de maniere qu'il y eût à craindre que le retardement n'occaſionnât des préjudices, Meſſieurs les Commiſſaires doivent alors ſe ſervir de la faculté qui leur eſt donnée par l'article 28. de deſtituer les Gardes actuels, & d'en

nommer d'autres à leur place *. Ils voudront bien en ce cas écrire à Meſſieurs les Commandeurs, pour les informer des motifs qui les ont obligés de faire ces changemens.

(*a*) *Nota.* Les amendes appartiennent au Roi ; les reſtitutions qui égalent l'amende appartiennent au commun Tréſor, raiſon pour laquelle il convient que M. le Receveur ſe rende Partie.

Je n'ai pas parlé des autres fonctions attribuées à Messieurs les Commissaires des Bois par le Réglement de Malte, pour ne pas interrompre ce que j'avois à dire concernant les visites; je vais tâcher de les détailler de maniere que Messieurs les Commissaires & Messieurs les Commandeurs soient instruits de tout ce qui est nécessaire pour l'exécution du nouvel arrangement.

Des autres fonctions de Messieurs les Commissaires des Bois.

LES fonctions de Messieurs les Commissaires des Bois pour l'exécution du Réglement de Malte, en ce qui regarde les réparations des Commanderies, font à-peu-près les mêmes que celles qui étoient attribuées à Messieurs les Commissaires du Chapitre par le Réglement de 1728.

Facilité pour obtenir les bois pour les réparations.

J'ai observé ci-devant, en parlant de ces réparations, les avantages & les convenances qui résultent pour Messieurs les Commandeurs, de l'établissement d'un Commissaire permanent dans chaque Grand-Prieuré, auquel ils puissent avoir recours dans des cas urgens. Le Grand-Maître & sacré Conseil considérant combien il est important de remplir l'objet des réparations, ont remédié à tous les inconvéniens qui pouvoient résulter du retardement de la délivrance des bois, en donnant pouvoir aux Procureurs-Commissaires de déléguer celui ou ceux de Messieurs les Commandeurs qu'ils trouveront à propos ; lesquels Délégués se conformeront en cette partie à tout ce qui a été prescrit aux Commissaires des Bois.

Pouvoir de déléguer.
Art. 30. du Réglement.

Modele des Lettres de délégation, Nᵒ. 10. p. 26.

MM. les Commandeurs prieront M. le Commissaire de se transporter sur les lieux.
Art. 13. du Réglement.

Ainsi lorsque Messieurs les Commandeurs auront besoin de bois pour les réparations de leurs Commanderies, ils écriront à M. le Procureur-Commissaire, pour le prier d'aller visiter les lieux qu'il est question de réparer, & de marquer ensuite les bois nécessaires.

Et

Et comme M. le Procureur-Commissaire, par maladie, Ou de déléguer. incommodité, ou autrement, pourroit ne pas être en état de se transporter en personne, Messieurs les Commandeurs doivent par la même Lettre prévenir ce cas, en marquant à M. le Commissaire que s'il trouve à propos de déléguer, il veuille bien adresser ses Lettres de délégation à *N. N.* celui qui se trouvera plus à portée de remplir diligemment la commission.

M. le Commissaire ou son délegué étant arrivé sur les lieux, doit nommer un ou plusieurs Experts à qui il fera prêter serment, &c. il procédera avec l'Expert à la visite des lieux que M. le Commandeur proposera de faire réparer, en dressera procès-verbal, lequel contiendra un devis estimatif des réparations, & le nombre d'arbres de telle qualité & de telles proportions qu'on doit y employer.

Forme pour constater les réparations. Articles 14. 15. 16. 17. 18. & 19. du Réglement.

Ensuite il s'informera de M. le Commandeur, s'il est présent, & s'il est absent, de son Procureur, des Receveurs, Fermiers & Gardes, s'il y a des arbres épars dans les fonds, ou dans les haies ; s'il y en a, il ira avec l'Expert Charpentier les reconnoître, pour voir s'ils peuvent servir aux réparations ; s'ils sont trouvés bons, il les fera marquer du marteau de l'Ordre.

Pour la marque des bois.

Si M. le Commissaire, ou son délegué, ne trouve pas dans les arbres épars & dans les haies le nombre suffisant, & de la qualité nécessaire pour les réparations, il se transportera, toujours accompagné de l'Expert, dans les bois de la Commanderie ; il reconnoîtra les arbres qui se trouveront dans les chemins & dans les li-

II. Partie. C c

zieres , & marquera ceux qui feront propres aux réparations.

Si le nombre d'arbres marqués épars dans les haies,
dans les chemins & lizieres des bois, ne rempliſſent pas
celui porté par le devis, M. le Commiſſaire, ou ſon
délegué, ſe tranſportera dans la coupe ordinaire de l'année , & ſucceſſivement dans les deux dernieres & deux
premieres coupes, où il marquera des arbres juſqu'à ce
que le nombre des proportions & dimenſions portées
par le devis ſoit effectué.

Si dans les endroits ci-deſſus indiqués , il ne ſe trouve
pas le nombre d'arbres néceſſaire, M. le Commiſſaire,
ou ſon délegué, cherchera dans les autres parties du bois
les arbres manquans, & les marquera dans les lieux où
on peut les couper avec moins de dommage.

Il faut avoir grande attention de bien expliquer les
endroits où les arbres ont été trouvés & marqués ſuccef-
ſivement, en obſervant de parler d'abord dans le procès-
verbal des arbres épars & dans les haies ; enſuite de ceux
dans les chemins & lizieres, de ceux dans les coupes des
taillis, &c. & d'entrer dans le détail de la nature, qualités, & proportions des arbres marqués, le tout afin
que le martelage ſoit entierement relatif au devis des
réparations.

Si M. le Commiſſaire ou ſon délegué ne trouve ni
dans les arbres épars dans les haies, chemins & lizieres,
ni dans les coupes des taillis les arbres des dimenſions
& proportions néceſſaires pour les employer en nature
aux réparations, il doit prendre le parti de faire eſtimer
par l'Expert les bois qu'on a jugé par le devis devoir

être employés ; en conséquence il marquera dans les endroits ci-deſſus un nombre d'arbres qu'il fera pareillement eſtimer par ledit Expert, d'une valeur à peu près égale à la ſomme, à laquelle les bois demandés par ledit devis auront été eſtimés, & dira que ſon avis eſt ſous le bon plaiſir du Vénérable Chapitre ; qu'il ſoit permis à M. le Commandeur de vendre les arbres marqués, pour le prix en provenant être employé ſans divertiſſement à l'achat des bois propres à faire leſdites réparations, conformément au devis.

M. le Commiſſaire ou délegué, après avoir ſigné & fait ſigner ſon procès-verbal par l'Expert, ou les Experts qui l'auront aſſiſté, l'enveloppera ſous un pli cacheté de ſes armes, & l'adreſſera ſans retardement au premier Chapitre ou Aſſemblée provinciale. Défenſes lui ſont faites de remettre ledit procès-verbal en d'autres mains qu'en celles du Chapitre.

Pour la plus grande facilité de Meſſieurs les Commiſſaires, ils trouveront un modele dudit procès-verbal, ci-après N°. XI. page 28.

Les réparations étant faites, Meſſieurs les Commandeurs écriront à M. le Commiſſaire des Bois, pour le prier de ſe tranſporter de nouveau ſur les lieux, afin de conſtater par un procès-verbal l'emploi de ceux accordés, ou de déléguer dans la même forme qu'il a été dit ci-deſſus.

M. le Commiſſaire, ou Délégué, prendra un ou pluſieurs Experts, à l'aide deſquels il examinera l'emploi des bois, & en dreſſera procès-verbal ſuivant le modele çi-après, N°. XIII. page 34.

C c ij

Art. 20. du Réglement.
Les Commiſſaires, ou Délégués, adreſſeront leur procès-verbal cacheté au Chapit.
Art. 22.
Art. 24. Idem.
Forme de conſtater l'emploi des bois.

MM. les Viſi-
teurs & les Com-
miſſaires des amé-
lioriſſemens peu-
vent conſtater
l'emploi des bois.

Dans le cas où les amélioriſſemens ne ſeroient pas faits, ou ſi la viſite Prieurale devoit bientôt être faite dans la Commanderie, M. le Procureur - Commiſſaire des Bois n'aura pas beſoin de faire un ſecond voyage, attendu que Meſſieurs les Commiſſaires des Amélioriſſemens ou Meſſieurs les Viſiteurs conſtateront par leur procès-verbal l'emploi des bois, ce qui remplira entierement l'objet de la Religion.

Il ſera fait trois
expéditions du
procès-verbal.

De quelque maniere que l'emploi des bois ſoit conſtaté, il doit être fait trois expéditions du procès-verbal ; la premiere pour être adreſſée au vénérable Chapitre ; la ſeconde à M. l'Agent général de l'Ordre ; & la troiſieme remiſe à M. le Commandeur, pour la faire dépoſer au Greffe de la Maîtriſe du reſſort.

Des fonctions de M. l'Agent général de l'Ordre.

L'Objet de Malte étant d'épargner à Meſſieurs les Commandeurs des peines, des ſoins & des dépenſes, il a été ordonné par l'article 21. du Réglement, qu'en conſéquence de la Délibération du vénérable Chapitre ſur le procès-verbal du Commiſſaire des Bois, M. l'Agent général de l'Ordre préſentera Requête au Conſeil du Roi, au nom de Meſſieurs les Commandeurs, & à leurs frais, afin d'obtenir l'Arrêt de permiſſion néceſſaire pour couper les arbres marqués.

On a vû ci-devant que l'abus qu'on a fait de la faculté de prendre des bois pour les réparations, a donné lieu à de grandes plaintes contre l'adminiſtration de Meſſieurs les Commandeurs : le Grand-Maître & ſacré Conſeil voulant prendre toutes les précautions poſſibles pour éviter qu'on n'en meſuſe à l'avenir, ont ſagement diſpoſé * que Meſſieurs les Commiſſaires des Bois adreſſeront audit Agent général une des trois expéditions qui doivent être faites du procès-verbal de l'emploi des bois, afin que cet Officier ſoit toûjours en état,

1°. De juſtifier au Conſeil que Meſſieurs les Commandeurs rempliſſent exactement tout ce qui leur a été preſcrit.

2°. Au cas que les Commandeurs ſucceſſeurs ſe portent à demander des bois, & que le vénérable Chapitre leur en accorde, ſans examiner ſi les réparations qui ſont le prétexte de la demande, ont été faites par le Commandeur prédéceſſeur; avant de préſenter au Con-

M. l'Agent chargé d'obtenir l'Arrêt de permiſſion de couper.
Art. 21. du Réglement.

* Art. 23.

feil la Requête à l'effet d'obtenir l'Arrêt de permiſſion de couper, ledit Agent général doit ſe ſervir dudit procès-verbal d'emploi des bois, pour connoître ſi effectivement les réparations qu'on propoſe de faire, ne ſont pas les mêmes qui ont été faites par le Commandeur prédéceſſeur; & ſi par la combinaiſon des tems il a lieu de préſumer que les réparations ci-devant faites doivent exiſter, il aura ſoin de faire au vénérable Chapitre des repréſentations convenables, afin d'éviter que les Officiers des Maîtriſes, qui auront dans leur Greffe des expéditions de ces procès-verbaux d'emploi, ne relevent un pareil abus.

M. l'Agent adreſſera à M. le Commandeur l'Arrêt & pieces.

Lorſque M. l'Agent général aura obtenu l'Arrêt de permiſſion, il l'adreſſera à M. le Commandeur, avec toutes les pieces ſur leſquelles cet Arrêt ſera intervenu. M. le Commandeur aura ſoin de conſerver ces pieces, pour les repréſenter à ceux qui feront le procès-verbal qui conſtatera l'emploi des bois.

De la Jurisdiction des Officiers de Justice des Commanderies, en qualité de Juges-Gruyers, dans les Bois en dépendans.

PAR Edit du mois de Mars 1707, enregistré au Parlement le 10 Mai suivant, le Roi créa des Offices de Juge-Gruyer, de Procureur du Roi, & Greffier, pour être établis en chacune des Justices des Seigneurs ecclésiastiques & laïcs du Royaume, dont voici la teneur :

« LOUIS, par la grace de Dieu, Roi de France   *Edit de création*
» & de Navarre : A tous présens & à venir, Sa- *des Officiers-*
» lut. En rendant notre Ordonnance des Eaux & Fo- *Gruyers, du mois*
» rêts, du mois d'Août 1669, nous avions espéré pour- *de Mars 1707.*
» voir également à la conservation des bois des Ecclé-
» siastiques, des Communautés, & des Particuliers,
» comme à ceux qui nous appartiennent, & les mettre
» pour toujours en état de trouver dans la libre disposi-
» tion de leurs bois, les secours dont ils peuvent avoir
» besoin ; néanmoins nous avons été informés qu'il se
» commet dans l'exploitation desd. bois, & dans toute la
» matiere des Eaux & Forêts desdits Ecclésiastiques,
» Communautés & Particuliers, des malversations &
» contraventions si considérables, qu'ils sont entiere-
» ment ruinés & dégradés, & que cela provient de ce
» qu'ils n'ont point d'Officiers qui puissent en réprimer
» les abus, *ceux de nos Eaux & Forêts n'en pouvans*
» *connoître, s'ils n'en sont préalablement requis par*

» *l'une ou l'autre des Parties* *; ni les Juges des Sei-
» gneurs en informer, s'ils ne font fondés en titres con-
» firmés par nos Lettres, fous les peines de nullité de
» leur procédure, & de 500 liv. d'amende. Et s'il arri-
» ve quelquefois que les Propriétaires des bois entre-
» prennent de pourfuivre devant lefdits Juges des Sei-
» gneurs les réparations des délits commis dans leurs
» bois & rivieres, les Accufés les arrêtent auffi-tôt par
» les défenfes qu'ils furprennent aux Maîtres particu-
» liers, fous prétexte *de prévention* ou de *concurrence*
» que les uns prétendent avoir fur les autres; fi-bien
» qu'au lieu d'obtenir la réparation du préjudice qu'ils
» en fouffrent, ils fe trouvent engagés en des conflits de
» Jurifdictions, ou des appellations comme de Juges in-
» compétens, qui les confomment en frais de procédu-
» re, & donnent par leurs longueurs les moyens aux
» Accufés de faire périr les preuves, & d'éviter la pu-
» nition de leurs malverfations; nous avons eftimé de-
» voir chercher les moyens de remédier à ces abus; &
» entre tous ceux qui nous ont été propofés, celui d'éta-
» blir en faveur des Seigneurs une Jurifdiction pour con-
» noître dans l'étendue de leurs Juftices & Seigneuries,
» de tout ce qui peut concerner la matiere des Eaux &
» Forêts; & de créer à cet effet dans chacune d'icelles
» un Juge-Gruyer, *pour y exercer fur les Bois, Eaux*
» *& Forêts defdits Eccléfiaftiques, Communauté & Par-*
» *ticuliers, les mêmes & femblables fonctions que nos*
» *Officiers font dans nos Bois, Eaux & Forêts;* un
» Procureur pour requérir, & un Greffier pour l'expé-
» dition des Sentences ou Ordonnances defdits Siéges,
» nous

» nous ont paru d'autant plus convenables, que *nos Of-*
» *ficiers ne prennent aucune connoissance des Eaux &*
» *Forêts dans l'étendue des terres des Seigneuries de no-*
» *tre Royaume, & qu'ils ne reçoivent aucuns salaires*
» *ni droits à ce sujet.*

» A CES CAUSES, & autres à ce nous mouvant, de
» notre certaine science, pleine puissance & autorité
» royale, nous avons par ce présent Edit perpétuel &
» irrévocable, créé & érigé, créons & érigeons en titre
» d'Office formé & héréditaire, un notre Conseiller-
» Juge - Gruyer, un notre Conseiller - Procureur pour
» nous, & un Greffier, pour être établis en chacune des
» Justices des Seigneuries ecclésiastiques & laïques de
» notre Royaume, Pays, Terres & Seigneuries de no-
» tre obéissance.

1. Création desdits Offices.

» Voulons & ordonnons que lesdits Officiers pré-
» sentement créés, exercent dans lesdites Justices les
» mêmes fonctions qu'exercent nos Gruyers dans nos
» Eaux & Forêts; & en outre connoissent en premiere
» instance, à l'exclusion des Maîtres Particuliers, Table
» de Marbre, & tous autres Juges ordinaires Royaux,
» de toutes affaires & matieres concernant les Eaux &
» Forêts, usages, délits, abus, dégradations, & mal-
» versations sur iceux, de tous différends sur la chasse
» & la pêche, du fait des marais, patis, communes,
» landes, écluses, moulins, larcins de poisson & de
» bois, querelles, excès & assassinats commis à l'occa-
» sion de ce.

2. Aux mêmes fonctions que les Gruyers royaux.

3. Matieres dont ils connoitront.

» Jugeront de tous ces délits, & condamneront les
» contrevenans aux amendes portées par notre Ordon-

4. Leurs Sentences exécutées nonobstant l'ap-

II. Partie. D d

pel, pour les condamnations qui n'excéderont pas la somme de 12 liv.

5. Feront l'affiete, martelage & récolement des Bois de leur reffort.

6. Feront obferver l'Ordonnance de 1669.

7. Vifiteront lefdits Bois au moins deux fois l'année.

8. Recevront le ferment des Sergens & Gardes.

» nance de 1669 : les conclufions du Procureur pour
» nous préalablement prifes, leurs Sentences feront exé-
» cutées par provifion, nonobftant l'appel, & fans pré-
» judice d'icelui, pour les condamnations pécuniaires
» qui n'excéderont la fomme de douze livres.

» Feront lefdits Juges-Gruyers l'affiete, martelage
» & récolement des ventes des bois du reffort de la Ju-
» rifdiction, ou des Seigneuries où ils feront établis,
» ainfi que les Grands Maîtres, Maîtres Particuliers ou
» Gruyers, ont coutume de faire dans nos Forêts, &
» mettront les adjudicataires en poffeffion des adjudica-
» tions qui auront été faites des bois appartenans aux
» Seigneurs laïcs.

» Leur enjoignons d'y faire obferver notredite Or-
» donnance de 1669, fuivant fa forme & teneur, &
» fous les peines y portées.

» Voulons que lefdits Juges-Gruyers vifitent à cet
» effet au moins deux fois l'année lefdits bois, en la
» même forme & maniere que les Officiers des Maîtrifes
» doivent proceder à la vifite de nos bois, pour y faire
» les mêmes obfervations des délits, dégradations, dé-
» gâts, abroutiffemens, malverfations, abattis, ou ob-
» miffions de baliveaux, pieds corniers, arbres de li-
» ziere & autres réfervés, bornes, foffés, & générale-
» ment de tout ce qui aura été fait contre l'Ordre établi
» dans nos bois & Forêts par notredite Ordonnance.

» Voulons pareillement qu'ils reçoivent à ferment
» les Sergens à gardes après l'information de leur vie &
» mœurs, ainfi qu'il eft porté par l'art. 11 de ladite Or-
» donnance au titre *des Huiffiers*, fur les procès-verbaux

» defquels les délinquans pourront être condamnés aux
» amendes portées par les Ordonnances & Réglemens,
» fans qu'il foit befoin d'autres preuves ni informations,
» pourvû que les Parties accufées ne propofent point
» de caufes fuffifantes de récufation.

» Feront lefd. Juges-Gruyers préfentement créés dans
» les Eaux & Forêts defdits Seigneurs tant Eccléfiafti-
» ques, Réguliers, Séculiers, que Laïcs, & dans
» ceux des Communautés généralement & fans aucune
» exception, tout ce que font & exercent dans nos
» Eaux & Forêts nos Maîtres Particuliers & autres nos
» Officiers.

9. Feront dans les Eaux & Forêts des Seigneurs tout ce que les Maitrifes font dans les Eaux & Forêts du Roi.

» Leur permettons de faire la taxe des épices & droits
» qui leur feront acquis pour l'inftruction & jugement
» des Procès qu'ils auront jugés & inftruits fur le fait
» des Eaux & Forêts, chaffe & pêche, en la maniere
» que font les Juges defdits Seigneurs pour les autres
» caufes de leur Jurifdiction.

10. Permis de taxer leurs épices.

» Pour éviter la multiplicité des dégrés de Jurifdic-
» tion, nous voulons & entendons que l'appel des Or-
» donnances & Jugemens defdits Juges-Gruyers, foit
» relevé directement en nos Maîtrifes particulieres, dans
» le reffort defquelles lefdits Juges-Gruyers feront éta-
» blis.

11. L'appel des Sentences relevé en la Maîtrife particuliere du reffort.

» Jouiront ces nouveaux Officiers des gages fur le
» pied du denier 30. de la finance qu'ils en payeront
» en nos revenus cafuels, dont il fera fait fonds dans nos
» états de la recette générale de nos finances, ou do-
» maines, pour en être le payement fait à celui qui fera
» par nous chargé de l'exécution du préfent Edit, juf-

» qu'à ce que leſdits Offices ayent été vendus par les
» Tréſoriers-Receveurs en exercice, ſur les ſimples quit-
» tances qui leur ſeront paſſées , & allouées dans les
» états & comptes ſans difficulté ; & après la vente
» deſdits Offices, les pourvûs d'iceux recevront leſdits
» gages ſur leurs ſimples quittances en la forme ordi-
» naire.

12. Attribution des droits de vacation. Au Juge-Gruyer 6 liv. Au Procureur & au Greffier, à chacun 4 liv.

» Jouiront les pourvûs deſdits Offices de Juges-
» Gruyers de ſix livres par vacation lors de la viſite &
» récolement deſdits bois, & de la miſe de poſſeſſion
» des ventes ; & les pourvûs des Offices de Procureurs
» pour nous, & de ceux de Greffiers, des deux tiers de
» chacun quatre livres auſſi par vacation ; jouira en
» outre le Greffier de cinq ſols par rolle de groſſe de ſes
» expéditions : leſquels droits ſeront payés auxdits Of-
» ficiers, ou à ceux qui y ſeront commis, par le prépoſé
» pour l'exécution du préſent Edit, en attendant qu'ils
» ayent été vendus par les adjudicataires ; ou à défaut
» par les propriétaires exploitans , ou faiſant exploiter
» leſdits bois, leurs Commis ou Fermiers.

13. Réception aux Maîtriſes ſans frais.

» Voulons que ſur les quittances du Tréſorier de nos
» revenus caſuels, ou ſur celles du marc d'or dûement
» controllée , toutes proviſions ſoient expédiées & ſcel-
» lées en notre grande Chancellerie, aux porteurs d'i-
» celles, pour être les pourvûs deſdits Offices reçus au
» Siége le plus prochain de nos Maîtriſes particulieres,
» & y prêter le ſerment en tel cas requis & accoutumé,
» le tout ſans frais.

14. Faculté aux Seigneurs d'ac- quérir leſd. Offi-

» Les Seigneurs Eccléſiaſtiques & Laïcs , & les
» Communautés ſéculieres & régulieres, pourront ac-

» quérir leſdits Offices, & les réunir à leur haute Juſ-
» tice, les faire exercer par leurs Juges, ou par tels au-
» tres qu'ils aviſeront bon être; & nous leur en avons
» accordé la préférence pendant trois mois, du jour de
» la publication du préſent Edit, paſſé lequel tems ils
» feront déchus de toute préférence, & leſdits Offices
» pourront être acquis, ſoit par les Seigneurs de leurs
» dépendances, ou par toutes ſortes de perſonnes gra-
» duées ou non graduées, ſans incompatibilité avec tous
» autres Offices, ni dérogeance à nobleſſe; & en cas
» que leſdits Seigneurs réuniſſent leſdits Offices à leurs
» Seigneuries, en vertu de la préférence que nous leur
» en avons accordée, nous les avons diſpenſés de pren-
» dre ni de faire prendre à ceux qu'ils nommeront pour
» les exercer aucunes proviſions en notre grande Chan-
» cellerie; leur permettons de les faire exercer ſur leurs
» Commiſſions, en vertu du préſent Edit, & des quit-
» tances du Tréſorier de nos revenus caſuels; & feront
» les appellations des Jugemens & Sentences rendus par
» les Juges des Seigneurs qui auront réuni à leur Juſtice
» leſdits Offices, relevées & portées pardevant les Offi-
» ciers de la Maîtriſe particuliere du reſſort. Au refus
» deſdits Seigneurs de réunir ou acquérir leſdits Offices
» de Gruyers, nous permettons aux Juges ou autres
» Officiers deſdites Juſtices Seigneuriales, d'en payer
» la finance, & s'en faire pourvoir; auquel cas ils ne
» pourront être deſtitués des fonctions dont ils feront
» en poſſeſſion dans les Juſtices deſdits Seigneurs, qu'en
» leur rembourſant par eux préalablement comptant,
» la finance & deux ſols pour livre qu'ils auront payés

» en nos coffres pour acquérir lefdits Offices de Juges-
» Gruyers, frais & loyaux coûts.

15. Défenfes aux Officiers des Maîtrifes de troubler les Juges-Gruïers dans leurs fonctions.

» Défendons aux Maîtres particuliers, ou autres Ju-
» ges des Eaux & Forêts, de troubler ces nouveaux Of-
» ficiers dans leurs fonctions, & de prendre connoif-
» fance à l'avenir defdites matieres des Eaux & Forêts
» en premiere inftance, & aux Parties & Procureurs
» de fe pourvoir pardevant eux, à peine de nullité des
» Jugemens & autres procédures, dépens, dommages
» & intérêts, & de 300 liv. d'amende pour chacune
» contravention, applicable la moitié aux Pauvres,
» l'autre aux Juges-Gruyers.

16. Les Procès indécis feront remis aux Juges-Gruyers.

» Enjoignons aux Greffiers qui fe trouveront faifis
» des procès concernant le fait des Eaux & Forêts,
» pêche & chaffe defdits Seigneurs, & autres Particu-
» liers de l'étendue de leurs Seigneuries, demeurés in-
» décis lors de l'enregiftrement du préfent Edit, de les
» remettre aux Greffes defdits Seigneurs, pour être ju-
» gés par lefdits Juges-Gruyers ; à quoi faire voulons
» que lefdits Greffiers foient contraints comme dépofi-
» taires.

17. Défenfes de faire la vente des Bois qu'en préfence defd. Officiers-Gruyers.

» Faifons défenfes à tous Seigneurs Eccléfiaftiques
» & Laïques de faire à l'avenir aucune vente ni adju-
» dication dans leurs Forêts, Bois & Buiffons, foit de
» futaye ou de taillis, qu'en préfence des Juges-Gruyers,
» Procureurs pour nous & Greffiers, ou eux dûement
» appellés, & d'en faire faire par d'autres que par eux
» l'affiete, martelage, & récolement, à peine de 500
» liv. d'amende, & aux adjudicataires de faire couper
» lefdits bois qu'après avoir été mis en poffeffion par
» lefdits Officiers.

» Enjoignons auxdits Juges-Gruyers, Procureurs
» pour nous & Greffiers, de faire un mois après leur
» réception la visite des bois & forêts de leur ressort,
» pour dresser leurs procès-verbaux de l'état d'iceux,
» & des délits, abus, & malversations qui s'y trouve-
» ront commis, sur lesquels sera par nous pourvû en
» connoissance de cause, conformément à notre Or-
» donnance de 1669. Voulons aussi qu'il leur soit payé
» 3 liv. pour chaque baliveau qui n'aura pas été réservé
» dans les bois que les propriétaires ont exploités, ou
» fait exploiter depuis & compris l'année 1675. à la
» charge néanmoins que ceux desdits Seigneurs pro-
» priétaires, ou Communautés qui réuniront lesdits Of-
» fices à leur Justice, ou qui les acquerront, demeure-
» ront déchargés & dispensés du payement desd. 3 liv.
» par baliveau pour les bois à eux appartenans, ou qui
» seront situés dans l'étendue de leur Justice.

 » Jouiront les acquéreurs de ces nouveaux Offices
» de l'exemption effective du logement des gens de
» guerre, de la Milice, eux & leurs enfans, de tutelle,
» curatelle, & autres charges publiques.

 » Permettons à celui qui sera chargé de la vente
» desdits Offices, de commettre personnes capables à l'e-
» xercice d'iceux, à la charge par lui d'en demeurer
» civilement responsable.

 » Les Seigneurs des terres situées dans nos Capitai-
» neries Royales, qui réuniront lesdits Offices, ne pour-
» ront faire connoître par les Juges qu'ils pourront ins-
» tituer, du fait de la chasse.

 » Voulons que ceux qui auront prêté le prix desdits

18. Tems dans lequel on fera les visites.

19. Exemptions attribuées auxd. Officiers.

» Offices, ou partie d'icelui, ayent un privilége, tant
» ſur leſd. Offices que ſur les gages & droits y attribués,
» par préférence à tous créanciers ; auquel effet mention
» en ſera faite dans les quittances du Tréſorier de nos
» revenus caſuels. Si donnons en mandement, &c. Don-
» né à Verſailles, au mois de Mars, l'an de grace 1707,
» & de notre regne le ſoixante - quatrieme. *Signé*,
» LOUIS. *Et plus bas*, Par le Roi, PHELYPPEAUX.
» *Viſa*, PHELYPPEAUX. Vû au Conſeil, CHAMIL-
» LART. Et ſcellé du grand ſceau de cire verte, en lacs
» de ſoie rouge & verte ».

Enregiſtré en Parlement le 7 Mai 1707.

On voit que toutes les diſpoſitions de cet Edit ten-
doient à engager les Seigneurs eccléſiaſtiques, laïcs,
Corps & Communautés, à acheter les Charges de Juge-
Gruyer, de Procureur du Roi, & de Greffier. On con-
courut au deſir du Légiſlateur ; ce qui donna lieu à la
Déclaration ci-après, donnée à Marly le premier Mai
1708, portant réunion de ces Offices à toutes les Juſtices, Terres & Seigneuries du Royaume.

Déclaration de
1708, portant
réunion des Offi-
ces de Gruyer
aux Juſtices des
Seigneurs.

» LOUIS, par la grace de Dieu, Roi de France
» & de Navarre : A tous ceux qui ces préſentes
» Lettres verront, Salut. Par notre Edit du mois de
» Mars 1707, nous avons créé des Offices de nos Con-
» ſeillers - Juges - Gruyers, Procureurs pour nous, &
» Greffiers, pour être établis en chacune des Juſtices
» des Seigneurs eccléſiaſtiques & laïcs de notre Royau-
» me, Pays, Terres & Seigneuries de notre obéiſſance,
» pour

» pour faire les fonctions & jouir des gages & droits
» portés par notredit Edit , même de 3 liv. par chacun
» baliveau qui n'aura pas été réfervé dans les coupes des
» bois que les Propriétaires ont exploités ou fait exploi-
» ter depuis & compris l'année 1675 ; à la charge néan-
» moins que ceux defdits Seigneurs , Propriétaires ou
» Communautés qui réuniront lefdits Offices à leurs
» Juftices , ou qui les acquerront , demeureront déchar-
» gés & difpenfés du payement defdits baliveaux pour
» les bois à eux appartenans , ou qui feront dans leurs
» Juftices ; à l'effet de quoi nous aurions accordé auxd.
» Seigneurs la faculté de réunir lefd. Offices , gages &
» droits à leurs Terres & Seigneuries , avec la préféren-
» ce pendant trois mois du jour de la publication de
» notredit Edit : en conféquence de laquelle faculté
» plufieurs des Seigneurs qui ont été informés de cette
» création , ont réuni lefdits Offices à leurs Juftices ;
» mais d'autres qui n'ont pû l'être affez à tems , n'ayant
» point obtenu ladite réunion , & fe trouvant dans le
» cas de l'exclufion portée par ledit Edit , ils nous au-
» roient très-humblement fupplié de vouloir bien leur
» accorder la même grace qu'à ceux qui ont acquis &
» réuni lefdits Offices , aux offres par eux faites d'en
» payer la finance , qui fera réglée proportionnément à
» la valeur de ces Offices ; ce que nous aurions eftimé
» devoir leur accorder , d'autant plus qu'en les mettant
» à couvert des inquiétudes que cet établiffement leur
» peut caufer , & rendant la chofe uniforme fur cette
» matiere , nous recevrons toûjours le fecours que nous
» avons efpéré de la vente de ces Offices. A CES

II. Partie.   E e

„ CAUSES & autres à ce nous mouvans, de notre cer-
„ taine science, pleine puissance & autorité Royale,
„ nous avons par ces Présentes signées de notre main,
„ dit & déclaré, disons & déclarons, voulons & nous
„ plaît, que les Offices de nos Conseillers - Juges-
„ Gruyers, Procureurs pour nous & Greffiers créés
„ par notre Edit du mois de Mars 1707, ensemble les
„ fonctions & les droits y attribués, soient & demeu-
„ rent réunis, comme nous les réunissons par ces Pré-
„ sentes, *à toutes les Justices, Terres & Seigneuries Ec-*
„ *clésiastiques & Laïques de l'étendue de notre Royau-*
„ *me, Pays, Terres & Seigneuries de notre obéissance,*
„ *soit haute, moyenne ou basse, ou sous tel titre qu'elles*
„ *soient établies & érigées ; pour être à l'avenir les fonc-*
„ *tions desdits Offices faites par les Juges & Officiers*
„ *desdites Justices, ou par tels autres que les proprié-*
„ *taires desdites Terres & Seigneuries y voudront nom-*
„ *mer ou commettre,* ainsi & comme il est porté par
„ ledit Edit ; & jouir par lesdits Juges ou particuliers
„ qui seront choisis par lesdits Seigneurs, de tous les
„ droits, émolumens, vacations, priviléges, exemp-
„ tions & autres facultés, portés par ledit Edit, sans
„ aucune différence, changement ni diminution, sinon
„ des gages portés par ledit Edit, que nous en avons ex-
„ pressément retranchés & supprimés. Pourront lesdits
„ Seigneurs desunir lesdits Offices présentement unis à
„ leurs Justices, si bon leur semble, & les vendre à telle
„ personne & pour tel prix, clauses & conditions qu'ils
„ jugeront bon être, le tout en payant par eux la finan-
„ ce de ladite réunion, & les deux sols pour livre d'i-

„ celle, fur le pied & ainfi qu'elle fera fixée par les
„ rolles qui en feront arrêtés en notre Confeil, moitié
„ comptant, & l'autre moitié dans deux mois du jour
„ de la fignification qui leur en fera faite, autrement &
„ à faute de quoi ils y feront contraints ainfi & comme
„ il eft accoutumé pour nos deniers & affaires par les
„ mêmes voies. Leur permettons d'emprunter les fom-
„ mes néceffaires pour l'acquifition defdits Offices &
„ droits y attribués, & de les affecter & hypothéquer
„ par privilége & préférence à tous autres créanciers
„ pour fûreté defdits emprunts, à l'effet de quoi men-
„ tion en fera faite dans les quittances qui leur en feront
„ expédiées par le Tréforier de nos revenus cafuels, &
„ dans celles des deux fols pour livre. Voulons que
„ pour celles defdites Juftices, Terres & Seigneuries
„ qui fe trouveront faifies réellement, la finance de ladite
„ réunion, & les deux fols pour livre d'icelle, foient
„ payées par le Commiffaire aux Saifies Réelles, fur le
„ prix des baux judiciaires, par préférence à tous
„ créanciers, même aux Parties faifies; à quoi faire
„ feront lefdits Commiffaires aux Saifies Réelles con-
„ traints en vertu des Préfentes; comme il eft accou-
„ tumé pour nos deniers & affaires, moyennant quoi
„ ils en feront bien & valablement quittes & déchar-
„ gés, & lefdites fommes leur feront paffées &
„ allouées dans les comptes qu'ils rendront de leurs
„ Commiffions, en rapportant les quittances de finance
„ & deux fols pour livre defdits Offices. Déchargeons
„ & difpenfons tous Seigneurs Eccléfiaftiques ou Laïcs
„ qui auront payé la finance ordonnée pour la réunion

„ portée par ces Préſentes, du payement ordonné être
„ fait par notredit Edit, de trois livres par chacun ba-
„ liveau qui n'aura pas été réſervé dans leurs bois & de
„ toutes recherches pour raiſon de ce. Si donnons en
„ mandement, &c. Donné à Marly le premier jour
„ de May, l'an de grace 1708, & de notre Regne le
„ 65ᵉ. *Signé* LOUIS. *Et plus bas*, par le Roi, PHE-
„ LYPEAUX. Vû au Conſeil, DESMARETZ. Et ſcellé du
„ grand ſceau de cire jaune.

Enregiſtré en Parlement le 16 May 1708.

En conſéquence de cette Déclaration, l'Ordre abon-
na la finance des Offices de Juge-Gruyer, Procureur
du Roi & de Greffier, réunis aux Juſtices de ſes Commanderies. Il fut rendu l'Arrêt du Conſeil, dont la teneur ſuit.

Extrait des Regiſtres du Conſeil d'Etat du Roi.

Arrêt d'abonne-
ment de la finance
des Offices de
Gruyers, du 13
Mai 1710.

„ LE ROI ayant par Edit du mois de Mars 1707
„ créé en titre d'Office formé & héréditaire un
„ Juge-Gruyer, un Procureur de Sa Majeſté, & un
„ Greffier dans chaque Juſtice des Seigneurs Eccléſiaſ-
„ tiques & Laïques du Royaume, pour connoître en-
„ tr'autres choſes en premiere inſtance, & à l'excluſion
„ des Maîtres particuliers, Table de Marbre, & tous
„ ordinaires Royaux, de toutes affaires & matieres con-
„ cernant les Eaux & Forêts, uſages & délits, & abus,
„ dégradations & malverſations ſur iceux, de tous dif-
„ férends ſur la chaſſe & la pêche, du fait des marais pa-
„ tis, communes, landes, écluſes, moulins, larcins de

„ poiſſon & de bois, querelles, excès, & aſſaſſinats
„ commis à l'occaſion de ce, juger de tous ces délits,
„ condamner les contrevenans aux amendes portées par
„ l'Ordonnance de 1669; les concluſions du Procureur
„ du Roi préalablement priſes, leurs Sentences exécu-
„ tées par proviſion, nonobſtant l'appel, & ſans préju-
„ dice d'icelui pour les condamnations pécuniaires, qui
„ n'excéderont pas la ſomme de 12 liv. faire l'aſſiete,
„ martelage & récollement des bois de leur reſſort ; viſi-
„ ter leſdits bois, faire prêter le ſerment, & recevoir les
„ Sergens à garde d'iceux ; ſe taxer leurs épices & vaca-
„ tions ; & lorſque le Juge-Gruyer aſſiſtera aux aſſietes,
„ martelages & récolemens, il prendra 6 liv. par va-
„ cation, & les Procureurs du Roi & Greffier les deux
„ tiers de 4 liv. chacun, & jouir par eux de tous les
„ autres Priviléges & diſpoſitions portées audit Edit.
„ Depuis Sa Majeſté ayant par Déclaration du premier
„ May 1708 réuni leſdits Offices à toutes les Juſtices,
„ Terres & Seigneuries Eccléſiaſtiques & Laïques, en
„ exécution de laquelle ayant été arrêté des rolles au
„ Conſeil pour contraindre les redevables au payement
„ de la taxe de ladite réunion, conformément à l'Arrêt
„ de Réglement du Conſeil du 16 Octobre enſuivant,
„ les ſieurs Grands Officiers & Commandeurs de l'Or-
„ dre de Malte s'y ſeroient trouvés compris pour les
„ Juſtices appartenantes aux Terres & Seigneuries dé-
„ pendantes des Commanderies de la Religion ; ce qui
„ les auroit obligés de demander à Sa Majeſté une ſur-
„ ſéance aux pourſuites qui leur étoient faites, en of-
„ frant toutefois de payer la ſomme à laquelle il plai-

,, roit à Sa Majeſté de régler l'abonnement qu'ils pro-
,, poſoient de faire au nom de leur Ordre , & à condi-
,, tion de jouir par eux ou les Officiers de leurs Juſtices,
,, du bénéfice & des diſpoſitions portées par ledit Edit; au
,, moyen de quoi ledit Ordre demeurera déchargé de
,, l'exécution des rolles arrêtés au Conſeil pour ladite
,, réunion , & conſervé dans la faculté de commettre
,, auſdits Offices , conformément à la Déclaration du
,, premier Mai 1708; leſquelles offres & propoſitions
,, ayant été trouvées raiſonnables : Oui le Rapport du
,, ſieur Deſmareſts , Conſeiller ordinaire au Conſeil
,, Royal, Controlleur Général des Finances.

LE ROI EN SON CONSEIL voulant favorable-
,, ment traiter ledit Ordre , a reglé & fixé le prix de
,, l'abonnement par lui propoſé pour la réunion des
,, Gruyers à ſes Juſtices à la ſomme de vingt mille livres,
,, & les deux ſols pour livre ; laquelle ſomme ſera
,, payée entre les mains d'Etienne Rey , ſes Procureurs,
,, Commis ou Prépoſés ſur leurs recépiſſés, portant pro-
,, meſſe de fournir une quittance des revenus caſuels
,, pour le principal de la finance , & celle dudit Rey
,, pour les deux ſols pour livre : Ordonne Sa Majeſté
,, que ledit Ordre payera en outre les frais de pourſui-
,, tes faites par ledit Rey , ſuivant la liquidation qui en
,, ſera faite par le ſieur Guyet, Conſeiller d'Etat ordi-
,, naire, Intendant des Finances, Commiſſaire dudit
,, Traité, dont ledit Rey fournira pareillement quit-
,, tance ; leſquelles quittances en principal , deux ſols
,, pour livre & frais, ſeront dépoſées au Tréſor dudit
,, Ordre, au moyen de quoi ledit Ordre demeurera dé-

,, chargé de l'exécution des rolles du Conseil, ensemble
,, de celle des Arrêts d'abonnement , qui ont été ou
,, feront faits pour les Provinces, dans lesquels abonne-
,, mens Sa Majesté n'a entendu comprendre ledit Or-
,, dre : & fera le préfent Arrêt exécuté nonobftant op-
,, pofitions ou autres empêchemens quelconques , &
,, fans préjudice d'icelles , lesquelles fi aucunes inter-
,, viennent , Sa Majesté s'eft & à fon Conseil réfervé la
,, connoiffance , & icelle interdite à fes Cours & autres
,, Juges. FAIT au Confeil d'Etat du Roi tenu à Marly
,, le treiziéme jour de May mil fept cens dix. Colla-
,, tionné. *Signé* DU JARDIN , avec paraphe.

Depuis cet Arrêt les Officiers des Commanderies
ont exercé ou dû exercer dans les bois fitués dans l'é-
tendue de leurs Jurifdictions les fonctions attribuées aux
Juges-Gruyers, Procureur du Roi & Greffier par l'Edit
du mois de Mars 1707 : mais fous prétexte que ces Officiers n'ofoient faire aucunes pourfuites à l'occafion des
délits & malverfations que les Seigneurs commettoient
dans leurs bois, le Roi rendit une Déclaration le 8 Janvier 1715 , par laquelle Sa Majesté rétablit les Officiers
des Maîtrifes dans les droits & Jurifdiction qui leur
avoient été attribués par l'Ordonnance de 1669. Je vais
encore rapporter entierement les difpofitions de cette
Déclaration , afin que le lecteur n'ait rien à defirer pour
fon inftruction fur cette matiere.

,, LOUIS , par la grace de Dieu , Roi de France
,, & de Navarre : A tous ceux qui ces Préfentes
,, Lettres verront , Salut. Nous avons été informés que

Déclaration du Roi, de 1715, qui rétablit les Maîtrifes dans les droits & jurifdic-

„ le droit attribué aux Officiers de Juges-Gruyers créés
„ par notre Edit du mois de Mars 1707, de connoître
„ en premiere inftance à l'exclufion des Officiers des
„ Eaux & Forêts, de tous les abus & délits qui fe com-
„ mettent fur les Eaux & Forêts poffedés par les Sei-
„ gneurs & Communautés tant Eccléfiaftiques que
„ Laïques & par tous les Particuliers, devenoit préjudi-
„ ciable au Public, *parce que ces Offices ayant été réunis*
„ *à leurs Juftices par notre Déclaration du premier*
„ *May 1708, ceux qui en ont été pourvûs entierement*
„ *dans leur dépendance, n'ofent faire aucunes pourfui-*
„ *tes contr'eux lorfqu'ils ont commis eux-mêmes des*
„ *malverfations fur leurs bois ; & lorfqu'ils font quel-*
„ *ques pourfuites contre les délinquans, ce n'eft le plus*
„ *fouvent que pour en affûrer davantage l'impunité,*
„ *foit en les déchargeant purement & fimplement, foit*
„ *en ne condamnant qu'en des peines très-légeres des*
„ *gens fans aveu qui n'ont pas commis les délits ; &*
„ que par le même Edit ayant ordonné que l'appel des
„ Jugemens des Juges-Gruyers des Seigneurs feroit
„ porté directement aux Maîtrifes particulieres, les dé-
„ linquans fe fervent de cette difpofition pour retarder
„ l'expédition des matieres des Eaux & Forêts, & en
„ empêchent fouvent le jugement, par la multiplicité
„ des degrés de Jurifdiction, & le grand nombre de
„ procédures ; & comme ce qui nous a été repréfenté
„ à ce fujet nous a paru mériter toute notre attention,
„ nous avons réfolu d'y pourvoir. A CES CAUSES &
„ autres à ce nous mouvans, de notre certaine fcience,
„ pleine puiffance & autorité Royale, Nous avons par
ces

,, ces préfentes fignées de notre main, dit, déclaré &
,, ordonné, difons, déclarons & ordonnons, voulons
,, & nous plaît, *que nos Officiers des Eaux & Forêts*
,, *exercent fur les Eaux & Forêts des Prélats, & des*
,, *autres Eccléfiaftiques, Chapitres & Communautés*
,, *Régulieres, Séculieres & Laïques de notre Royaume,*
,, *la même Jurifdiction que celle qu'ils exercent fur les*
,, *nôtres, en ce qui concerne le fait des ufages, délits,*
,, *abus, & malverfations qui s'y commettent, fans*
,, *qu'il foit befoin qu'ils ayent prévenu, ni qu'ils en*
,, *ayent été requis, encore que les délits n'ayent pas été*
,, *commis par les Bénéficiers dans les bois dépendans de*
,, *leurs bénéfices.* Et à l'égard des ufages, abus, & mal-
,, verfations qui concernent les Eaux & Forêts qui ap-
,, partiennent aux Seigneurs Laïcs, ou autres Particu-
,, liers, les Officiers de nos Eaux & Forêts en connoî-
,, tront pareillement, fans qu'ils en ayent été requis, ni
,, qu'ils ayent prévenu, lorfque les Propriétaires def-
,, dites Eaux & Forêts auront eux-mêmes commis les
,, délits & abus ; mais ils ne pourront en prendre con-
,, noiffance quand ils auront été commis par d'autres,
,, à moins qu'ils n'en ayent été requis, & qu'ils ayent
,, prévenu les Juges-Gruyers des Seigneurs. *Voulons*
,, *que toutes les appellations des Jugemens rendus par*
,, *les Juges-Gruyers, & les autres Officiers des Sei-*
,, *gneurs particuliers, fur le fait des Eaux & Forêts,*
,, *foient relevés directement aux Siéges des Tables de*
,, *Marbre, comme avant notre Edit du mois de May*
,, *1707, que nous entendons être au furplus exécuté*
,, *felon fa forme & teneur* ; enfemble nos autres Edits,

II. Partie. F f

» Ordonnances, Déclarations, Arrêts & Réglemens,
» concernant les Eaux & Forêts, en ce qu'ils ne ſont
» pas contraires à notre préſente Déclaration. SI DON-
» NONS en mandement, &c. Donné à Verſailles, le
» huitiéme jour de Janvier, l'an de grace mil ſept cens
» quinze, & de notre Regne le ſoixante - douziéme.
» *Signé* LOUIS. Et plus bas, par le Roi, PHELYPEAUX.
» Vû au Conſeil, DESMARETZ, & ſcellé du grand
» ſceau de cire jaune. Enregiſtré au Parlement le 2 ;
» dudit mois & an.

Cette Déclaration en attribuant aux Officiers des Eaux & Forêts la connoiſſance des abus, délits & malverſations, commis dans les bois appartenans aux Seigneurs Eccléſiaſtiques, *ſans qu'ils ayent prévenu, ni qu'ils ayent été requis*........ ſemble avoir anéanti le principal objet pour lequel l'Edit de 1707 avoit créé les Offices de Juges-Gruyers : cependant comme cette Loi n'a fait que rétablir en vigueur les diſpoſitions des articles XI. XII. & XIII. titre de la Juriſdiction des Eaux & Forêts de l'Ordonnance de 1669 ; je vais en rapporter les diſpoſitions, ce qui ſervira à déterminer quelle eſt la Juriſdiction compétente aux Juges-Gruyers des Seigneurs Eccléſiaſtiques dans les bois ſitués dans l'étendue de leurs Juriſdictions.

Examen de la Déclaration de 1715, & des art. 11. 12. & 13. de l'Ordonnance de 1669.

ART. XI.

» Nos Officiers exerceront ſur les Eaux & Forêts des
» Prélats & autres Eccléſiaſtiques, Princes, Chapitres,
» Colléges, Communautés Régulieres, Séculieres ou
» Laïques, & de tous Particuliers de quelque qualité qu'

» ils foient, la même Jurifdiction qu'ils exercent fur les
» nôtres, en ce qui concerne le fait des ufages, délits,
» abus, & malverfations, *pourvû qu'ils en ayent été*
» *requis par l'une ou l'autre des Parties*, dans les bois
» des Particuliers, *& qu'ils ayent prévenu les Officiers*
» *des Seigneurs.*

ART. XII.

» Dans les Juftices où les Seigneurs auront *un Juge*
» *particulier des Eaux & Forêts, nos Officiers ne joui-*
» *ront de la prévention que lorfqu'ils auront été requis ;*
» *mais s'il n'y a qu'un Juge ordinaire, ils auront la*
» *prévention & la concurrence, encore même qu'ils*
» *n'ayent point été requis.*

ART. XIII.

» Si néanmoins les abus & délits avoient été commis
» par les Bénéficiers fur les Eaux & Forêts dépendans
» de leur bénéfice, ou par les Particuliers fur celles qui
» leur appartiennent, en ce cas nos Juges pourront en
» connoître, *fans qu'ils foient requis, & nonobftant*
» *qu'ils n'ayent point prévenu*, foit qu'il y eût un Juge
» particulier pour le fait des Eaux & Forêts, ou qu'il
» n'y eût que la Juftice ordinaire.

On voit par l'art. XI. que les Officiers des Maîtrifes
ne pouvoient connoître des abus, délits & malverfations commis dans les bois des Eccléfiaftiques, qu'*où ils*
auroient été requis par l'une ou l'autre des Parties;
hors ce cas la connoiffance en étoit dévolue à la Juftice
ordinaire.

Par l'art. XII. il eft fait une diftinction entre les Juftices où les Seigneurs ont un Juge particulier pour le

fait des Eaux & Forêts, de celles où il n'y a qu'un Juge ordinaire ; dans le premier cas le Légiſlateur veut *que les Officiers des Maîtriſes ne jouiſſent de la prévention que lorſqu'ils auront été requis*..... Dans le ſecond il veut *que ces Officiers jouiſſent de la prévention & de la concurrence, encore même qu'ils n'ayent point été requis*...... Ce qui ne veut dire autre choſe, ſi ce n'eſt que les Juges ordinaires pouvoient être prévenus par les Officiers des Maîtriſes, dans la connoiſſance des abus, délits & malverſations ; & qu'où ces Juges l'auroient priſe, les Officiers des Maîtriſes pouvoient encore procéder concurremment avec eux contre les délinquans.

L'art. XIII. porte que les Officiers des Maîtriſes prendront connoiſſance des délits & malverſations commis par les Bénéficiers *ſans en être requis, & nonobſtant qu'ils n'euſſent point prévenu*, parce que le Légiſlateur préſumoit avec raiſon, que ſi dans ce cas les délinquans n'étoient pas pourſuivis par ſes Officiers, les délits ſeroient demeurés impunis, attendu que les Juges-Gruyers étant dans la dépendance des Seigneurs, n'oſeroient rien entreprendre contr'eux.

Je réſume des diſpoſitions de ces trois articles de l'Ordonnance de 1669, que le Roi a voulu aſtraindre les Juges-Gruyers, & les Juges ordinaires des Seigneurs Eccléſiaſtiques à veiller à la conſervation des bois de leurs Juriſdictions, en obſervant exactement tout ce qui a été preſcrit aux Officiers des Maîtriſes pour l'adminiſtration & conſervation des bois de Sa Majeſté ; & où les Juges-Gruyers & Juges ordinaires ne rempliroient pas leur devoir à cet égard, il a été attribué aux Officiers des Maîtrises des droits qui les autorisent à être les surveillans des Juges subalternes, & à suppléer à ce que ces Juges ne feroient pas, par incapacité, négligence, crainte, ou par tout autre motif ; mais il n'est pas moins constant que l'intention du Roi a été de maintenir & conserver les Juges-Gruyers & Juges ordinaires dans la Jurisdiction qu'ils exerçoient sur les bois avant la promulgation de l'Ordonnance de 1669.

La création faite par l'Edit de 1707 des Offices de Juges - Gruyers pour connoître en premiere instance des usages, abus, délits & malversations commis dans les bois ; & la réunion faite par la Déclaration de 1708, moyennant finance, de ces Offices aux Justices des Seigneurs ecclésiastiques & laïcs, avoit privé les Officiers des Maîtrises de remplir l'objet de l'Ordonnance de 1669. La Déclaration de 1715 a rétabli leurs droits dans leur entier, & même les a étendus ; puisqu'au lieu qu'ils ne pouvoient prendre connoissance des délits commis par les Usagers, Riverains, vagabonds, &c. *sans avoir été requis, ou sans avoir prévenu les Juges ordinaires ;* cette Déclaration la leur attribue, *sans qu'il soit besoin qu'ils ayent prévenu, ni qu'ils en ayent été requis ; encore que ces délits n'ayent pas été commis par les Bénéficiers dans les bois dépendans de leurs Bénéfices.*

Cette disposition autorise les Officiers des Maîtrises à connoître indistinctement de tous les abus & malversations commis dans les bois de Gens de main-morte, & particulierement de tout ce qui est réputé *cas royal :*

tels font les délits dans les quarts de réferve , les délits fur les baliveaux , & autres arbres de réferve dans les coupes ordinaires des taillis ; les anticipations ou interventions de ces coupes ordinaires de taillis : il n'y a que les Officiers des Maîtrifes qui puiffent prendre connoiffance de ces cas.

Ainfi , des fonctions attribuées aux Juges-Gruyers par l'Edit de 1707 & la Déclaration de 1708 , il ne leur refte que celle de faire la police fur les bois fitués dans l'étendue de leur Jurifdiction. Ils doivent prendre connoiffance de tout ce qui concerne les taillis , comme fruits appartenans aux Commandeurs ou à d'autres , & juger les délits & malverfations qui feront commis dans cette partie , conformément à l'Ordonnance de 1669. Leurs Sentences doivent être exécutées , nonobftant l'appel , pour les condamnations pécuniaires qui n'excéderont pas 12 livres , fuivant l'Edit de 1707 ; & l'appel de ces Sentences doit être porté devant les Tables de Marbre , en conformité de la Déclaration de 1715.

Pour exercer cette jurifdiction & police , il faut que les Officiers des Commanderies , en vertu des Provifions qui leur feront accordées par Meffieurs les Commandeurs , reçoivent le ferment des Sergens à garde pourvus par Meffieurs les Commandeurs , Vifiteurs ou Commiffaires des Bois , après avoir fait enquête de leurs vie, mœurs & Religion. Indépendamment de cette reception , ces Gardes doivent avoir prêté ferment pardevant les Officiers des Maîtrifes , fuivant le Réglem. de 1728.

Lefdits Officiers des Commanderies , en leur qualité de Juges-Gruyers , feront au moins deux fois l'année la viſite des bois ſitués dans l'étendue de leurs Juriſdictions. Ces viſites auront pour objet,

viſite qu'ils doivent faire des Bois.

1°. De veiller ſur la conduite des Gardes ; d'examiner s'ils ſont diligens, aſſidus, & exacts à remplir leurs devoirs ; s'ils ne mettent point de beſtiaux en pâture dans les bois, & s'ils ne ſouffrent pas qu'on y en mette.

2°. Si ces Gardes revenant de leurs tournées, n'apportent point de bois mort ou vif pour ſervir à leur chauffage, ou à tout autre uſage.

3°. Si leſdits Gardes ſouffrent qu'on aille couper de l'herbe dans les bois.

4°. Si ces Gardes, par complaiſance ou autrement, ne laiſſent point couper des arbres vifs ou morts aux Receveurs & Fermiers, ſous prétexte de chauffage, outils aratoires, & tout autre que ce puiſſe être.

5°. Si les Receveurs & Fermiers font les coupes régulierement toutes les années ; s'ils n'anticipent point ſur les coupes d'une année à l'autre, ni ſur le quart de réſerve.

Art. 42. du titre xv. *de l'Aſſiete, Balivage & Martelage,* de l'Ordonn. de 1669.

6°. Si les Exploitateurs des taillis les coupent à la coignée & à fleur de terre, ſans les écuiſſer, éclater ni déraciner, enſorte que les brins des cepées n'excedent la ſuperficie de la terre ; ſi ces mêmes Exploitateurs n'ont point coupé ou endommagé des baliveaux.

7°. Si les Exploitateurs ou les Marchands ont fait les foſſes pour la cuiſſon des charbons dans des places vuides, éloignées des arbres & du recrû ; ſi ces Exploitateurs ou Marchands ont repeuplé leſdites places, en les plantant de bons bois, ou en les ſemant en gland.

Article 22. titre xxvij. *de la Police,* &c. de lad. Ordonn. de 1669.

8°. Si ces Exploitateurs ou Marchands ont charmé

Art. 22. & 28.

ou brûlé les arbres & taillis pour en enlever l'écorce, ou s'ils les ont pelés, contre la défense qui en est faite.

9°. Si lesdits Exploitateurs ou Marchands se disposent à faire la vuidange des coupes des taillis, de maniere qu'elles soient vuides le premier Avril de chaque an-

née, afin que six semaines après lesdits Gruyers puissent procéder au récolement.

Lors duquel récolement lesdits Officiers après avoir fait les observations ci-dessus, examineront en outre, si les Exploitateurs ou Marchands ont laissé tous les bali-

veaux * anciens & modernes; & outre ce 25 baliveaux de l'âge du taillis par chaque arpent. S'il n'a été commis aucuns délits dans les réponses (*a*) desdites ventes, & en cas de contraventions, ils les constateront par leur procès-verbal, duquel ils remettront une expédition au Greffe de la Maitrise du ressort.

Avant que l'exploitation des bois soit commencée, lesdits Officiers pourront, s'ils en sont requis par les Marchands ou Exploitateurs, procéder au souchetage & description de leur état actuel, en présence du Sergent à garde, & dresseront procès-verbal du nombre de souches qui auront été trouvées, de leur qualité & grosseur pour s'en servir lors du récolement.

Lesdits Officiers Gruyers feront la visite des quarts de réserve, en reconnoîtront chaque fois les bornes, le parcourront & circuiteront, pour connoitre s'il n'y est

commis aucun délit & malversation; au cas qu'ils en trouvent, ils obligeront le Sergent à garde d'en dresser

(*a*) On appelle *réponses* le circuit de la coupe à 25 perches d'éloignement en tous sens. *Voyez* l'article 51. tit. xv. *de l'Assiete, Balivage & Martelage,* de l'Ordonnance de 1669.

procès-

procès-verbal, & de le remettre au Greffe de la Maitrife.

Dans les bois où il a été anciennement établi des droits de pâturage, lefdits Officiers recevront la déclaration que les Habitans font tenus de faire du nombre des beftiaux qu'ils poffedent, ou tiennent à louage, & & qui fervent à la nourriture defdits Habitans, laquelle demeurera au Greffe pour y avoir recours le cas échéant. Ils affigneront aux Habitans une contrée particuliere & commode *ès lieux défenfables feulement* (*a*), dans laquelle lefdits Habitans pourront faire paitre leurs bœufs, vaches & chevaux, & le feront publier au Prône de la Meffe Paroiffiale. Ils nommeront le Pâtre qui doit garder les beftiaux dans les bois ; ils obligeront les Habitans de marquer leurs beftiaux, & de leur mettre au col des clochettes avant de pouvoir les envoyer en pâturage, & de les y faire conduire en un feul troupeau par un feul chemin qui leur fera défigné.

Quant aux beftiaux dont les Habitans font commerce, ils font exclus de pâturer dans les bois.

Il eft expreffément défendu de mener paître les chevres, brebis & moutons dans les bois, même dans les landes, bruyeres, places vaines & vagues aux rives defdits bois ; en cas de contravention, les Sergens à garde doivent dreffer procès-verbal, & le remettre au Greffe, pour être par les Juges-Gruyers procedé contre les délinquans.

un procès-verbal du Garde, qu'il remettra au Greffe de la Maitrife.

Ils affigneront un canton pour y exercer le droit de pâturage. Art. 2. tit. xjx. *des droits de Pâturage & Panage,* de l'Ordonnance de 1669.

Art. 3. & 4. du même titre.

Art. 14. du même titre.

Art. 13. *idem.* Défenfes de mener paitre les chevres & brebis près des Bois.

(*a*) L'art. 13. du tit. xxv. *des Bois appartenans aux Communautés,* difpofe que le taillis n'eft défenfable que quand il a au moins l'âge de fix ans. Le taillis effence de chéne eft très-chétif à cet âge, & n'eft guere défenfable qu'à l'âge de neuf ou dix ans. Articles 7. 8. & 9. du même titre.

Gg

Droits d'ufage, de chauffage, de prendre des bois à bâtir, &c.

A l'égard des droits de prendre des bois pour le chauffage, pour bâtir, réparer les maifons, &c. les Juges-Gruyers doivent faire aux Ufagers la délivrance des bois qui leur feront accordés à ces ufages, & après l'exploitation defdits bois, ces Officiers doivent procéder au récolement, ainfi qu'il a été ci-devant expliqué au Chapitre des Cantonnemens, page 135.

Défenfes d'abattre & amaffer la glandée & feine.
Article 27. titre xxvij. *de la Police*, de l'Ordonn. de 1669.
Feront la délivrance des bois accordés à Meffieurs les Commandeurs pour les réparations.
Art. 26. du Réglem. de 1728, & 14. du Réglement de Malte.

Il eft défendu aux Ufagers & à tous autres d'abattre la glandée, feine, & autres fruits des arbres, les amaffer, ni emporter, pas même ceux qui feront tombés; en cas de contravention, les Sergens à garde doivent verbalifer.

Lefdits Officiers-Gruyers feront la délivrance des arbres qui feront marqués par M. le Commiffaire des bois pour les réparations des bâtimens des Commanderies, lorfque Meffieurs les Commandeurs leur feront apparoître de l'Arrêt qui leur aura accordé la permiffion d'en faire la coupe; & après l'exploitation & vuidange, ils procéderont au récolement, & remettront une expédition du procès-verbal au Greffe de la Maîtrife.

L'intérêt de MM. les Commandeurs eft de faire vendre leurs Bois-taillis par les Officiers-Gruyers.

L'expérience a fait connoitre que la meilleure méthode dont on puiffe ufer pour vendre les bois, eft de faire cette vente au plus offrant & dernier enchériffeur, à l'extinction des feux; ceux de Meffieurs les Commandeurs qui prendront le parti de réferver leurs bois taillis pour les faire valoir par eux-mêmes, peuvent utilement fe fervir des Officiers de leurs Commanderies, pour faire ces ventes par adjudication: ceux-ci doivent faire des partitions de ces taillis en différens lots à la portée des facultés de chacun; féparer chaque lot par des layes; & enfuite adjuger féparément ces lots à ceux qui feront la condition meilleure , & qui fourniront bonne & valable caution; fi ces Officiers font entendus en matiere de bois ; je ne doute pas que Meffieurs les Commandeurs ne trouvent annuellement un avantage confidérable à leur faire faire cette vente dans la forme ci-deffus.

Fin de la feconde Partie.

MODELES
DES ACTES
CONCERNANT
L'ADMINISTRATION DES BOIS
DE
L'ORDRE DE MALTE.

MODELES
DES ACTES
CONCERNANT
L'ADMINISTRATION DES BOIS
DE
L'ORDRE DE MALTE.

MODELE des Provisions de Sergent à Garde des Bois. N°. I.

RERE N. N. Chevalier de l'Ordre de Saint Jean de Jerusalem, Commandeur de la Commanderie de . . . . . . A tous ceux qui ces présentes Lettres verront, SALUT. Sçavoir faisons, que sur le bon & louable rapport qui nous a été fait des bonnes vie & mœurs du nommé . . . . de la Profession qu'il fait de la Religion C. A. R. & de ses sens, suffisance, capacité & expérience au fait *de la pratique* & des Eaux & Forêts; Nous à ces causes avons audit . . . . . . donné & octroyé, comme par ces Présentes Nous lui donnons & octroyons l'Office d'*Huissier ‑ Sergent ordinaire de la Jurisdiction* de notre Commanderie de . . . . . . au membre de . . . . . . & Sergent à Garde des bois, forêts, chasses & pêches dépendans de notre-

Nota. Comme dans la plus grande partie des Commanderies les Gardes-Bois sont en même tems *Huissiers-Sergens ordinaires de la Jurisdiction,* j'ai crû devoir faire le modele de provisions ci-contre, conformément à cet usage. Ceux de MM. les Commandeurs qui ne voudront donner que des

A ij

dite Commanderie, au membre de . . . . . . pour par ledit . . . .
jouir & user dudit Office pendant le tems qu'il nous plaira, aux
honneurs, gages, droits, profits & émolumens y attribués ; à la
charge par lui, de se conformer aux Ordonnances du Roi sur le
fait *de la Justice*, des Eaux & Forêts, Chasses & Pêches, & de
se faire recevoir en la Maîtrise particuliere du ressort en ladite
qualité d'Huissier - Sergent à Garde desdits bois, forêts, chasses
& pêches de ladite Commanderie de . . . . . . audit membre de
. . . . . . Mandons à nos Officiers de Justice & Gruyers de ladite
Commanderie de . . . . . . audit membre de . . . . . . que leur ap-
paroissant des bonnes vie , mœurs & religion dudit . . . . . . &
après avoir pris & reçu de lui le serment en tel cas requis & accoutumé, ils ayent à le recevoir & installer audit Office d'Huissier - Sergent *ordinaire* & à Garde des bois, forêts, chasses &
pêches dépendans dudit membre de . . . . . . & à le faire reconnoître par tous nos Vassaux, en ladite qualité. En foi de quoi
nous avons signé ces Présentes , fait contre-signer par notre
Secrétaire, & par icelui fait apposer le sceau de nos Armes.
Donné à

   Nota. Les Huissiers - Sergens ordinaires & à Garde des
bois, forêts, *&c.* doivent être majeurs de 25 ans. D'ailleurs,
il faut avoir grande attention à ce que la réception des Gardes soit précédée d'une information de vie & de mœurs, à
moins que la réception pardevant le Juge ne soit faite sur
le vû de la réception à la Maîtrise, qui supplée à tout.

MODELE de Provisions de Bailli-Sénéchal, Viguier ou Juge ordinaire, & Gruyer des Commanderies.   Nº. II.

FRERE N. N. Commandeur de la Commanderie de ......
A tous ceux qui ces préfentes Lettres verront, SALUT.
Sçavoir faifons, que fur le bon & louable rapport qui nous a
été fait de la perfonne de Mᵉ ..... de fes fens, fuffifance au fait
de la Pratique & des Eaux & Forêts, & de la profeffion qu'il
fait de la R. C. A. R. A CES CAUSES, nous avons audit
Mᵉ ...... donné & octroyé comme par ces préfentes nous
lui donnons & octroyons l'Office de *Bailli, Sénéchal, Viguier
ou Juge* de notredite Commanderie de ...... au membre de
...... pour par lui en jouir & ufer pendant le tems qu'il nous
plaira, aux honneurs, droits, fruits, profits, prééminences &
prérogatives attribuées aux Juges ordinaires des Seigneurs : &
aux Juges Gruyers par l'Edit de création defdits Offices du mois
de Mars 1707, par la Déclaration du premier Mai 1708, portant
réunion defd. Offices à la Jurifdiction des Seigneurs Eccléfiaftiques & Laïcs, & par l'Arrêt du Confeil du 13 Mai 1710; à la
charge par ledit Mᵉ ...... de veiller à la manutention des droits,
privileges & immunités de notre Ordre, & particulierement à
l'exécution du Réglement rendu fur le fait des bois par les Bulles
de S. A. E. Monfeigneur le Grand-Maître & facré Confeil, les 5
Juillet 1751, & 17 Juillet 1756. Mandons à nos Vaffaux & Jufti-
ciables de notredite Commanderie de .... audit membre de ....
que leur apparoiffant des préfentes, ils ayent à reconnoître ledit
Mᵉ ...... en ladite qualité de *Bailli, Sénéchal, Viguier ou Juge
ordinaire* de ladite Commanderie de .... audit membre de......
En foi de quoi nous avons figné ces Préfentes, fait contre-figner
par notre Secrétaire, & par icelui fait appofer le fceau de nos armes. Donné à ....

Nota. La regle eft dans le Pays de Droit Ecrit, que les
Juges des Seigneurs foient Gradués ; il n'en eft pas de même
dans la plûpart des Pays Coûtumiers, fi ce n'eft dans les Juftices qui reffortiffent nûement au Parlement : il feroit à defirer
qu'il fût poffible que les Juges des Commanderies dans tout
le Royaume fuffent Gradués ; la Juftice feroit rendue plus

exactement aux Vaſſaux, & on parviendroit plus aiſément à éviter les abus que j'ai obſervés ci-devant à l'obſervation *de l'appoſition des quarts de réſerve*, &c.

Ce modele de Proviſions peut également ſervir pour le Procureur Fiſcal & le Greffier, en changeant le Mandement, lequel doit être à leur égard dans la forme ſuivante.

MANDONS à notre *Bailli, Sénéchal, Viguier ou Juge* ordinaire de notredite Commanderie de . . . . . . audit membre de . . . . . . que lui apparoiſſant des bonnes vie, mœurs & religion dudit M^e . . . il ait à le recevoir & inſtaller dans led. Office de *Procureur Fiſcal*, ou de *Greffier* de ladite Commanderie de . . . . . . audit membre de . . . . . . & d'icelui le faire jouir & reconnoître en ladite qualité par nos Vaſſaux & Juſticiables. En foi de quoi nous avons ſigné ces Préſentes, fait contreſigner par notre Secrétaire, & par icelui fait appoſer le ſceau de nos armes. Donné à.

   Nota. La différence du Mandement vient de ce qu'à l'égard du *Bailli, Sénéchal, Viguier ou Juge*, il peut s'inſtaller lui-même en faiſant lire & regiſtrer ſes Proviſions par le Greffier, au lieu que c'eſt à lui à recevoir les autres Officiers de la Juſtice.

   Ces Officiers doivent être majeurs de 25 ans, & l'on n'accorde point de diſpenſe d'âge pour les Officiers des Seigneurs.

   Pour exercer les offices de Juge-Gruyer, de Procureur Fiſcal & Greffier, il faut ſe faire recevoir & inſtaller en cette qualité par la Maîtriſe des Eaux & Forêts du reſſort, conformément à l'article 12 de l'Edit de Mars 1707; leſquels Officiers des Maîtriſes ſont tenus de faire cette réception ſans frais.

MODELES des Actes qui doivent être faits par Messieurs les Visiteurs de la Visite prieurale, pendant le cours de leur visite des Bois des Commanderies.

MESSIEURS les Visiteurs doivent également faire la visite des bois qui sont dans la regle prescrite, & de ceux qui n'y sont pas encore : comme dans ces deux cas il se trouve des différences essentielles dans la rédaction du Procès-verbal de visite, j'ai cru qu'il seroit utile de les traiter séparément.

On trouvera donc ci-après, 1°. les modeles des actes que MM. les Visiteurs doivent faire dans les bois qui sont dans la regle prescrite. J'ai rassemblé en quatorze articles les différens objets de leur attention, afin de procurer l'exécution du Réglement de Malte.

2°. Les modeles des actes que Messieurs les Visiteurs doivent faire dans les bois qu'ils ne trouveront pas dans la regle prescrite.

MODELE du Procès-verbal de Visite des Bois qui se trouveront N°. III. *dans la regle prescrite par les Réglemens.*

ARTICLE PREMIER.

ET en continuation de notre visite, nous avons demandé à M. le Commandeur s'il a satisfait aux dispositions du Réglement de S. A. E. & sacré Conseil du 5 Juillet 1751, rendu sur le fait des bois de notre Ordre ; & en conséquence, s'il a fait apposer le quart de réserve & régler les coupes des taillis ; s'il a adressé au Vénérable Ambassadeur de l'Ordre à Paris, des copies en bonne forme de la Procédure faite à ce sujet par les Officiers des Eaux & Forêts, ainsi que des Plans figuratifs ; s'il a pourvû à la garde des bois, en y nommant des sujets intelligens & capables ; s'il les a fait recevoir pardevant les Officiers de la Maîtrise du ressort ; enfin s'il a fait procéder exactement toutes les années au récolement des taillis qui ont été coupés, & s'il y a été fait les réserves des baliveaux portées par ledit Réglement.

A quoi ledit Seigneur Commandeur a répondu, 1°. que les bois de ladite Commanderie sont dans la regle prescrite par l'art. 3 dudit Réglement : il nous a exhibé la Procédure faite en conséquence par les Officiers de la Maîtrise de ...... avec les Plans figuratifs dreffés par ...... Arpenteur-Juré de la Maîtrise, par lequel il paroît que le total de la continence des bois de ladite Commanderie eft de ..... arpens, dont ...... arpens en réferve & ...... arpens en coupes réglées à l'âge de ...... ce qui fait qu'on exploite chaque année le nombre de ...... arpens de taillis. Il nous a auffi exhibé une lettre du Vénérable Ambaffadeur, par laquelle il accufe la réception des copies en forme de ladite Procédure, & des Plans figuratifs.

2º. Qu'il a pourvû à la garde defdits bois le nommé ...... & l'a fait recevoir pardevant les Officiers de la Maîtrise de ... lequel Garde s'acquitte diligemment de fes devoirs, ainfi qu'il nous l'apparoîtra par le bon état où nous trouverons lefdits bois.

3º. Que les Officiers de Juftice de la Commanderie font exactement les récolemens des bois taillis exploités chaque année, conformément à l'art. 8 dudit Réglement : qu'il a été fait dans lefdites coupes les réferves prefcrites par ledit Réglement, ainfi qu'il eft facile de le voir par l'infpection des lieux, & par les Procès - verbaux defdits récolemens, étant au Greffe de la Commanderie, dont des expéditions en forme ont été dépofées au Greffe de la Maîtrise.

A R T. I I.

Enfuite nous avons requis ledit Seigneur Commandeur, de nous produire les anciens & nouveaux papiers terriers : à quoi ayant fatsfait, nous avons examiné les fituations, continences & confronts defdits bois ; & par la comparaifon que nous en avons faite avec le Procès-verbal de la Maîtrise, nous avons trouvé que les continences portées par lefdits terriers, *en journaux, fefterées, bonnier*, ou toute autre mefure, revient au nombre d'arpens porté par ladite Procédure, enforte qu'il n'a été obmis en icelle aucuns bois.

A R T. I I I.

Nous avons mandé *le Bailli, Sénéchal, Viguier ou Juge ordinaire* de la Commanderie, le Procureur Fifcal & le Greffier, defquels après leur avoir fait prêter ferment fur notre Croix ; nous nous fommes enquis fi en leurs qualités de Gruyers, ils font au moins deux fois chaque année la vifite des bois de leur Jurifdiction ; s'ils y ont trouvé des abus, délits & malverfations ; fi les Gardes font exactement leur devoir, & leurs rapports pardevant eux.   Lefdits

Lefdits Officiers ont répondu , qu'ils ont fait chaque année plufieurs vifites dans les bois de leur Jurifdiction , qu'ils n'y ont trouvé aucuns abus , délits ni malverfations ; que les nommés ...... Gardes font exactement & foigneufement leur devoir ; qu'ils ont fait rapport pardevant eux de *tels* & de *tels* délits , dont les auteurs n'ont point été connus ; de *tels* & *tels* délits commis par *tels* & *tels* , contre lefquels il a été fait les pourfuites nécef-faires.

A r t. I V.

Nous nous fommes enfuite enquis defdits Officiers de Juftice & Gruyers , s'il a été exploité des futayes ou des baliveaux fur taillis pour les réparations de la Commanderie , s'ils en ont fait la déli-vrance , & enfuite le récolement. Si fix femaines après l'expira-tion du terme de vuidange , fixé au premier Avril de chaque an-née par l'art. 8 dudit Réglement de Malte ; ils ont fait le réco-lement des coupes des taillis , s'il a été fait dans lefdites coupes les réferves prefcrites par ledit Réglement , & s'ils ont remis des expéditions defdits récolemens au Greffe de la Maîtrife du reffort.

Ils nous ont répondu , qu'en conféquence d'un Arrêt de per-miffion , le Seigneur Commandeur a fait exploiter *tant de pieds d'arbres , chênes , hêtres ou de toute autre nature ,* pour être em-ployés aux réparations de ladite Commanderie ; qu'ils lui ont fait la délivance *ou à fon Procureur* dans *tels* & *tels* endroits où le Seigneur Commiffaire des bois les avoient marqués ; qu'ils ont enfuite procédé au récolement defdits arbres coupés , dont une expédition en forme a été remife au Greffe de la Maîtrife à la diligence de ...... Greffier. Qu'ils ont pareillement procédé toutes les années après le tems de vuidange expiré , au récole-ment des coupes ordinaires des taillis ; qu'il réfulte defdits Pro-cès-verbaux de récolement que les réferves prefcrites ont été fai-tes ; & que des expeditions defd. Procès-verbaux ont été remifes au Greffe de la Maîtrife de ...... à la diligence du Sieur ...... Greffier.

A r t. V.

Enfuite nous avons ordonné audit Greffier de nous communi-quer le Procès-verbal de récolement des arbres coupés en der-nier lieu pour les réparations , & ceux des cinq dernieres cou-pes de taillis ; à quoi ayant fatisfait , nous nous fommes tranf-portés dans lefdits bois * accompagnés du Seigneur Com-

III. Partie.   B

* *Nota.* On dira

en détail le nom de chaque Bois, & fa continence, relativement à la procédure d'appofition du quart de réferve & de réglement des coupes.

mandeur, *ou de fon Procureur, ou Receveur* & des Officiers de Juftice; là s'eft trouvé tels & tels Gardes auxquels nous avons fait prêter ferment fur notre Croix, de nous dire vérité; ce qu'ayant promis de faire, nous lui avons ordonné de nous conduire dans le quart de réferve.

Nous avons enfemble circuité & parcouru ledit quart de réferve dans toute la continence, qui eft de ...... arpens; nous avons reconnu qu'il eft planté d'une belle futaye de telle effence, ou d'un recrû d'un tel âge, garni d'un grand, ou d'un petit nombre de baliveaux; qu'il eft borné du côté du taillis par un tel nombre de bornes de pierres de grès, lefquelles nous avons reconnu être en bon état : nous n'y avons obfervé aucun délit de quelque efpece que ce foit.

A r t. V I.

Enfuite, en parcourant & circuitant les autres trois quarts, où nous n'avons pareillement trouvé aucune dégradation , Nous avons ordonné audit Garde de nous conduire dans les deux dernieres coupes.

Etant arrivé dans la derniere coupe faite pour l'ordinaire 17 . ... nous avons fait compter les arbres & baliveaux. Il s'en eft trouvé un *tel* nombre de l'âge au - deffus de 40 ans, un *tel* nombre de l'âge au-deffous de 40 ans , & un *tel* nombre de modernes ; ce qui fait par arpent le nombre de . . . . . anciens , & celui de ...... modernes.

Nous fommes enfuite entrés dans la précédente coupe faite pour l'ordinaire 17...... nous avons fait compter les arbres & baliveaux. Il s'en eft trouvé, *&c. comme à l'art. ci-deffus.*

A r t. V I I.

Quant aux trois autres coupes faites pour les ordinatres 17 . . ... 17 ..... 17 ..... il ne nous a pas été poffible d'y pénétrer , à caufe de l'épaiffeur du taillis, lequel nous a paru d'une très-belle venue, & garni d'un nombre confidérable de baliveaux de tous âges.

A r t. V I I I.

Et ayant fait comparaifon du contenu aux Procès-verbaux de récolement defdites deux dernieres coupes faites pour les ordinaires 17 .... & 17.... avec l'examen & obfervations que nous venons de faire dans lefdites coupes ; nous avons trouvé que lefdits récolemens ont été bien & exactement faits, ce qui nous faifant préfumer favorablement des trois autres coupes, ñous n'avons pas cru néceſſaire de faire plus ample examen.

A R T. I X.

Enſuite nous avons demandé auxdits Gardes, s'il y a dans ledit bois des places vaines & vagues, & ordonné de nous y conduire ; à quoi ledit Garde ayant ſatisfait, il nous a conduit dans un tel endroit dudit bois.

Nota. Il faut bien déſigner cet endroit, en obſervant à quel point du levant, couchant, midi ou nord dudit bois il eſt ſitué.

Nous avons trouvé une place de telle forme & d'environ telle continence, dans laquelle il ne croît aucuns bois, mais ſeulement des épines, ronces & genêts.

Nota. On dira pareillement, ſi cette place paroît avoir été plantée en bois ; ſi elle a été anciennement dévaſtée, ou depuis peu d'années ; on rapportera la cauſe apparente de la dévaſtation, telles que les foſſes à charbon qui n'ont pas été labourées & ſemées en gland, les incendies, les abroutiſſemens, *&c.*

S'il paroît que le ſol de cette place vague ſoit dans le cas de produire du bois, Meſſieurs les Viſiteurs le diront ; ſi au contraire il leur paroît que le ſol ſoit aride, pierreux, ſablonneux, paludeux & de nature à ne pouvoir rien produire ; ils voudront bien l'obſerver.

A R T. X.

Enſuite nous nous ſommes enquis du Garde, ſi on fait paître les bœufs, vaches, chevaux dans leſdits bois, *&c.* Il nous a répondu, *&c.*

A R T. X I.

Nous nous ſommes enquis dudit Seigneur Commandeur *ou de ſon Procureur*, s'il n'a point connoiſſance qu'il ait été uſurpé quelques parties dudit bois. S'il y a été anciennement établi des droits d'uſage, de chauffage, pâturage, panage ou autres, de quelques dénominations qu'ils puiſſent être ; ſi leſdits droits ont été concédés gratuitement, ou ſous des preſtations. Ils nous ont répondu, *&c.*

Nota. S'il y a des droits d'uſage, il faut bien expliquer en quoi ils conſiſtent ; quelle en eſt l'origine, quelles preſtations les Uſagers payent à la Commanderie pour raiſon deſdits droits.

Et après lecture faite audit Seigneur Commandeur & aſſiſtans du contenu en la viſite ci-deſſus faite deſdits bois , nous avons ſigné avec ledit Seigneur Commandenr *ou ſon Procureur*, leſdits Officiers de Juſtice & leſdits Gardes.

Nota. Après la clôture de la viſite dans la forme ci-deſſus, Meſſieurs les Viſiteurs feront leurs Ordonnances ſur chaque article, relativement aux diſpoſitions du Réglement de Malte & aux Obſervations ſur icelui : ces Ordonnances doivent être terminées par les trois articles *ci-après*.

A R T. X I I.

Il ſera fait défenſes aux Gardes de laiſſer paître les chevaux , bœufs, vaches , &c. *dans les bois où il n'y a point de droits d'uſage établis ; mais s'il y en a , & que les Uſagers ayent droit de faire pâturer leurs beſtiaux dans les bois ; cette défenſe aux Gardes doit être expliquée en ajoutant à l'Ordonnance ,* que dans les parties dudit bois indiquées aux Uſagers par les Officiers de Juſtice , en ſe conformant aux Ordonnances.

A R T. X I I I.

Il ſera fait très-expreſſe défenſes aux Gardes de laiſſer paître les moutons, chevres , *&c.* dans les landes & bruyeres avoiſinant ledit bois.

A R T. X I V.

Il ſera fait défenſes aux Receveurs , Fermiers & à tous autres , de cueillir la feine & glandée dans leſdits bois.

OBSERVATIONS.

SI Meſſieurs les Viſiteurs en parcourant les bois trouvent des délits & malverſations, ils en feront mention, & demanderont aux Gardes, 1°. D'où ces délits proviennent, 2. S'ils ont fait leur rapport deſdits délits.

Au cas que Meſſieurs les Viſiteurs s'apperçoivent que le Garde eſt incapable ou négligent à remplir ſes fonctions; ils exhorteront M. le Commandeur, s'il eſt préſent, de pourvoir à la garde dudit bois, un ſujet actif & capable.

Si M. le Commandeur eſt abſent, & que ſon Procureur préſent n'ait pas l'autorité de deſtituer ledit Garde & d'en pourvoir un autre; Meſſieurs les Viſiteurs écriront à M. le Commandeur à ce ſujet.

Mais ſi M. le Commandeur ſe trouve dans un tel éloignement, que Meſſieurs les Viſiteurs ayent lieu de craindre que le tems pour recevoir la réponſe, ou le retardement de ladite réponſe, puiſſe occaſionner du préjudice conſidérable aux bois, & des embarras à M. le Commandeur, ils pourvoiront à la garde du bois, conformément à l'autorité qui leur a été attribuée par l'article 10 dudit Réglement de Malte.

Si Meſſieurs les Viſiteurs trouvent qu'il n'a point encore été établi de Gardes-Bois, ils voudront bien ſe comporter vis-à-vis de M. le Commandeur, comme il eſt dit *ci-deſſus.*

N°. IV.   *MODELE de Procès-verbal de Visite des Bois qui ne font pas dans la regle prescrite.*

ARTICLE PREMIER.

ET en continuation de notre visite, nous avons demandé à M. le Commandeur *ou à son Procureur*, s'il a satisfait aux dispositions du Réglement de S. A. E. & sacré Conseil du cinq Juillet 1751, rendu sur le fait des bois de notre Ordre ; s'il a fait apposer le quart de réserve, & regler les coupes des trois autres quarts.

Il nous a répondu qu'il n'a pû encore faire mettre les bois de ladite Commanderie dans la regle prescrite.

Nota. On expliquera le motif qui a empêché M. le Commandeur de faire mettre les bois de sa Commanderie en régle ; on dira de quelle maniere ils ont été administrés par ledit Seigneur Commandeur, & par ses prédécesseurs.

ART. II.

Nous nous sommes enquis dudit Signeur Commandeur, s'il a pourvû à la garde des bois en y nommant des sujets intelligens & capables ; s'il les a fait recevoir pardevant les Officiers de la Maîtrise du ressort ; enfin s'il a fait procéder chaque année au récolement des taillis qui ont été coupés, & s'il a été fait les réserves de baliveaux anciens & modernes portés par ledit Réglement. Il a répondu, *&c.*

ART. III.

Nous avons requis ledit Seigneur Commandeur *ou son Procureur*, de nous produire les anciens & nouveaux papiers terriers de sadite Commanderie ; à quoi ayant satisfait, nous avons trouvé que lesdits bois consistent.

Nota. Il sera fait ici le détail de chaque bois, & de leurs continences, de la même maniere qu'elles font rapportées par les papiers terriers.

S'il se trouvoit de la différence entre les continences portées par les anciens papiers terriers, & celles portées par les nouveaux, de maniere qu'il parût, que celles des nouveaux fussent moindres que celles des anciens ; il y auroit lieu de présumer, que les particuliers qui ont des bois limitrophes auroient usur-

pé les bois de la Commanderie ; & en ce cas, il faut que Meſſieurs les Viſiteurs faſſent mention de cette différence ; & qu'en
conſéquence ils ordonnent, ainſi qu'il ſera dit *ci-après.*

Si les continences portées par les nouveaux papiers terriers
ſont plus conſidérables que celles portées par les anciens, Meſſieurs les Viſiteurs le diront pareillement. Mais j'obſerve à cet
égard, que les bois s'étendant toujours par les extrémités, il
eſt très-naturel que les continences dudit nouveau papier ſoient
plus conſidérables que celles portées par les anciens.

A r t. I V. & V.

Meſſieurs les Viſiteurs feront aux Officiers Gruyers les mêmes
demandes dans la forme des articles 3. & 4. ci-devant page 8,
parce que nonobſtant, que les bois ne ſoient pas en regle, il
doit être procédé à leur viſite avec les mêmes ſolemnités & formalités.

A r t. V I.

Enſuite nous avons ordonné audit Greffier de nous commu-
niquer les Procès-verbaux de récolement des arbres coupés en
dernier lieu pour les réparations, & ceux des cinq dernieres
coupes des taillis ; à quoi ayant ſatisfait, nous nous ſommes
tranſportés, accompagnés dudit Seigneur Commandeur *ou de
ſon Procureur,* Receveur ou Fermier, & des Officiers de Juſtice,
dans le bois appellé . . . . . . contenant, *&c.* là s'eſt trouvé *tels*
& *tels* Gardes, auxquels nous avons fait prêter ſerment de dire
la vérité ; ce qu'ayant promis de faire, nous ſommes tous enſemble entrés dans ledit bois, que nous avons reconnu être taillis
de *telle* eſſence, garnis de baliveaux *en grand ou petit nombre, anciens ou modernes* ; & après l'avoir circuité & parcouru, nous
avons ordonné au Garde de nous conduire dans les deux dernieres coupes de taillis . . . .

Nota. Si chemin faiſant, Meſſieurs les Viſiteurs trouvent
des dégradations, ils en feront mention, ainſi qu'il a été dit
dans l'obſervation, page 13.

A l'égard de la viſite des deux dernieres coupes & des trois
précédentes ; on ſe conformera à ce qui a été dit *ci-devant,* page 10, articles 6, 7 & 8.

Idem, touchant les repeuplemens à l'article 9, page 11.

Idem, touchant le pâturage des beſtiaux & les droits d'uſage, à l'article 10, page 11.

Et après lecture faite audit Seigneur Commandeur & affiſtans du contenu en la viſite ci-deſſus faite deſdits bois ; nous avons ſigné avec ledit Seigneur Commandeur, les Officiers de Juſtice & le Garde.

Nota. Après la clôture dans la forme ci-deſſus, Meſſieurs les Viſiteurs feront leurs Ordonnances, dont le premier article ſera conçu comme ci-après.

NOUS ordonnons, 1°. que dans ſix mois pour toute préfixion & délai, M. le Commandeur fera appoſer le quart de réſerve dans les bois de ladite Commanderie de . . . . . . qu'il fera pareillement régler les coupes des trois autres quarts, conformément à l'art. 3 du Réglement de S. A. E. & ſacré Conſeil du 5 Juillet 1751, & que leſdites opérations étant faites, il adreſſera copie en forme du Procès-verbal des Officiers des Eaux & Forêts, & des plans figuratifs, au Vénérable Ambaſſadeur à Paris, conformément à l'art. 5 dudit Réglement

Nota. Si Meſſieurs les Viſiteurs ont lieu de préſumer qu'il y ait des uſurpations, ils ordonneront.

2°. Que préalablement à ces opérations, M. le Commandeur fera faire l'examen des anciens titres, avec application d'iceux ſur les lieux par une perſonne experte, pour découvrir les uſurpations, que nous préſumons avoir été faites des bois de ladite Commanderie de . . . . . par les particuliers riverains, attendu que les continences des anciens papiers terriers ſont plus conſidérables, que celles portées par les nouveaux.

Nota. Les Ordonnances ſur les autres articles doivent être relatives aux demandes, aux réponſes & aux obſervations ſur les diſpoſitions du Réglement, ainſi que je l'ai déja dit ; leſd. Ordonnances feront terminées par les articles 12, 13 & 14 comme dans le modele ci - devant, *de la Viſite dans les Bois en regle.*

AU cas que Meſſieurs les Viſiteurs ſe trouvent obligés de pourvoir à la garde des bois , voici le modele des Lettres qu'ils donneront.

Nº. V.

Frere N. N. Grand Prieur de . . . . . .

Nota. Si M. le Grand Prieur ne fait pas la Viſite en perſonne, & qu'il ait commis des Viſiteurs :

Freres . . . . . . Commiſſaires Députés par le Vénérable Frere . . . . Grand-Prieur de . . . . . . pour la viſite Prieuriale dudit Grand-Prieuré, à tous ceux qui ces Preſentes Lettres verront, Salut. Dans le cours de notre viſite dans les bois dépendans de la Commanderie de . . . . . . nous aurions reconnu qu'un tel Huiſſier-Sergent à garde d'un tel bois , ne rempliſſoit pas exactement les fonctions de ſa charge ; ce qui nous a obligé de le deſtituer : & voulant remédier au deſordre que ſa négligence ou incapacité ont occaſionné, & pourvoir d'ailleurs à la garde dudit bois de . . . . . . pour empêcher de plus amples dégradations ; ſur le bon & louable rapport qui nous a été fait d'un tel, de ſes ſens, ſuffiſance, capacité & expérience au fait des Eaux & Forêts, & de la profeſſion qu'il fait de la Religion C. A. R. Nous en vertu de l'autorité à nous attribuée par l'art. 10 du Réglement de S. A. E. & ſacré Conſeil du 5 Juillet 1751 , avons nommé & commis , & par ces Préſentes nous nommons & commettons ledit . . . . . . pour exercer l'Office d'Huiſſier-Sergent à garde dudit bois de . . . . . . dépendant de ladite Commanderie de . . . . . . aux honneurs , gages , droits , fruits , profits & émolumens dont ledit Garde deſtitué jouiſſoit ; à la charge par ledit . . . . . . de ſe faire recevoir & inſtaller aux frais du Seigneur Commandeur , pardevant les Officiers de la Maîtriſe des Eaux & Forêts du reſſort. Mandons au Bailli , Sénéchal ou Juge ordinaire & Gruyers de ladite Commanderie de . . . . . . audit membre de . . . . . . que leur apparoiſſant des Préſentes , des bonnes vie , mœurs & religion dudit . . . . . . ils ayent à le recevoir & inſtaller en ladite qualité d'Huiſſier-Sergent à garde dudit bois de . . . de le faire reconnoître en cette qualité par les Vaſſaux & Juſticiables ; & du contenu aux Préſentes le faire jouir pleinement & paiſiblement. En foi de quoi nous avons ſigné ces Préſentes , fait contre-ſigner par notre Secrétaire , & par icelui fait appoſer le ſceau de nos armes. Donné en cours de Viſite Prieurale à . . . . . . le . . . . . .

III. Partie. C

Nota. Au cas que Messieurs les Visiteurs soient obligés d'augmenter le nombre des Gardes, ou d'en commettre dans les lieux où il n'en auroit point été établi; ils voudront bien se conformer aux modeles de Commission, ci-après insérés dans les actes de M. le Commissaire des bois, pages 24 & 25.

MODELE des Actes qui doivent être faits par M. le Commissaire des Bois.

J'AI dit ci-devant dans l'observation *des Visites des Commissaires des Bois,* 1º. qu'en vertu de l'art. 27 du Réglement de Malte, le Commissaire des bois, dans le cours de sa visite pour marquer les arbres destinés aux réparations, doit en même tems prendre connoissance des dégradations, abus, délits & malversations qui pourroient avoir été commis dans les bois.

2º. Que si ledit Seigneur Commissaire des bois n'avoit connoissance des dégradations, que par des avis particuliers qui lui seroient donnés, étant hors des fonctions de sa charge, il devoit se transporter sur les lieux pour procéder conformément audit art. 27.

Voici le modele du Procès-verbal des délits, abus & malversations que M. le Commissaire découvrira dans les bois, y étant dans l'exercice de ses fonctions.

NOUS Frere N. N. Procureur Général du vénérable commun Trésor au Grand Prieuré de ...Commissaire nommé par l'art. 12 du Réglement de S. A. E. & sacré Conseil du 5 Juillet 1751, pour l'inspection des bois dépendans des Commanderies dudit Grand Prieuré, certifions & attestons, qu'ayant été requis * par M. le Commandeur de ...... Frere ...... *ou par son Procureur,* pour faire la visite des réparations à faire dans ladite Commanderie de ... & ensuite marquer du marteau de l'Ordre les bois nécessaires pour être employés ausdites réparations...... Nous nous sommes transportés à .. .... & en présence dudit Seigneur Commandeur *ou de son Procureur,* nous aurions fait la visite desdites réparations, assisté du nommé ...... Expert-Charpentier, par nous choisi, avec lequel & accompagné dudit Seigneur Commandeur *ou de son Procureur,* nous nous sommes rendus dans le bois de ...... distant de ...... là, avons trouvé le nommé ...... Garde, à qui nous avons ordonné de nous suivre, & ayant tous ensemble parcouru & circuité ledit bois de bouts & de letz, pour faire la recherche des arbres propres auxdites réparations ; nous aurions trouvé dans un tel endroit *des restes de coupeaux, des scieures, rouages de charrettes, ou tout autre*

N°. VI.

* *Nota.* Si cette requisition est faite par M. le Commandeur ou par son Procureur, dans le tems de la célébration du Chapitre ou de la tenue de l'Assemblée provinciale, M. le Commissaire des Bois doit faire ici mention de la participation qu'il en aura donnée à M. le Grand-Prieur ou à son Lieutenant, conformément à l'art. 7. de la Bulle du 17 Juillet 1756.

figne, qui nous auroit fait foupçonner qu'il a été commis depuis peu des délits dans ledit bois ; & nous étant mis en devoir d'en faire la recherche ; nous avons trouvé une fouche de bois chêne, de tant de pieds de circonférence , coupée à telle hauteur, ou à fleur de terre.

Nota. Si la fouche étoit couverte de mouffe ou de terre , il en faut faire mention, de même que fi ladite fouche a pouffé des rejets.

Lequel arbre ledit Expert a jugé avoir été coupé dépuis environ . . . . . . & pour témoins & reconnoiffance , nous avons fait blanchir , & marqué du marteau de l'Ordre au corps à la hauteur d'environ quatre pieds en face de ladite fouche, trois arbres qui fe font trouvés le plus à la proximité de ladite fouche, dont l'un eft un chêne , orme , charme , *&c.* de l'âge d'environ . . . . . . ans , l'autre eft , *&c.*

Nota. S'il refte partie de la tige de l'arbre ou des branches aux environs, le tout giffant par terre , on en fera mention. M. le Commiffaire continuera fes recherches & rédigera toutes les découvertes qu'il fera dans la forme de l'article ci-deffus, en obfervant de bien expliquer la nature de chaque arbre coupé en délit , fa circonférence ; fi ledit arbre a été coupé à la coignée, à la ferpe, à la fcie, ou par feu , & auffi fi la chûte des arbres coupés en délit a occafionné des dommages à ceux qui font dans leurs environs.

Comme auffi nous avons reconnu que la chûte dudit arbre a *encroué , renverfé , rompu , & ébranché* un tel nombre de jeunes baliveaux de l'âge de . . . . . . étant aux environs de ladite fouche.

Nota. Lorfque M. le Commiffaire aura bien détaillé les délits , avec les circonftances & dépendances , il continuera :

Ce fait , nous avons demandé audit Garde s'il a fait Procèsverbal defdits délits , s'il en connoît les auteurs ; il nous a répondu que lefdits arbres ont été coupés par un tel Receveur ou Fermier , lequel prétend avoir reçu des ordres du Seigneur Commandeur pour ce faire.

Nous nous fommes enquis dudit Seigneur Commandeur , *s'il eft préfent , ou de fon Procureur , s'il eft abfent ;* s'il a donné ordre de couper lefdits arbres , & l'avons prié de nous déclarer quel emploi il en a fait.

Nota. Comme il peut être furvenu des réparations fi urgentes , que la néceffité indifpenfable ait exigé de faire couper un ou plufieurs arbres pour faire des étays, afin d'empêcher la chûte de quelque couverture, ou même de quelque gros mur; fi M. le Commandeur fe trouvoit dans ce cas, il doit le déclarer à M. le Commiffaire dans le cours du Procès-verbal de vifite & reconnoiffance de réparations, & lui faire voir lefdits arbres ainfi employés, lefquels ferviront auxdites réparations; & lors du martelage, M. le Commandeur *ou fon Procureur* fera encore obferver à M. le Commiffaire le lieu où lefdits arbres ont été pris; au moyen dequoi il ne fera pas befoin de dreffer Procès-verbal defdits délits, ni même d'en faire mention dans celui du martelage.

Mais s'il paroît que l'exploitation defdits abres ait été faite abufivement, ou fans un befoin très-urgent, & dans la vûe de s'en approprier le prix; M. le Commiffaire des bois doit procéder en toute rigueur; & fi la réponfe de M. le Commandeur *ou de fon Procureur*, tend à rejetter la faute des délits fur fon Agent, Receveur ou Fermier, M. le Commiffaire continuera:

Nous avons mandé venir ledit Agent, Receveur ou Fermier, auquel nous avons fait prêter ferment fur notre Croix, de dire vérité.

Enquis pourquoi & par quelle autorité il a fait couper le nombre de ...... arbres ci-deffus, quel ufage il a fait des troncs, ainfi que des branches ou defcentes defdits arbres;

Il nous a déclaré qu'en conféquence de l'ordre qui lui a été donné par M. le Commandeur, il a fait couper lefdits arbres, lefquels ont été employés à ...... ou vendus; fçavoir les arbres la fomme de ...... & les branches qui ont été façonnées en bois de corde, celle de ......

Nota. On dira fi cet ordre eft verbal ou par écrit. S'il eft par écrit, M. le Commiffaire fe le fera remettre pour être annexé à fon Procès-verbal.

Au cas que les troncs des arbres ayent été cachés, fi M. le Commiffaire peut avoir connoiffance du lieu où ils font, il s'y tranfportera, les marquera du marteau de l'Ordre, & les donnera en garde à quelqu'un pour en répondre & les repréfenter.

Si les branches des arbres coupés giffent dans les bois, il ordonnera qu'on les façonnera en bois de corde, & qu'en conféquence la vente en foit faite par les Officiers Gruyers, & le prix en provenant mis en dépôt entre les mains du Greffier, jufqu'à ce qu'il en ait été autrement ordonné par le Vénérable Chapitre. Enfuite M. le Commiffaire clôra fon Procèsverbal dans cette forme:

Le préfent dreffé pour fervir & valoir ce que de raifon. En foi dequoi nous avons figné avec ledit Expert, M. le Commandeur, fes Agens, Receveur ou Fermier, *s'ils veulent le faire; s'ils le refufent, il en fera fait mention,* & appofé le cachet de nos armes. Fait à...

Nota. Si par le Procès-verbal il réfulte une preuve complete, que les délits & malverfations ont été commis par les ordres de M. le Commandeur; M. le Commiffaire fe retirera fans procéder au martelage des arbres néceffaires pour les réparations, & il déférera au vénérable Chapitre ou Affemblée fon Procès-verbal de vifite & de reconnoiffance des réparations, à la fuite duquel fera celui des délits & malverfations.

S'il paroît au contraire que lefdits délits & malverfations ayent été commis par les Agens, Receveurs ou Fermiers, fans la participation de M. le Commandeur, M. le Commiffaite procédera au martelage des arbres pour les réparations; & de concert avec le M. le Commandeur, il ordonnera au Garde de dreffer Procès-verbal defdits délits & malverfations, & d'en faire rapport fans retardement pardevant les Officiers de la Maîtrife du reffort, afin qu'il foit procédé en toute rigueur contre les délinquans.

Je penfe qu'en pareille occafion, il eft préférable que le Garde faffe fon rapport pardevant les Officiers de la Maîtrife; parce que les délinquans auroient cent moyens pour un d'éviter ou d'éluder la punition qu'ils méritent, s'ils étoient pourfuivis par les Officiers-Gruyers. Cependant fi M. le Commiffaire avoit quelque raifon de penfer différemment, il eft abfolument le maître de charger lefdits Gruyers de la pourfuite defdits délits, à moins qu'ils n'euffent été commis dans le quart de réferve, ou fur les baliveaux & autres arbres de réferve dans les taillis, auxquels cas il faudroit indifpenfablement procéder pardevant la Maîtrife.

Si ces délits & malverfations ont été commis par des vagabonds, gens fans aveu ou particuliers riverains, & que le Garde n'en ait pas fait rapport, M. le Commiffaire lui en demandera les motifs; & s'il juge par fes réponfes que ce Garde foit négligent ou incapable; il en avertira M. le Commandeur, ou pourvoira lui-même un autre Garde dans les cas expliqués par les obfervations *ci-devant,* page 13.

MODELE des Commiſſions d'Huiſſier-Sergent à Garde, portant deſtitution d'un Garde négligent ou incapable. N°. VII.

FRERE N. N. Procureur Général du vénérable commun Tréſor au Grand Prieuré de ..... Commiſſaire nommé par l'art. 12 du Réglement de S. A. E. & ſacré Conſeil du 5 Juillet 1751, pour l'inſpection des bois dépendans des Commanderies dudit Grand-Prieuré : A tous ceux qui ces Préſentes Lettres verront, Salut. Sçavoir faiſons, que dans le cours de la viſite que nous avons faite des bois de la Commanderie de ......nous aurions reconnu que le nommé ....., Huiſſier-Sergent à garde du bois de ...... eſt négligent dans ſes fonctions, ou incapable de les remplir ; & voulant remédier aux préjudices que l'Ordre a ſouffert & pourroit ſouffrir ; nous en vertu de l'autorité qui nous a été donnée par l'art. 18 dud. Réglement, déclarons avoir deſtitué & deſtituons ledit ..... & par la même autorité, ſur le bon & louable rapport qui nous a été fait de la perſonne de ...... de ſes ſens, ſuffiſance, capacité & expérience au fait des Eaux & Forêts, & de la profeſſion qu'il fait de la Religion C. A. R. Nous avons nommé & commis par ces Préſentes, nous nommons & commettons ledit...... pour exercer tant qu'il nous plaira l'Office d'Huiſſier-Sergent à garde de ladite Commanderie de ...... dans le bois de ...... aux honneurs, gages, droits, profits & émolumens y attribués ; à la charge par ledit ...... de ſe faire recevoir aux frais dudit Seigneur Commandeur pardevant les Officiers de la Maîtriſe du reſſort. Mandons au Bailli, Sénéchal, &c. & Juge Gruyer de la Juriſdiction de ladite Commanderie ..... que leur apparoiſſant des Préſentes, des bonnes vie, mœurs & religion dudit ...... & après avoir pris & reçu de lui le ſerment en tel cas requis, ils ayent à le recevoir & inſtaller en ladite Commiſſion de l'Office de Sergent à garde de ladite Commanderie de ...... audit bois de ...... & à le faire reconnoître en ladite qualité par les Vaſſaux & Juſticiables. En foi de quoi nous avons ces Préſentes fait contre-ſigner par notre Secrétaire, & par icelui fait appoſer le ſceau de nos armes. Donné en cours de notre viſite deſdits bois de ...... le .....

Nᵒ. VIII. *MODELE de Commission pour établir des Gardes dans les Bois où il ne s'en trouveroit pas un nombre suffisant.*

FRERE N. N.
pendant le cours de notre visite du bois de ..... dependant de la Commanderie de ..... nous avons reconnu que le nommé ...... Huissier-Sergent à garde dudit bois ne peut subvenir à garder seul ledit bois qui contient ...... arpens, ce qui occasionne des dégradations journalieres: à quoi étant nécessaire de pourvoir; sur le bon & louable rapport qui nous a été fait de la personne de, &c. Nous en vertu de l'autorité qui nous a été donnée, &c. avons commis, & par ces Présentes nous commettons ledit ...... pour second Huissier-Sergent à garde dudit bois de ...... &c.

MODELE

MODELE de Commiſſion pour l'établiſſement d'un Garde dans un Bois N°. IX.
où l'on auroit négligé d'en nommer un.

FRERE N. N.
étant néceſſaire de pourvoir à la garde du bois de ......dé-
pendant de la Commanderie de ...... conformément à l'article
deux dudit Réglement ; ſur le bon & louable rapport, *&c.* Nous
en vertu de l'autorité qui nous a été attribuée par l'article 28 dudit Réglement, avons nommé & commis, & par ces Préſentes
nommons & commettons ledit ...... pour exercer l'Office
d'Huiſſier-Sergent à garde dudit bois de ......*&c.*

III. Partie.   D

<table>
<tr><td>

N°. X.

* Si ces Lettres de délégation font octroyées dans les tems de la célébration du Chapitre ou de la tenue de l'Assemblée provinciale, il fera inféré ici : *Avec la parricipation du vénerable Grand-Prieur,* ou *de fon Lieutenant.*

</td><td>

MODELE des Lettres de délégation pour procéder à la visite & reconnoissance des réparations, & au martelage des Bois.

FRERE N. N. Procureur Général du vénérable commun Tréfor au Grand - Prieuré de ... Commiffaire nommé par l'article 12 du Réglement de S. A. E. & facré Confeil du 5 Juillet 1751, pour l'infpection des bois dépendans des Commanderies dudit Grand - Prieuré : A notre très - cher Confrere en Jefus-Chrift, M.Frere N. N. Salut. M. le Commandeur de la Commanderie de ...... Frere N. N. nous ayant expofé, qu'il étoit néceffaire de faire aux bâtimens, fermes & ufines de fa Commanderie des réparations urgentes, pour lefquelles il a befoin de bois ; il nous auroit requis de nous tranfporter dans fadite Commanderie, pour faire la vifite & reconnoiffance defdites réparations, & enfuite marquer du marteau de l'Ordre les arbres qui feront jugés propres à y être employés : mais comme nous fommes empêchés par l'état de notre fanté, ou par les affaires de notre Ordre, de vaquer à cette Commiffion, laquelle requiert célérité ; Nous en vertu de la faculté qui nous a été donnée par l'art. 30 dudit Réglement, de déléguer en notre lieu & place : Nous * vous prions & requérons de vouloir bien vous tranfporter à ladite Commanderie de ...... y étant arrivé, vous nommerez un ou plufieurs Experts-Charpentiers, ou de toute autre profeffion qui fera néceffaire, auxquels vous ferez prêter ferment fur votre Croix, en préfence de M. le Commandeur *ou de fon Procureur,* de bien & fidelement procéder ; en conféquence vous vifiterez avec lefdits Experts les bâtimens & ufines qu'il fera néceffaire de réparer, dont vous drefferez Procès-verbal, lequel contiendra un devis eftimatif defdites réparations, les qualités & proportions des arbres qui doivent être employés à les faire, ainfi que le prix des autres matériaux, & de la main d'œuvre. Enfuite vous vous tranfporterez fans délai avec lefdits Experts dans les lieux de ladite Commanderie où pourront fe trouver les arbres propres à faire lefdites réparations ; & vous marquerez du marteau de l'Ordre, ayant pour empreinte une Croix, lequel vous fera remis avec les Préfentes, d'abord les arbres épars & dans les haies, s'il y en a ; enfuite ceux qui fe trouveront dans les chemins & lifieres des bois ; & enfin dans la coupe ordinaire des taillis de l'année.

</td></tr>
</table>

Si vous ne trouvez pas dans les lieux ci-deſſus le nombre d'arbres néceſſaires , & de la qualité requiſe, pour être employés auxdites réparations , vous vous tranſporterez dans les deux dernieres coupes des taillis , & ſucceſſivement dans les deux premieres qui doivent être faites, où vous marquerez des arbres , juſqu'à ce que le nombre & de la qualité requiſe portée par le devis ſoit rempli.

Vous ferez mention dans un très-grand détail du nombre d'arbres que vous aurez marqués , épars, dans les haies , chemins & liſieres , dans la coupe de l'année , dans les deux dernieres & deux premieres coupes; comme auſſi de la groſſeur & longueur deſdits arbres, deſquels vous ferez faire l'eſtimatiion par leſdits Experts.

Si dans les endroits ci-deſſus indiqués vous ne trouvez pas les arbres néceſſaires , vous chercherez dans les autres endroits des bois , où on pourra couper les arbres manquans , à moins de dommage qu'il ſera poſſible , leſquels vous marquerez du marteau de l'Ordre, en expliquant par votredit Procès-verbal le lieu où ſe trouvent leſdits arbres , leur nombre & qualité.

Après que vous aurez dreſſé Procès-verbal de tout ce que deſſus , que vous ſignerez & ferez ſigner par les Experts qui vous auront aſſiſté ; vous donnerez ſecretement votre avis au bas, lequel contiendra ſi vous eſtimez que les arbres dont il s'agit , doivent être employés en nature , ou s'il convient mieux au bien de la choſe de permettre à M. le Commandeur de vendre leſdits arbres, pour le prix en provenant être employé ſans divertiſſement à acheter les bois des meſures & proportions indiquées par le devis deſdites réparations : enſuite vous ferez un paquet dudit Procès-verbal , auquel vous joindrez nos préſentes Lettres , & vous l'adreſſerez cacheté de vos armes au Vénérable Chapitre ou Aſſemblée.

Si en circuitant les bois , vous trouvez des dégradations occaſionnées par la négligence ou incapacité des Gardes , ou par toute autre cauſe ; vous voudrez bien nous en informer en particulier.

Enfin nous eſpérons qu'en votre qualité de notre Délégué, vous voudrez bien vous acquitter des fonctions ci-deſſus , de la maniere la plus avantageuſe à notre Mere commune, & la plus agréable à notre Confrere M. le Commandeur de ...... En foi dequoi nous avons ſigné ces Préſentes, fait contre-ſigner par notre Secrétaire, & par icelui fait appoſer le ſceau de nos armes. Donné à ......   *D ij*

N°. XI. *MODELE de la procédure de Visite & reconnoissance des Réparations, & de Martelage des arbres nécessaires pour les faire.*

AUJOURD'HUI, Nous Frere N. N. *les qualités de M. le Commissaire des bois ; & si c'est un Délégué,* Commissaire Délégué en cette partie par Lettres du ...... à nous adressées par M. le Commandeur de ...... Frere ...... Procureur Général du vénérable commun Trésor au Grand-Prieuré, & Commissaire nommé par S. A. E. & sacré Conseil pour l'inspection des bois dépendans des Commanderies dudit Grand Prieuré, en exécution du Réglement du 5 Juillet 1751, lesquelles Lettres signées par ledit Seigneur Commissaire des bois, & scellées du sceau de ses armes, nous avons reçu avec honneur ; & en conséquence nous nous sommes transportés du lieu de ... notre demeure, au lieu de ...... chef-lieu de la Commanderie de ...... où étant, nous avons salué M. le Commandeur de ladite Commanderie, Frere * ...... auquel nous avons déclaré le sujet de notre transport, & requis de nous faire voir les bâtimens & usines qu'il prétend faire réparer ; afin qu'après avoir constaté l'utilité desdites réparations, nous puissions marquer du marteau de l'Ordre les bois nécessaires dans ceux dépendans de ladite Commanderie. Ledit Seigneur Commandeur nous ayant offert de nous conduire dans les bâtimens & usines qu'il s'agit de réparer ; nous avons mandé un tel Charpentier, un tel Menuisier, un tel Maçon, *&c.* que nous avons choisi pour Experts, à l'effet de nous assister à la visite & reconnoissance desdites réparations, & de dresser le devis estimatif d'icelles ; auxquels Experts ayant fait prêter serment sur notre Croix, en présence dudit Seigneur Commandeur, ils ont juré de bien & fidelement procéder. Et à cet effet nous nous sommes tous ensemble transportés dans une Grange à bled, contenant 80 pieds de long sur 30 de large, bâtie en pierre *ou* en bois & placage, couverte en tuiles *ou* chaume : lesdits Experts nous ont fait observer ......

Nota. On détaillera ici les réparations.

Et pour faire solidement ces réparations, lesdits Experts ont estimé qu'il doit être employé tant de pieces de bois, de telle qualité, de telle longueur, de telle grosseur ; tant d'autres matériaux, ce qui coûtera, sçavoir :

Les bois, la fomme de . . . . ⎫
Les autres matériaux, celle de . . . . . ⎬ en tout ...
Et la main d'œuvre, celle de . . . . . ⎭

Nous fommes enfuite encore paffés dans une écurie à chevaux attenante, de la longueur de 40 pieds fur 18 de large, bâtie en pierre & couverte de tuiles, &c.

Nota. On libellera les autres articles dans la même forme que ce premier.

S'il eft queftion d'un bâtiment ruiné, qu'il foit néceffaire de reconftruire à neuf ; on dira fi la ruine provient de vétufté, ou par accident ; & on expliquera de quelle utilité eft ledit bâtiment pour l'exploitation de la Ferme, afin de démontrer la néceffité de le rétablir : on entrera dans un grand détail de tous les bois neufs qui doivent être employés à cette reconf-truction.

Meffieurs les Commandeurs doivent continuellement être en garde contre les Fermiers ; ceux-ci demandent toujours qu'on leur faffe des bâtimens fans néceffité, lefquels coûtent des réparations confidérables d'entretien. Lorfque Meffieurs les Commandeurs verront que les bâtimens de la Ferme font fuffifans, ils doivent refufer d'en faire conftruire de nouveaux, & fe pourvoir pour faire fupprimer ceux qui feront jugés inutiles.

Si quelque bâtiment a des défeﬆuofités auxquelles il convienne de remédier, on commencera par établir lefd. défeﬆuo-fités ; & en conféquence on détaillera les efpeces de bois qu'on doit y employer, en obfervant toujours d'eftimer féparément les bois, des autres matériaux & de la main d'œuvre.

Lorfque la vifite & reconnoiffance des réparations fera ter-minée, on fera le total du nombre d'arbres qui doivent y être employés, & de l'eftimation qui en aura été faite. On fera auffi le total de ce qu'il en coûtera pour les autres matériaux, ainfi que pour la main d'œuvre, le tout féparément, & dans la for-me ci-après.

Revenant le nombre d'arbres néceffaires pour faire les réparations ci-deffus à ...... dont tant de pieds de chênes, tant de hêtres, &c. Et les eftima-tions qui en ont été faites, à la fomme de . . .

Le total de ce qu'il en coûtera pour les autres matériaux, à celle de, ...

Et le total de ce qu'il en coûtera pour la main
d'œuvre . . . .

Partant le total général monte à la fomme de .

MARTELAGE.   E T le . . . . . . Nous Commiffaire *ou* Délégué , defirant
procéder à la marque des bois ci-deffus , nous nous fommes informés du Receveur ou Fermier de ladite Commanderie
& du Garde , s'il y a des arbres épars fur les fonds, dans les haies
defdits fonds , & dans les chemins dépendans de ladite Commanderie , propres à être employés auxdites réparations ; ils nous ont
répondu . . . . .

    Nota. Si le Receveur , le Fermier ou le Garde difent qu'il
y a des arbres épars fur les fonds , dans les haies , ou fur les
chemins, ils indiqueront l'endroit ; M. le Commiffaire s'y tranfportera.

    En conféquence nous nous fommes tranfportés , & accompa-
gnés dudit Seigneur Commandeur , affiftés defdits Experts , dans
les fonds , haies & chemins ci-deffus défignés , diftans de . . . . .
dudit chef-lieu : Nous avons trouvé . . . . . .

    Nota. On expliquera bien le lieu , la qualité des arbres ,
leurs dimenfions & proportions.

    Lefquels arbres , lefdits Expers nous ont dit pouvoir fervir à
telle ou telle chofe , ainfi nous les avons marqués du marteau
de l'Ordre , à la racine & au tronc , à la hauteur de quatre pieds ,
lefquels arbres lefdits Experts ont eftimé valoir la fomme de . . . .
cy . . . .

    Nota. Si les Receveurs, les Fermiers & les Gardes décla-
rent qu'il n'y a aucuns arbres épars fur les fonds , dans les haies
ou fur les chemins , propres à être employés aux réparations ;
M. le Commiffaire continuera fon Procès-verbal , comme ci-
après.

    En conféquence nous nous fommes tranfportés , accompagnés
dudit Seigneur Commandeur , & affiftés defdits Experts , dans le
bois de . . . . . . diftant de . . . . . . dudit chef-lieu ; nous avons
trouvé dans telle lifiere étant au levant , couchant , midi ou
nord , &c. comme ci-deffus.

    Nota. Comme il n'eft guere poffible de trouver dans les
endroits où l'on peut couper , des arbres dont la qualité & les

proportions soient conformes à celles portées par le devis, on a pris la précaution d'un côté de faire estimer les arbres mentionnés dans le devis ; de l'autre, les arbres qui seront marqués, afin que M. le Commissaire *ou* Délégué puisse marquer un certain nombre de pieds d'arbres, dont la valeur balance le prix de ceux du devis : par cet expédient l'opération de M. le Commissaire des bois sera simplifiée ; & en donnant à M. le Commissaire la facilité de vendre les arbres marqués, pour du prix en provenant être par lui acheté les bois nécessaires pour faire faire les réparations, on le met en état d'acheter des bois secs, avec lesquels il sera de bonnes & solides réparations.

Si M. le Commissaire ne trouve pas dans les lisieres les arbres nécessaires, il continuera :

Desdites lisieres nous nous sommes fait conduire par le Garde dans la coupe des taillis qui doit être faite la présente année : nous y avons pareillement marqué du marteau de l'Ordre à la racine & au tronc, à la hauteur de quatre pieds ; sçavoir, *&c.*

Nota. Si les arbres qu'on aura marqués dans cette coupe ne remplissent pas l'objet des bois qui doivent être fournis pour les réparations, conformément au devis, M. le Commissaire *ou* Délégué, se fera conduire dans les deux dernieres coupes faites, & successivement dans les deux premieres à faire, pour y marquer les arbres manquans.

Enfin, si dans les différens endroits indiqués ci-dessus, on ne peut pas trouver ledit nombre d'arbres, M. le Commissaire les cherchera, & les marquera dans les autres parties des bois (le quart de réserve excepté) où on pourra faire la coupe avec moins de dommage.

Pour opérer avec facilité, il sera nécessaire qu'à mesure qu'on marquera les arbres, on en tienne une note exacte sur un papier séparé appellé *Calepin*, ainsi que de l'estimation qui en sera faite à mesure ; & lorsqu'on verra que le total de cette estimation balancera le total de l'estimation des arbres portée par le devis, on cessera de marquer, & on terminera le Procès-verbal comme ci-après

Le nombre d'arbres ci-dessus marqués monte à . . . . . . sçavoir . . . . . . chênes, ... ormes, ... hêtres, ... *&c.* & le montant de l'estimation desdits arbres, à la somme de . . . . . .

Duquel Procès-verbal de visite & reconnoissance des répara-

tions à faire à ladite Commanderie de ...... devis eſtimatif d'i-
celles, martelage & eſtimation des arbres deſtinés auxdites réparations ; nouſdits Commiſſaire *ou* Délégué ayant fait faire lecture
auxdits N. N. Experts, ils nous ont dit ſur la foi du ſerment, qu'ils
ont réitéré ſur notre Croix, que le tout contient vérité, qu'ils y
ont procédé en leur ame & conſcience, qu'ils y perſiſtent, &
ont ſigné avec nous, ledit Seigneur Commandeur *ou* ſon Procureur, & notre Secrétaire, par lequel nous avons fait appoſer le
ſceau de nos armes à côté de notredite ſignature. Ainſi clos & arrêté à ...... le ......

ENSUITE M. le Commiſſaire ou Délégué écrira de ſa main
ſécretement ſon avis dans la forme ci-après.

APRE'S avoir examiné de nouveau notre Procès-verbal
ci-deſſus, nous ſommes d'avis, ſous le bon plaiſir du Vénérable Chapitre, qu'il doit être accordé à M. le Commandeur
de ...... Frere N. N. la permiſſion de couper le nombre d'arbres ci-deſſus marqués, pour faire les réparations par nous re-
connues & conſtatées dans le délai de * ...... Et attendu que
dans leſdits arbres, il ne s'y en trouve qu'un très-petit nombre
des proportions requiſes par le devis ; nous ſommes auſſi d'avis
qu'il doit être permis audit Seigneur Commandeur de vendre les
bois marqués, à condition que le prix en provenant ſera employé à acheter des bois ſecs, des dimenſions & proportions portées par ledit devis, pour être employés auxdites réparations.
Fait à .....

    Nota. M. le Commiſſaire *ou* Délégué fera enſuite un pa-
quet dudit Procès-verbal, qu'il cachetera du cachet de ſes armes, & l'adreſſera au Vénérable Chapitre ou Aſſemblée.

    M. le Commiſſaire délégué joindra audit Procès-verbal ſes
lettres de délégation.

---

* M. le Commiſſaire des Bois, ou ſon Délégué, fixera un delai ſuffiſant à M. le
Commandeur pour faire leſdites réparations ; après l'expiration duquel délai, M. le
Commandeur ſera obligé de faire conſtater l'emploi des bois, ſoit par M. le Commiſſaire des Bois, ou ſon Délégué ; par Meſſieurs les Commiſſaires des Amélioriſſemens,
ou par Meſſieurs les Commiſſaires de la Viſite prieurale.

MODELE

MODELE des Lettres de Délégation à l'effet de conftater l'emploi des Bois.

FRERE N. N. Procureur Général du vénérable commun Tréfor au Grand Prieuré de ...... Commiffaire nommé par l'article 12 du Réglement de S. A. E. & facré Confeil du 5 Juillet 1751 , pour l'infpeetion des bois des Commanderies dudit Grand Prieuré : A notre très-cher Confrere M. . . . Salut en J. C. Ayant été requis par M. le Commandeur de ..... Frere ...... de nous tranfporter dans fadite Commanderie, à l'effet de conftater l'emploi des bois qui lui ont été marqués pour les employer enx réparations de ladite Commanderie, & ne pouvant y vaquer en perfonne : *nous, après avoir participé notre intention au vénérable Grand-Prieur* ou *à fon Lieutenant,* nous vous prions & requerons de vous tranfporter dans ladite Commanderie de ..... pour, en qualité de notre Délégué , faire Procès-verbal de vifite & reconnoiffance de l'emploi defdits bois ; & s'ils ont été vendus, de l'emploi de ceux qui ont été achetés des mefures & proportions portées par le devis defdites réparations : à cet effet vous nommerez un ou plufieurs Experts , auxquels vous ferez prêter ferment de bien & fidelement procéder avec vous. En conféquence vous vifiterez avec lefdits Experts les bâtimens & ufines rappellés dans ledit devis ; vous examinerez fi les bois énoncés en icelui ont été fidelement & utilement employés, & du tout vous drefferez Procès-verbal, dont il fera fait trois expéditions conformément à l'article 24 dudit Réglement du 5 Juillet 1751 : de ce faire vous donnons pouvoir & commiffion. En foi dequoi nous avons figné ces Préfentes, fait contre-figner par notre Secrétaire, & par icelui fait appofer le fceau de nos armes. Donné à ......

Nota. M. le Commiffaire *ou* fon Délégué , étant arrivé fur les lieux, fe fera remettre par M. le Commandeur requérant, & s'il eft abfent, *par fon Procureur,* le Procès-verbal de vifite, reconnoiffance, devis des réparations, le Decret du vénérable Chapitre intervenu fur icelui & l'expédition de l'Arrêt portant permiffion de faire la coupe des arbres marqués ; enfuite il procédera dans la forme ci-après.

III. Partie.   E

N°. XIII.   *M o d e l e de Procès-verbal, pour constater l'emploi des Bois.*

Aujourd'hui . . . . Nous, *&c.*
Mettre ici les qualités de M. le Commissaire des bois *ou* de M. le Délégué.

A la requisition de M. le Commandeur de . . . . Frere . . . . . Nous nous sommes transportés de . . . notre demeure, à . . . chef-lieu de ladite Commanderie de . . . . où étant, nous avons prié ledit Seigneur Commandeur *ou* son Procureur de remettre en nos mains le Procès-verbal de visite & reconnoissance & devis des réparations qui étoient à faire à ladite Commanderie, à la suite duquel est le martelage des arbres nécessaires pour être employés auxdites réparations ; comme aussi de nous remettre le Decret du Vénérable Chapitre & l'Arrêt du Conseil portant permission de couper lesdits arbres ; à quoi ledit Seigneur Commandeur *ou son Procureur* ayant satisfait, nous avons reconnu que ledit Procès-verbal de visite & reconnoissance a été fait par M. le Commandeur de . . . . . . Frere . . . . . . que sur icelui, & la délibération du Vénérable Chapitre, *ou* Assemblée Provinciale intervenue en conséquence le . . . . . . il a été rendu Arrêt du Conseil en date du . . . . . . qui permet audit Seigneur Commandeur de . . . . . de faire couper le nombre de . . . . . . pieds d'arbres, chênes, hêtres, *&c.* marqués du marteau de l'Ordre, pour être employés, ou le prix en provenant, auxdites réparations. En cet endroit ledit Seigneur Commandeur *ou son Procureur* nous a déclaré, qu'ensuite de la faculté qui lui a été donnée par ledit Arrêt, il a vendu en tout ou en partie, les arbres marqués, & que du prix en provenant, il a acheté des bois secs des mesures & proportions portées par ledit devis, ainsi que nous l'allons reconnoître.

Et pour nous assister à ladite visite & reconnoissance de l'emploi des bois, nous avons nommé & choisi un tel Maître Charpentier, *&c.* auquel nous avons fait prêter serment sur notre Croix, de bien & fidelement procéder avec nous pour remplir l'objet de notre Commission, que nous lui avons donné à entendre ; ce qu'ayant promis de faire, nous nous sommes transportés avec ledit Seigneur Commandeur *ou son Procureur*, & ledit Expert, à . . . . . . faisant le premier article du devis, nous avons reconnu, *&c.*

Nota. Le devis étant la bouffole de M. le Commiffaire *ou* Délégué ; il n'eft queftion par cette Procédure que de voir & examiner, fi M. le Commandeur a fait employer les bois portés par ledit devis, de maniere qu'en faifant comparaifon de ce devis avec cette derniere procédure, on puiffe les trouver entierement conformes ; ce qui opérera la décharge de M. le Commandeur. M. le Commiffaire *ou* Délégué doit donc s'affujettir par ce dernier Procès-verbal à fuivre exactement le devis, article par article, fans rien poftpofer.

S'il fe trouve des différences confidérables entre les bois demandés par le devis & ceux qu'on aura employés , M. le Commiffaire *ou* Délégué aura foin de le conftater & d'en rapporter les motifs.

Tous les articles du devis ayant été vûs & examinés, M. le Commiffaire clôra fon Procès-verbal dans cette forme.

Et ayant ainfi terminé l'examen & vérification dudit emploi des bois, nous fommes retournés audit chef-lieu, où nous avons rédigé le préfent fur les notes que nous avons faites dans chaque endroit par nous vifité , conjointement avec ledit Expert & affiftés dudit Seigneur Commandeur *ou de fon Procureur* : duquel Procès-verbal ayant fait faire lecture audit Expert, il nous a déclaré au moyen du ferment , qu'il a réitéré fur notre Croix, qu'il contient vérité , & qu'il a procédé audit examen en fon ame & confcience , & a figné avec nous ledit Seigneur Commandeur *ou fon Procureur* & notre Secrétaire, par lequel nous avons fait appofer le fceau de nos armes à côté de notre fignature. Fait triple , le . . . . . .

Enfuite M. le Commiffaire ou *Délégué écrira de fa main.*

NOus Frere . . . . . . certifions & atteftons à tous qu'il appartiendra, que M. le Commandeur de . . . . Frere . . . . a fidelement & utilement employé les bois qui lui ont été accordés pour les réparations de fad. Commanderie , conformément au devis defdites réparations. En foi dequoi nous avons figné le préfent , & appofé le fceau de nos armes. Fait à . . . . .

Nota. Il fera fait trois expéditions de ce dernier Procès-verbal ; la premiere fera enfermée avec le Procès-verbal de vifite & reconnoiffance, devis & martelage , la Délibération du Vénérable Chapitre *ou* Affemblée, l'Arrêt de permiffion & les lettres de délégation , dans un paquet cacheté aux armes de M. le Commissaire *ou* Délégué, adressé au Vénérable Chapitre *ou* Assemblée Provinciale , pour le tout être conservé dans les archives.

La seconde expédition sera adressée à M. l'Agent de l'Ordre , à Paris.

Et la troisieme sera remise à M. le Commandeur *ou à son Procureur* , pour être par lui déposée au Greffe de la Maîtrise du ressort.

MODELE de Procès-verbal, pour procéder à la reconnoiſſance & marque des arbres Chablis.   Nº. XIV.

AUJOURD'HUI ......
Vû par nous Frere ...... *les qualités de M. le Commiſſaire des bois, ou de ſon Délégué, comme ci-devant.* Le Procès-verbal fait par .... Sergent à garde du bois de .... dépendant de la Commanderie de .... à nous adreſſé par M. Frere .... Commandeur de ladite Commanderie de .... *ou par ſon Procureur;* duquel Procès-verbal, qui ſera joint & annexé au préſent, il réſulte :

Nota. Il ſera expliqué ici la cauſe de la chûte des arbres chablis ; de leur nombre, conformément à ce qui ſera porté par le procès-verbal du Garde. Enſuite on continuera :

A la réquiſition dudit Seigneur Commandeur de .... nous nous ſommes tranſportés à .... chef-lieu de ladite Commanderie ou au membre de .... duquel ledit bois de .... dépend, nous y avons trouvé ledit Seigneur Commandeur *ou ſon procureur*, lequel nous a repréſenté.

Nota. Si M. le Commandeur a beſoin de bois pour les employer aux réparations, il dira ici les cauſes qui les ont occaſionnées, ſur-tout ſi elles ſont les mêmes qui ont renverſé des arbres chablis ; il requerra M. le Commiſſaire des bois de viſiter leſdits bâtimens, de dreſſer un devis des réparations qu'il eſt néceſſaire de faire, & de marquer les arbres qui doivent y être employés : A quoi M. le Commiſſaire procédera conformément au Modele ci-devant Nº. 11. Enſuite il continuera :

Et le.... nouſd. Commiſſaire *ou* Délégué, ayant mandé le nommé .... Sergent à garde dudit bois de .... nous nous ſommes tranſportés avec ledit Expert & ledit Garde ; accompagnés dudit Seigneur Commandeur de .... *ou de ſon Procureur*, dans ledit bois de .... y étant entrés dans la face du côté d'orient, *&c.* nous avons trouvé.

Nota. Il faudra bien déſigner le lieu où l'on trouvera les chablis, leur nature, qualité, meſures, proportions & dimenſions, de maniere que ce Procès-verbal quadre avec celui du Garde. M. le Commiſſaire *ou* Délégué déſignera auſſi trèspréciſément dans quel endroit il aura fait marquer ces arbres du marteau de l'Ordre ; il fera auffi mention des arbres qui peuvent avoir été endommagés par la chûte des chablis.

Si le nombre defdits chablis ne remplit pas celui néceffaire pour les réparations , M. le Commiffaire *ou* Délégué, y fuppléera en deftinant à cet objet par préférence les arbres endommagés par la chûte des chablis , & fucceffivement les autres arbres , pour remplir le Procès-verbal de vifite & reconnoiffance des réparations

Si au contraire , les chablis font plus que fuffifans pour faire les réparations ; il fera bien expliqué le nombre & la nature de ceux defdits arbres que M. le Commandeur employera ; & pareillement le nombre & nature de ceux de ces arbres qui doivent être débités & mis en magafin pour fervir aux réparations qui pourront furvenir.

S'il n'eft pas queftion de réparations , mais feulement de faire dans les bois où giffent les chablis le récolement du Procès-verbal du Garde , & de marquer les arbres chablis pour être débités & mis en magafin , la rédaction du Procès-verbal de M. le Commiffaire *ou* Délégué fera facile , puifqu'il n'y aura qu'à fuivre celui du Garde ; ainfi après avoir bien expliqué la nature, qualité , dimenfions & proportions des chablis, tant en circonférence qu'en longueur ; après les avoir marqués du marteau de l'Ordre aux deux faces oppofées , M. le Commiffaire *ou* Délégué priera M. le Commandeur de les faire débiter, après avoir obtenu l'Arrêt de permiffion , de les dépofer dans le lieu qu'il indiquera , pour y être confervés en magafin fans qu'on puiffe s'en fervir pour quelque caufe & fous quelque prétexte que ce foit , que préalablement il n'ait été fatisfait aux formalités & folemnités requifes , & ci-devant expliquées , page 173.

Sur le Procès-verbal du Commiffaire des bois *ou* de fon Délégué , il fera préfenté Requête au Confeil au nom du Commandeur par l'Agent Général de l'Ordre pour obtenir permiffion de couper & débiter lefdits chablis.

MODELE des Lettres de délégation pour la reconnoiſſance N°. XV.
& marque des chablis.

FRERE N. *les qualités comme ci-devant :* A notre très-cher
Confrere M. Frere...... Salut en Jeſus-Chriſt. Sur l'avis qui
nous a été donné par M. le Commandeur de......M. Frere....
qu'il y a eu des arbres abattus par l'impétuoſité des vents dans le
bois de..... dépendant de ladite Commanderie, dont il a été
dreſſé Procès-verbal le.....par....Sergent à garde dudit bois,
lequel Procès-verbal vous trouverez ci-joint; ne pouvant nous
tranſporter en perſonne dans ledit bois pour le viſiter, relativement au contenu dudit Procès-verbal, étant obligé de vaquer
ailleurs pour autres affaires de notre Ordre, nous vous prions &
déléguons en notre lieu & place pour vous tranſporter dans ladite Commanderie de....

Nota. Si M. le Commandeur a requis le Commiſſaire des
bois de conſtater les réparations pour employer ces chablis à
les faire, M. le Commiſſaire chargera ſon délegué de nommer
des experts pour procéder à la viſite des bâtimens dans la même forme du modele ci-devant, n°. 10. & continuera :

Enſuite vous vous tranſporterez ſans délai dans le bois de
.... dépendant de ladite Commanderie, pour reconnoître
les arbres chablis, & pour les marquer du marteau de l'Ordre;
après avoir préalablement examiné s'ils ſont du nombre, nature,
qualité, dimenſions & proportions, portés par le procès-verbal
du garde; leſquels arbres chablis vous deſtinerez en tout ou en
partie à être employés à faire les ouvrages de charpente & de
menuiſerie néceſſaires pour leſdites réparations.

Si leſdits arbres chablis ne rempliſſent pas le nombre qui ſera
trouvé néceſſaire pour faire leſdites réparations, vous marquerez
les autres arbres qui auront été endommagés par la chûte deſdits
chablis; enſuite les arbres épars, ceux dans les haies, dans les
chemins & liſieres des bois dépendans de ladite Commanderie...
& ſucceſſivement dans les deux dernieres & deux premieres coupes des taillis, juſqu'à ce que le nombre & la qualité requiſe portée par le devis, ſoit rempli.

Vous ferez mention dans un très-grand détail, *&c.* comme audit modele, n°. 10.

Si au contraire les arbres chablis font plus que fuffifans pour faire les ouvrages de charpente & menuiferie néceffaires auxd. réparations, vous marquerez d'un feul coup du marteau de l'Ordre les arbres deftinés à cet objet. A l'égard du furplus defd. arbres chablis, vous aurez foin d'en bien indiquer la nature & qualité, ainfi que leurs dimenfions & proportions ; vous les marquerez de deux coups de marteau de l'Ordre aux deux faces oppofées ; vous chargerez M. le Commandeur de les faire débiter, de les faire mettre en dépôt dans le lieu que vous indiquerez, pour être repréfentés par ledit Seigneur Commandeur toutes fois & quantes il en fera requis. . . . . *Le furplus defdites Lettres de délégation doit être conforme audit modele*, n°. 10. *avec les feuls changemens dictés par la raifon.*

 Nota. Si M. le Commandeur n'a pas befoin de bois pour faire des réparations, M. le Commiffaire chargera purement & fimplement fon délégué de marquer les chablis de deux coups du marteau de l'Ordre aux deux faces oppofées, en rapportant avec exactitude les qualités, nature, dimenfions & proportions de chacun de ces arbres. Il chargera M. le Commandeur, après avoir obtenu l'Arrêt de permiffion, de les faire débiter, & de les mettre en dépôt dans le lieu qui fera indiqué, pour être par lui repréfentés toutes les fois il en fera requis.

 Si M. le Commandeur quittoit la Commanderie avant que les arbres en dépôt euffent été employés, il feroit obligé de configner ces arbres au Commandeur fon fucceffeur, & d'en juftifier au Commiffaire des bois,

DANS le cas où les amélioriſſemens n'auroient pas été faits, il ſeroit inutile que M. le Procureur Commiſſaire ſe tranſportât une ſeconde fois ſur les lieux, pour conſtater l'emploi des bois accordés *pour les réparations* ; puiſque le devoir des Seigneurs Commiſſaires des amélioriſſemens eſt de viſiter tous les bâtimens des Commanderies, de reconnoître les bonifications, augmentations & réparations qui y ont été faites par le Titulaire actuel.

Il ſera donc remis à Meſſieurs les Commiſſaires des amélioriſſemens de la part de M. le Commandeur, les devis, actes & pieces ſur leſquelles l'Arrêt de permiſſion de couper les bois, eſt intervenu : en conſéquence leſdits Seigneurs Commiſſaires en conſtateront l'emploi à meſure qu'ils feront leur viſite. Ils auront ſoin de bien expliquer les qualités, meſures & proportions deſdits bois employés, afin qu'il ſoit clairement prouvé que ce devis a été fidelement rempli.

Pour épargner de la peine & des frais, il ſuffira de faire un extrait des articles du Procès-verbal relatifs au devis, lequel ſera certifié véritable & remis à M. le Commandeur *ou à ſon Procureur*, pour être dépoſé au Greffe de la Maîtriſe du reſſort.

Si Meſſieurs les Commiſſaires de la viſite Prieuriale conſtatent eux-mêmes l'emploi des bois, ils voudront bien faire en cette partie, ce qu'auroient fait M. le Procureur Commiſſaire des bois, ou Meſſieurs les Commiſſaires des amélioriſſemens.

N°. XVII.

Quelle conduite
doivent tenir
MM. les Com-
miffaires des Bois
à l'égard des Ufa-
gers dans les Bois
des Commande-
ries.

PAR rapport au droit d'ufage dans les bois des Commanderies , comme il a été ci-devant établi page 137. que les
Ufagers ne peuvent pas exercer lefdits droits arbitrairement, &
qu'on a expliqué ce qu'ils doivent faire pour en ufer légitimement ;
il eft convenable que MM. les Commiffaires des bois, fur la com-
munication que Meffieurs les Commandeurs leur feront des requêtes qui leur feront préfentées par les Ufagers , à l'effet d'obtenir les bois de chauffage dans les futayes , adreffent des lettres
de délégation auxdits Seigneurs Commandeurs , pour procéder
à la marque defdits bois.

Meffieurs les Commiffaires en uferont de même , lorfque les
Ufagers demanderont des bois pour les employer aux conftruc-
tions & réparations ; Meffieurs les Commandeurs, qui en cette
partie procéderont en qualité de Délégués , obferveront les mêmes formalités & folemnités ci-devant indiquées à l'égard des bois
deftinés aux réparations des Commanderies.

Il feroit fuperflu de donner ici des modeles des Lettres de délégation , & du Procès-verbal qui doit être fait en conféquence ;
on pourra aifément fe fervir de ceux ci-devant N°. 10 & 11 , en
faifant les changemens convenables dans l'expofé feulement ;
car au fond , il doit être obfervé à l'égard des Ufagers les mêmes
folemnités & formalités prefcrites aux Commandeurs par le Réglement de 1728.

F I N.

A P P R O B A T I O N.

J'AI lû par ordre de Monfeigneur le Chancelier un Manufcrit intitulé :
*Traité de l'Adminiftration des Bois de l'Ordre de Malte , dépendans de fes
Grands-Prieurés , Bailliages & Commanderies dans le Royaume de France.*
Cet Ouvrage conforme aux difpofitions de l'Ordonnance de 1669. con-
cernant les Eaux & Forêts, & des autres rendus à ce fujet, principale-
ment en 1718 & 1728, & qui y font rapportées , avec les Statuts &
Bulles de l'Ordre qui y ont rapport, enregiftrées dans les Tribunaux du
Royaume , m'a paru utile & néceffaire à tous les Membres de cet Ordre
refpectable , & par conféquent digne de l'Impreffion. Fait à Paris, le
10 Décembre 1756.

GALLYOT.

TABLE

DES MATIERES.

PREMIERE PARTIE.

SECONDE PARTIE.

O B S E R V A T I O N S.

Des

III. Partie.　　　　　　　　　　　　G

TROISIEME PARTIE.

Modele des Actes concernant l'adminiftration des Bois.

Fin de la Table des Matieres.